章

斯洛維尼亞——喀斯特地形的原產地

斯洛維尼亞小資料

位置：毗鄰阿爾卑斯山的國家，周遭有匈牙利、奧地利、義大利、克羅埃西亞等國。

面積：約2萬平方公里（台灣的0.56倍）

人口：約210萬（台灣的0.09倍）

首都：盧比安納

主要族群：斯洛維尼亞人

人均國內生產毛額：30,159美元（2022年資料）

- Republika Slovenija -

我差點失足，但還是勉強抓住一塊覆雪的岩石，腳下則是致命的一百公尺。我引頸仰望山頂，一片近乎垂直的峭壁反瞪著我，銳利的石頭劃破了我的手指，鮮血滴在雪上。我並不打算死在斯洛維尼亞的最高峰，「怎麼會落此下場？」我心想。

我們稍後就會說到整件事的原委，但首先要讓各位認識斯洛維尼亞，這個被夾在義大利、奧地利、匈牙利和克羅埃西亞之間，毫不起眼的小國。當然這樣的描述對毫無地理觀念的美國人來說等同鴨子聽雷，所以你只需知道它位於歐洲某處。

話說回來，那些曉得斯洛維尼亞在歐洲的美國人起碼比我在南法艾克斯普羅旺斯（Aix-en-Provence）遇到的一位法國人聰明。他遞給我一張巴士公司的宣傳單時，我問：「你們的車會去斯洛維尼亞嗎？」

他回答：「不，只會去歐洲國家。」

我笑著說：「可是斯洛維尼亞是在歐洲啊，事實上它就在義大利旁邊，離這裡才一千公里，車程大約七小時。」

「喔，那麼，我們會去那。」

你不禁要懷疑這位法國人以為斯洛維尼亞在哪一洲，如果不是歐洲，難道他會認為一個叫這種名字的國家在非洲？我們來看看……蘇丹、剛果、塞內加爾……斯洛維尼亞！瞧，滿合的嘛！它聽起來會像亞洲國家嗎？南美洲？重點是如果它真的在那些洲，那個蠢蛋真的覺得我會坐巴士到那麼遠的地方嗎？

我在義大利遇到另一位地理天才。這位義大利人正在攻讀歷史博士學位，當他問我要去哪裡時，我回答：「你的鄰國之一。」他開始猜：法國？奧地利？瑞士？馬爾他？最後他放棄了，當我告訴他「斯洛維尼亞」，他像是聽到「布吉納法索」般地愣了一會才恍然大悟，「喔，你是說南斯拉夫！」

「不，南斯拉夫自從二十年前就不存在了。」如果連一位義大利博班生都沒聽過斯洛維尼亞，這世界上還會有人知道嗎？那些政治領袖總該知道它吧？

斯洛維尼亞？斯洛伐克？傻傻分不清楚

一名記者曾經詢問小布希會不會把斯洛伐克列為優先合作對象，他回答：「我對斯洛伐克的認識都是來自貴國外交部長帶來的第一手資訊，他拜訪過德州，我們相處得很棒。那是個令人振奮的國家，正在蓬勃發展，前景相當看好。」好笑的是：小布希從未遇過斯洛伐克的外交部長，他指的是斯洛維尼亞的首相。

可憐的喬治至少有個合理藉口：他住在美國，離斯洛維尼亞和斯洛伐克很遙遠，要記得全世界一百九十多個國家的所有細節是很困難的。你認為斯洛維尼亞和斯洛伐克的政府領袖會不會把巴拉圭和烏拉圭搞混？或是模里西斯和茅利塔尼亞？尼日和奈及利亞？幾內亞和幾內亞比索？

至少那些跟斯洛維尼亞共享一條國界的政府領袖應該聽過它吧？歐洲人總是批評美國人缺乏地理常識，他們的領導人想必不會犯下跟「愚蠢的小布希」相同的錯誤，是吧？義大利是斯洛維尼亞的鄰國，讓我們聽聽他們的首相西爾維奧．貝魯斯柯尼（Silvio Berlusconi）如何介紹斯洛維尼亞的首相：「今天我很高興能與斯洛伐克的首相同台。」

不過小布希和貝魯斯柯尼還是有一點值得讚許：起碼他們沒有叫它斯洛伯維亞（Slobbovia）。就像愛波尼亞和拉脫維利亞，斯洛伯維亞也是個美國漫畫家發明的假想國。[1]好萊塢也發明過許多類似的虛幻國度，例如自由國（Freedonia）、粗俗國（Vulgaria）、無知國（Ignoramia）、白癡國（Moronica），以及托馬尼亞（Tomainia）和細菌（Bacteria）組成的雙國聯盟。這些國家出生的時候，東歐對西方世界的多數人而言仍然是個謎，換言之，它們都是上星期才誕生的。

雖然我們不會探索以上每個假想國，但斯洛伯維亞還是值得看一眼。正如斯洛維尼亞，它是個有趣的地方，國人全年都生活在深及腰部的雪中，講話帶有滑稽的俄羅斯腔調，凍傷的鼻子掛著冰柱，國王是頑固夫斯基末世（Stubbornovsky The Last）。飢腸轆轆的斯洛伯維

1 譯者注：slob的英文意思是懶惰邋遢的老粗，所以這個國名有貶低之意。

亞人最愛生食北極熊，而北極熊也喜歡生吃他們。最後，斯洛伯維亞的貨幣拉斯布尼克（Rasbucknik）毫無價值，而且一百萬塊拉斯布尼克的價值更低。

當東歐人躲在鐵幕後面時，這些故事編起來很好玩，如今他們要我們嚴肅看待並了解每個國家的獨特性，問題是他們偏要把事情搞得很複雜。比方說，斯洛維尼亞和斯洛伐克不光是國名相似，連國旗都很像，有一屆奧運典禮的主辦單位就因此舉錯國旗。更糟的是這兩個國家附近還有一個叫做斯拉沃尼亞（Slavonia）的歷史區域，但那是位於克羅埃西亞的東北——我也搞不清楚那是哪裡。

有個德國人讀完這本書的前面幾章後對我說：「這顯然是專為美國人寫的，因為你假設讀者都不曉得拉脫維亞在哪裡或任何關於它的事。」我挑戰他拿一張沒有國名的歐洲地圖，在德國街上隨便問路人拉脫維亞在哪，並跟他打賭遠不及一半的人能正確指出它的位置。他再也沒有回應。

後來，我告訴另一位住在慕尼黑附近的德國朋友說我在斯洛維尼亞，他問：「那在什麼地方？」他距離斯洛維尼亞只有五百公里，這就像一個佛蒙特州人不知道紐澤西州在哪裡（順道一提，斯洛維尼亞比紐澤西州小，德國比蒙太拿州小）。我的朋友並不是某個缺了兩顆門牙的荒野德國農夫，他去過二十五個國家，曾經從慕尼黑開車到愛沙尼亞。總之，無論是小布希、貝魯斯柯尼、義大利博班生或旅遊經驗豐富的德國人，他們都不是唯一對斯洛維尼亞（以及整個東歐）一無所知的人。讓我們來探索這塊野生的東歐。

征服斯洛維尼亞的最高峰

我到斯洛維尼亞拜訪的第一個地方是布萊德小鎮（Bled）。青年旅舍都客滿了，於是我在一個墓園跟一群好兄弟過夜。天空下著細雨，但我在園丁的棚舍下找到位置躲雨。或許在墓園裡睡覺是個不吉祥的預兆，兩天之後，我就面臨了死神。

布萊德是歐洲最夢幻的童話景點之一，浪漫的城堡攀附在壯觀的山崖上，俯瞰著清澈碧綠的布萊德湖。你可以搭乘平底船到湖中小島遊玩，島上有個完美如畫的小教堂，新人都喜歡在這令人陶醉的景色下舉辦婚禮，但這對新郎而言很快就會失去魅力，因為他得遵循傳統抱著新娘爬上教堂的九十九個階梯。

除了恬靜的婚禮氛圍之外，布萊德也是通往東歐最險惡的山脈——朱利安阿爾卑斯山（Julian Alps）的窗口。我的旅遊指引警告了兩件事：第一，絕對不要獨自嘗試；第二，當你超過海拔一五〇〇公尺，就隨時可能遇到冬天氣候。我打算獨自爬到二八六四公尺高處，但我不以為意，「那些愚蠢的旅遊作家懂什麼？」

當我淋著濕冷的八月雨水往上爬，山頂已開始下雪。我沒有花三十元在登山小屋過夜，而是在野外搭帳篷，儘管氣溫已趨近冰點。我逐漸入睡，同時欣賞著明日的終極目標：積滿白雪的三頭山（Triglav），斯洛維尼亞的最高峰。

我在清晨五點抖掉帳篷上的冰霜，藉由疾走暖身。我沒帶地圖，因為我癡心幻想一架直升機會來助我解圍，況且找一座山的最高點有多難？只要順著標示清楚的步道往上爬，直到周圍的東西都沒有你高，不就好了？

不幸的是，我的天真想法很快就被擊破，因為路面已被新雪掩蓋，我只能盲目地在積雪中摸索，途中偶爾會看到一個半遮掩的標記。經過數小時的破冰之旅，我顯然走到了一條死路，四周都是近乎垂直的峭壁。我正要折返查看自己是從哪邊開始走錯路，就發現岩壁高處有個紅色圓圈，這時才了解斯洛維尼亞人對「步道」的定義是如此寬鬆。

那片一百公尺高的陡直峭壁上有一些金屬握柄、約兩公尺長的纜繩和不甚穩固的新鮮冰雪。有時握柄和纜繩相隔很遠，必須赤手緊握尖銳的岩石才能前進。這即使沒下雪也是高度挑戰，而且我沒戴手套，雙手已被凍到如同灼燒般劇痛，我的運動鞋也很難為雙腳保暖或踩穩腳下冰冷的石頭。當我踢掉一些雪，試圖尋找立足點，才看到身後一道血跡，腎上腺素的大量分泌已使我對皮開肉綻的雙手渾然不覺。此刻若不慎失足，這一摔肯定是顛簸又不好受。如果不算之前在墓園待的那一夜，我從未如此接近死亡。

突然間，我聽到直升機的聲音。「太好了，他們要來救我了。」我滿懷期望地抱著石壁。結果它卻降落在下方深遠處的一間小屋旁，大概只是要去運送補給品，或是為昨天墜崖的登山者收屍。

經過多番折騰，我終於爬上山壁，並在隘口遇到兩名從另一條較簡易的步道走上來的登山者，他們無法相信我只穿了一雙運動鞋。在山頂慶祝完畢後，我選擇最簡單的路徑往下走，但那也不算非常簡單。我在途中遇到一位超可愛的斯洛維尼亞人，他全副武裝，戴著攀岩頭盔，穿著厚重的靴子、手套、冬衣，面目猙獰地對我喊了幾句話。我微笑著說自己聽不懂，於是他指向周圍的白粉大叫：「雪！」奮力對著我那被覆雪的運動鞋揮手尖叫：「鞋子！」最後他完成了這句複雜的至理名言：「你這白癡！」

盧比安納：可愛的首都

盧比安納（Ljubljana）感覺不像個歐洲國家的首都，人口僅二十八萬的它是歐洲規模最小的首都之一，市中心只有幾條街道。雖然它跟其他首都比起來很小，但盧比安納可說是名副其實的可愛，因為斯洛維尼亞文中 ljubljena 的意思就是「心愛的」。斯洛維尼亞人也會拿英文推廣類似的文字遊戲，把國名寫成 SLOVEnia。

如果斯洛維尼亞的核心是盧比安納，而這個城市的核心是普列舍仁廣場（Prešernov Trg），那麼廣場的中心確實就是國家的心臟。這個廣場上到底有什麼可以象徵斯洛維尼亞的靈魂？答案是一位酒鬼的雕像。

弗蘭策・普列舍仁（France Prešeren）是斯洛維尼亞最著名的酒鬼，他也寫過一些寓意深遠的詩文。這座醒目的青銅雕像總是愛慕地眺望廣場對面那位豪門千金的住家，當年在苦追多年之後，他終於放棄，跟另一個女孩結婚生下三名子女，搞了幾次婚外情，如魚喝水般地酗酒，兩度企圖自殺，年僅四十八歲就因肝病去世，至死依舊慨嘆那段未果的戀情。數十年後，人們翻出那些塵封已久的詩篇，才發現「嘿，那個廢人其實文筆還不賴嘛！」

如今普列舍仁是斯洛維尼亞史上最偉大的詩人，普列舍仁獎代表藝術成就的最高榮譽，他的頭像被印在他們的二元硬幣上，他的忌日也是一個國定假日。其作品在壯闊中帶有睿智，使斯洛維尼亞人歷經數世紀的異族統治後得以團結。多數國人都會背誦他的詩，尤其是被奧匈帝國禁止的「敬酒歌」（Zdravljica），現在則是他們的國歌。

行人專用的三重橋（Tromostovje）極具指標性，它像個跳板從普列舍仁廣場向外延伸，橫跨盧比安尼察河（Ljubljanica）。中古世紀的盧比安納城堡安坐在山丘上的森林裡，俯瞰整座城市。盧比安納確實平易近人，但斯洛維尼亞的地下世界更是令人著魔。

地底世界

想像大峽谷深藏在地底，這樣你就能對什科茨揚洞群（Škocjanske Jame）內的景觀有個大略概念。《孤獨星球》將它列為東歐前十大景點之一，也名列世界文化遺產，每年有十萬名訪客。雷卡河（Reka）從中切割，它被稱為全球最大的地下河谷可說是實至名歸。這裡寬六十公尺、深一百四十公尺，跟大峽谷相比雖是小巫見大巫，但由於它完全位於地下，因此感覺比實際巨大許多。當你經由狹窄的漢克運河橋（Hanke Canal Bridge）穿越峽谷，將會看到河流在遙遠的谷底奔騰。這個地底世界可以容納一棟四十五層樓高的摩天大樓。

什科茨揚洞群是如此巨大，它的內部已發展出獨特的生態系統，以及從未見過天日的奇特盲眼生物。其中最詭異的是俗稱「人魚」的洞螈，這種外星生物的脊椎跟人類的手臂一樣長，有條長尾巴可用來游泳，還有魚鰓、四肢、無色皮膚、極端敏感的鼻子、可偵測水中微弱電場的感應器、一雙萎縮的肺和沒有功能的眼睛。牠們是一種奇怪的兩棲類，大多數時間都棲息於水中，有著神祕的生命循環：壽命跟人類幾乎一樣長，性器官在青春期就發育成熟，但從未在野外生殖。牠們以卵孵化嬰兒，並且可以在不進食的情況下存活十年。這是野生的東歐中被藏得最徹底的生物。

距離什科茨揚洞群大約半小時車程的是波斯托納洞（Postojnska Jama），裡面有可能是全世界最刺激的隧道火車，為了協助你探索長達二十一公里的洞穴系統，一台露天小火車會帶你迅速穿過多重洞穴，感覺就像迪士尼的遊樂設施，不同的是你看到的一切都是真的！當你衝過狹窄的洞口，有時甚至會不自覺地閃避頭頂的鐘乳石。這趟旅程彷彿直接取自凡爾納（Jules Verne）的《地心歷險記》。火車最後停下，遊客開始一小時的步行導覽，最精采的點是一間地下演藝廳，可容納一萬名觀眾，舉辦大型音樂活動。

第三個神奇洞穴的血盆大口足以嵌入一座城堡！堅若磐石、如夢似幻的普利雅馬堡（Predjamski Grad）簡直就是取自托爾金的奇幻世界。一位名叫艾拉廉・盧格（Erazem Lueger）的真實版羅賓漢曾藏匿在此，當奧地利士兵圍困了城堡將近一年，他卻朝他們丟擲櫻桃和花朵，證明自己可以來去自如。直到一顆砲彈趁他蹲馬桶時正中目標，這齣鬧劇才終於落幕。

住在瀑布下的杜尚

雖然斯洛維尼亞很小，我在五年後還是回來了。它是我的第二趟東歐之旅的最後一站，我維持那次的探索主題，把焦點放在各國村鎮和一些較冷門的區域，像Slap Ob Idrijci這種名字古怪的村莊應該是個很理想的起點。拜沙發衝浪之賜，我結識了杜尚・楚什諾維茨（Dušan Trušnovec），他乍看之下是個很典型的斯洛維尼亞人，當年五十三歲，體格健壯，家裡有太太和兩個孩子、三條狗和一個農場，種植馬鈴薯、奇異果、柿子，養了一群馬。他總是忙著做某件事，通常都是具有效能的工作，但即使不是也沒差別——至少他有在做事。而且他就像多數前南斯拉夫人，相信許多民間傳說，有時甚至會展現創意，自己發明一些新故事。

然而就其他方面而言，杜尚又不是那麼典型。他是素食者，曾積極參與古儒吉大師（Ravi Shankar）的生活藝術基金會，每天都會定時冥想，經常背著巨大的迪吉里杜管（didgeridoo）

到處旅行。他在自己的農場上搭設了好幾個蒙古包，免費招待客人和舉辦活動，完全靠捐款維持生計。他死忠堅信放任主義，給予孩子完全的自由，因而造就了兩個極端異類的年輕人，他們都直接稱呼他的名字，不稱他「爸爸」，因為杜尚想要當他們的朋友，不希望被視為權威人物。多數斯洛維尼亞人會跟你握手，但他堅持跟你擁抱，相信愛可以解決任何問題。他基本上就是個沒有頭髮的嬉皮。

我在認識杜尚之前，曾以為Slap Ob Idrjici的名字是源自某個愛摑人巴掌（slap）的怪老頭。事實上，slap在斯洛維尼亞文中的意思是「瀑布」，ob是「旁邊」，所以這個村名可以翻譯成「伊德里奇河邊的瀑布」。但這是錯誤宣傳，因為那邊早已沒有瀑布，不過陡直的山群仍矗立於這個鄰近托爾明（Tolmin）的翡翠河谷。這片仙境看似靜謐，其實土壤深處流著上百萬名戰地亡魂的鮮血，海明威曾在此地駕駛救護車時身陷戰火而受傷，他在《戰地春夢》中描述了這段慘痛際遇。在斯洛維尼亞的歷史上，一次大戰確實比二次大戰更具戲劇性和重大意義，杜尚帶我參觀了一些令人心頭糾結的戰後遺跡，也開車帶我走過一些鮮為人知的山路，造訪隱蔽的深山村莊，品嘗村民自製的美味乳酪。我們後來沿著綠松色的索查河（Soča）經過古雅的河畔小鎮，欣賞歐洲最美麗的山河景觀。

我在杜尚的三層民宿住了幾天後，他帶我到位於克羅埃西亞境內的策維尼夫（Crveni Vrh）的海邊小屋。這間簡陋的房屋是在南斯拉夫時期建造的，所以它有一種隨意拼裝的另類特質。例如它沒有水密構造，戶外的排水管是用繩索固定，部分地板凹凸不平，樓梯高低不等，廚房和一間浴室位於戶外。但它有世界頂級景觀，能眺望亞得里亞海、威尼斯式的古城皮蘭（Piran）和雪白的朱利安阿爾卑斯山脈。

經過兩天的充分休息，我向杜尚和東歐道別，之後又花了幾個月在十個西歐國家閒晃，獨自越野攀登白朗峰，並兩度徒步橫越西班牙（一次是穿越庇里牛斯山，另一次是跋涉聖雅各之路）。我在西班牙的時候，杜尚提出了一個我無法拒絕的提議：他邀請我回斯洛維尼亞，在他的海邊小屋寫這本書。他的家人很少在冬天去那邊，因此我可以專心寫作。我原本計畫在蒙特內哥羅或摩爾多瓦寫書，感謝杜尚的慷慨邀約，那是我寫作生涯產能最高的一段時期。

斯洛維尼亞的語言

那年冬天，我在風雨中來到科佩爾（Koper）。這個港口城市曾經換過許多名字，古希臘人稱之為埃吉納（Aegida），當時科佩爾還是個小島，跟歐陸以運河相隔。羅馬人在那裡養羊，稱之為卡普里斯（Capris），後來拜占庭帝國又把它改名為查士丁波利斯（Justinopolis）。到了十三世紀，它得到Caput Histriae這個名字，拉丁文意思就是「伊斯特里亞之首」，然後義大利人又把這個字變成Capodistria。威尼斯人蓋完他們的建築傑作之後，斯拉夫人就把他們趕走，將城名改為科佩爾。不過這些對我而言都不重要，我當時淋著細雨，在公車站等沙發衝浪主來接我。杜尚正忙著進行他的某個神祕任務，短期內無法到科佩爾跟我會合，所以我必須暫時寄人籬下。

有些人會花數小時尋找完美的衝浪主，但我的方法很簡單。我在搜尋時會選擇用「最新帳號」排序，先聯絡最前面的十個人。我會這麼做的原因有四點：第一，剛新建帳號的屋主會積極爭取好評，這樣他們自己旅行時也能輕易找到衝浪處。第二，由於我有超過一百筆好評（完全沒有負評），新屋主都可以信任我不會偷他們的電腦，強暴他們或炸掉他們的房子。經過一次正面的初體驗後，他們就會更有信心參與衝浪社群，進而拓展市場，減輕其他屋主的負荷。第三，新手通常比較熱誠，老鳥則難免心無戀棧。第四，如果他們不回答我，「回應率」就會從百分之百掉到零（假設我是唯一的留言者），這有助於過濾掉賴帳者。因此我常跟沒有照片或詳細介紹的屋主共居，雖然這種方法有點像在玩俄羅斯輪盤，但我的經驗一向都很棒。

在此之前，我對科佩爾的衝浪主安娜瑪利亞．米施瑪（Anamarija Mišmaš）認識不多。安娜的簡介顯示她在兩週前才建立帳號，她是一位二十歲的護校生，喜愛書籍、語言和大自然。網頁上唯一的照片很模糊，上面的她穿著冬衣在海邊石頭上跳躍。我初次見到安娜時，她正踏著暢快安逸的步伐走向我。我們先前已書信往來數次，所以彼此已經熟悉到可以在雨中相擁。她遠比我想像中漂亮。

安娜帶我瀏覽市區，協助我溫習一些基本的斯洛維尼亞文。科佩爾就像這個國家的多數地方：整潔、吸引人、有效率。不到一小時就可以走遍舊城區，狹小的步道和迷人的威尼斯式建築顯露了義大利文化的指印。我們停下來享受茶和甜點，複習了幾個基本詞句：dober dan（你好）、prosim（請／不客氣）、hvala（謝謝）、oprostite（抱歉）、adijo（再見）、ja（是）、ne（不是）、kje je（在哪裡）、kako ste（你好嗎），以及我覺得很好聽的koliko（多少錢）。雖然這些基礎字很簡單，但要精通整個語言並不容易。

既然我接下來一年都會住在斯洛維尼亞或是它的邊界附近，我決心學好這個困難的語言。根據歐洲統計局（Eurostat）的資料，斯洛維尼亞人有百分之三十八會說三種語言，只有芬蘭（百分之四十五）和盧森堡（百分之五十一）的比例更高。他們能精通多語的原因之一就是斯洛維尼亞文本身很困難。安卓亞．娜塔莎（Andreja Nastasja）擁有英語和義語翻譯的碩士學位，她認為我不應該用「困難」來描述斯洛維尼亞文，因為「世界上沒有所謂好學或難學的語言」。

這點就由各位評斷吧。斯洛維尼亞文中的動詞變化多端，可以根據主詞是單數、雙數或複數（三個以上），性別是男或女，正式或非正式，甚至連金星的位置都有區別。這可以衍生出：jaz kuham（我下廚），ti kuhaš（你下廚），on/ona kuha（他／她下廚），midva/midve kuhava（我們兩人下廚），vidva/vidve kuhata（你們兩人下廚，正式），onadva/onidve kuhata（他們／她們兩人下廚，非正式），mi kuhamo（我們多人下廚，非正式），vi/ve kuhate（你們／妳們多人下廚，正式），oni/one kuhajo（他們／她們多人下廚）。很簡單吧？光是一個「你們的」就有十四種說法，這時你大概會很想對斯洛維尼亞人說「去你們的」。

複數簡直是噩夢，英文中的複數名詞大多只是加個 s，舉保險套為例，英文不管幾個都是 condoms，斯洛維尼亞文從一個到五個依序是 en kondom、dva kondoma、trije kondomi、štirje kondomi、pet kondomov，請讀者注意字尾的變化。與其如此自找麻煩，還不如只買一個保險套。

更糟的是，物體也可分為雄性、雌性或中性，而它們的複數字尾也會跟著變，直到數字超過五，發明此規則的那個混蛋才終於玩膩，懶得再分性別。可惜他沒有提早在「一」就做出這個英明的決策，說到「一」，這個寂寞的數字也有四種說法：en、ena、eno、eden。至於何時該使用何者，可能還要看當天的月相。

斯洛維尼亞人也不懂得如何數數字。他們會把二十三說成三又二十，一百五十四是一百四又五十，二萬四千八百九十三則是二十四千八百三又九十。文化相對論者會指控我是站在英文邏輯的框架裡批評斯洛維尼亞文。為了證明世界上確實存在著一致性的邏輯，當阿普瑞拉・柯帝奇（Aprila Cotič）剛學會英文的數字唸法時，她的第一個反應就是：「對喔，我們怎麼沒這樣數？」

另一個不合理之處是雙重否定句，例如jaz ne grem nikoli nikamor peš照字面翻譯是「我從未不會走去任何地方」，意思是「我從未走去任何地方」。莎士比亞曾經用過雙重否定句，但以現代英文而言那是不合文法的，因為本身就矛盾又不合邏輯，然而這並未造成斯洛維尼亞人的困擾。如果你此刻還沒被逼到想自殺，以下這點肯定會：斯洛維尼亞語有五十二種方言，並可分為八大類。

雖然政治正確的做法是讚嘆每一種語言的美妙，欣賞它們的字母、發音和獨特的文法，但會如此自我陶醉的人通常都沒有實際學習經驗。他們是從遠處欣賞這些語言，就像我們也會欣賞愛斯基摩人——他們看起來很有趣，但很少人會真的想過那種生活。同樣的，如果你只是路過，斯洛維尼亞文會顯得很奇特，然而當你必須學習這個語言，就會發現它是多麼的討厭。

斯洛維尼亞的粗話

學習斯洛維尼亞文就像重複用鐵槌敲打手指一樣好玩，所以你沒過多久就會想學一些罵人的話。不幸的是又要讓你失望了，斯洛維尼亞人真是有夠沒種，他們連一句像樣的粗話都沒有。

當我在幫杜尚修理海邊小屋的屋頂時，他偶爾會低聲碎唸shit或fuck。於是我問他：

「杜尚，你是因為我在附近才用英語咒罵，還是你通常都會用英語？」

「我通常會用英語，但有時會用克羅埃西亞語。」

「那你什麼時候才會用斯洛維尼亞語罵人？」

「幾乎從來沒有，我們的粗話都太文雅了。」

所以斯洛維尼亞人和拉脫維亞人有一項共同點：他們會借用其他語言表達憤怒，因為自己母語的用辭不夠帶勁。如果你還記得，拉脫維亞人會借用俄語和英語；同樣的，斯洛維尼亞人會向克羅埃西亞語和英語借一些字。他們的咒罵有多貧弱？試試看這些：pojdite se solit!（去給自己撒鹽）、križana gora!（十字架山）、jebela cesta!（白色道路），以及驚天動地的tristo kosmatih medvedov（三百隻毛熊）。我完全傻眼，懇求杜尚努力想一句用自己的母語能罵得最難聽的話。他繼續在屋頂上工作了一個小時，終於想到一個：「Kurc te gleda」。

「好極了！」我說，「那是什麼意思？」

「一支陽具正在看你。」

除非你患有全球最嚴重的恐同症，那句話跟「一個蕩婦正在看你」相差並不大。我實在受夠了，只好拜託杜尚分享斯洛維尼亞男人發怒時實際會說的話。當他們不講英語時，就會用克羅埃西亞語進行唇槍舌戰，例如jebem ti mater（去你媽）或u pičku materinu（操你媽）。

儘管如此，有些克羅埃西亞的粗話也令人一頭霧水，例如ko te jebe（誰想操你）和jebem ti sunce, ti jebem（我操你的太陽，我操）。

斯洛維尼亞文的簡化與現實面

一個語言會隨著普及而簡化，英文曾經有好幾種過去式，但現在多數字尾都一律加ed。古英文中的一百七十七個不規則動詞現在有一半已變得規則及可預測。[2]英文持續在簡化，已經很少人會在乎分裂不定式、虛擬語態和過去常用的shall和whom。由於斯洛維尼亞文不像其他斯拉夫語言那麼普遍，它自然也簡化得較慢，不過我們從三點證據可以看出一些趨勢。首先，沿海地區的居民不會固定使用雙數，他們說那是因為義大利的影響，而且海岸生活比較隨興，不會那麼拘泥細節。

第二，朱利安阿爾卑斯山區的少數婦女會學男人變換字詞。舉「我遲到了」這句話為例，男性說法是sem pozen，女性說法是sem pozna。在上卡尼奧拉區（Upper Carniola），她們照樣說sem pozen，而只有外地人聽到才會偷笑。任何慣用英語者都會了解性別區分並非必要，有些女性主義者也會贊同語言應盡量中性化。

第三，由於網路語言和簡訊的盛行，有些斯洛維尼亞人也從善如流，一律使用非正式的ti稱呼「你」。杜尚很欣賞英文的第二人稱沒有正式或非正式的分別，「因為大家都是人類。」

他喜歡英文沒有內建的社會階級，它本身就是個平等的語言。不過斯洛維尼亞的社會較拘謹，所以它大概還跟不上這個簡化的趨勢。

斯洛維尼亞文也正在做許多其他語言都在做的事：向英文借用單字。例如年輕人經常把denar（錢）說成keš（聽起來很像英文的cash），或把prijatelj（朋友）說成frend（就像英文的friend）。不過這麼直接的借法對斯洛維尼亞人而言太單純了，他們喜歡把自己的語言盡量複雜化，因此他們通常不會直接借英文字，而是把某些字混合，例如gremo原本的意思是「走吧」或「開始吧」，但現在有些人可能會說startamo（start就是英文的開始）。

這種山寨版英文最常見的例子是full，大約每隔五分鐘就會聽到一次。數年前，有個無聊的少年嫌zelo（非常）這個字不夠酷，但他也不喜歡用英文的very，基於某些難以解釋的理由，他決定用full取代zelo（大概是因為full可以代表滿檔或極限），好笑的是斯洛維尼亞人的口音又使它唸起來像fool（笨蛋）。別誤會，我愛這個國家，只是它的語言實在「滿」不酷的。

我們都不擅長分析自己的母語。有一次我和一位老師在街上聊天，她否認斯洛維尼亞文有多數的觀念，「我們只有雙數。」她很肯定地向我保證。我指著一輛車叫她從一數到五，她翻了一下白眼，但為了證明我這個無知的美國人是錯的，她開始數：「En avto、dva avta、

---

2 Nikhil Swaminathan, "Use It or Lose It: Why Language Changes over Time," *Scientific American*, October 10, 2007.

trije avti、štirje avti、pet avtov……」她突然愣住，彷彿驚覺自己的父母是阿爾巴尼亞人。

我也討厭法文有很多單字的拼法跟唸法有頗大出入，當我這樣對一位法國的英文老師說時（照理說這種專業人士應會對自己的母語有自覺），她反對我的說法。我們隨便翻開一本書，當我幾乎指出每個單字，她的眼睛張得像貓頭鷹一樣大，小聲地說：「天啊，你說的對……」同樣的，英語慣用者也很少會發覺我們有一堆同義詞，多餘的動詞時態，以及每隔十分鐘就打啞謎的惱人習慣。你現在是否覺得滿臉香蕉？[3]

語言有時會感覺像是一個委員會設計的，因為它們確實是！語言是數百萬人組成的委員會的產物，正因如此，它們就像許多團體的作品：沒效率、不合邏輯、很愚蠢。全世界最簡單且合理的語言並不是委員會設計的，至少這個會的規模不大，它叫世界語（Esperanto），主要是由一個人設計，所以它很合邏輯，非常簡單。經過幾個世紀，許多語言就像多數社會團體，會開始承認他們的產物很爛，會開始把事情簡化。尤其當這個社會有大量成年人（他們普遍較缺乏耐心，不像嬰兒那麼願意接受無理的約束）需要學習此語言。

比方說，古英文有許多降階、屈折和格位，也有正式和非正式代名詞。更曲折的是，像the這樣簡單的冠詞也能變出多重型態，包括雄性、雌性或中性，它的單數名詞有五種型態，複數還有四種！當英文逐漸普及化後，愈來愈多人就會說：「這太蠢了，把它簡化吧。」斯洛維尼亞文不像英文那麼普及，所以它簡化的速度也較慢。

如果「任何語言學家」真的都不會說某種語言比另一種語言複雜，那麼所有的語言學家都該被槍斃。雖然世界語是由一位斯拉夫人發明，但他沒有使用格位，因為他覺得那太複雜。世界語的文法憑直覺就能了解，拼字系統簡單，沒有不規則的邏輯亂象，因此各國人種都能在破紀錄的時間內迅速上手。一位克羅埃西亞友人就說：「如果我想要混淆中情局的監聽，我會發明一套使用格位的暗碼語言。」

幸好世界上至少有兩位語言學家不需被槍斃。威斯康辛大學教授蓋瑞・盧普揚（Gary Lupyan）從小在白俄羅斯長大，他曾發表過統計性研究，證實語言會隨著傳播而簡化。他在信中解釋：「多數語言學家確實相信所有語言都具有相等的複雜度，但這是根據學界的教條，並非事實。」柏克萊加州大學教授約翰・麥沃特（John McWhorter）也能證明英文遠比其他日耳曼語系的姐妹語言簡化。[4]盧普揚告訴我：「絕無任何數據可以支持『語言均等』的論點，世上並沒有一隻隱形的手能夠等化所有語言的難度。」

最後，一項兩國合作的研究顯示美國和斯洛維尼亞的嬰兒，分別會在一歲半和三歲發展

3 譯者注：美國慣用語 drive someone bananas，意思是「把人逼瘋」，這就是個打啞謎的例子。

4 John H. McWhorter, "What happened to English?" *Diachronica* 19:2 (John Benjamins Publishing Company, 2002), pp. 217-272.

出同等的語言能力。這若不是代表斯洛維尼亞文比英文複雜，就是他們的嬰兒比美國的笨。我們美國人絕不會忍受某個微不足道的小國宣稱自己比我們更笨，我們已經努力爭取到全球最蠢之國的頭銜，所以我寧可推論某些語言確實比其他語言複雜。

儘管我如此喜愛批評各國語言（包括英文），我在各國學到的實用詞句還是比一般觀光客多，即使他們可能會罵我歧視外國語。可悲的是，許多遊客到國外旅遊連一句「謝謝」都懶得學，他們應被強迫花三個月學習斯洛維尼亞文以作為懲罰。所以你可以對各種語言的愚昧感到吃驚，但你還是應該盡力把它們學好。

如何速學一種語言

我在東歐通常要跟十個人交談才能找到一個英文能力夠好的人，但在斯洛維尼亞要跟十個人交談才會找到一個不會說英文的人。他們通常也會講克羅埃西亞文、義大利文或德文的其中之一，甚至三者都會。拜拉丁美洲電視劇之賜，有些人還聽得懂西班牙文。精通六種語言的賽尼拉·凱帝奇（Sanela Kadić）告訴我：「斯洛維尼亞人總是願意學其他語言，所以沒有人會自找麻煩去學斯洛維尼亞文。」身為一個總人口僅兩百萬又被列強（義大利、德國、前南斯拉夫各國）環繞的小國就得付出此代價。話說回來，有些移民已遷入多年，卻還沒學會斯洛維尼亞文，這也是不應該的。既然斯洛維尼亞到處都是多語達人，他們也可以把一些招數傳授給世人。

許多斯洛維尼亞人跟我分享過一些要領。首先，不要以為孩童的語言能力一定比大人好。如果大人願意花相同時間學拉脫維亞文，他們也能把它學得跟小孩一樣好。孩童的學習速度似乎較快，那只是因為他們花較多時間學習。不過他們確實有一項優勢：發音。雖然一個八歲小孩學保加利亞文不會比一個四十歲的大人快速，但他的口音肯定會比較標準。人類在十四歲之前都有能力模仿任何語言的正確發音，但過了十四歲就會逐漸失去此能力。這就是為何有些美國移民雖懂得使用極端艱澀的字，卻無法講得字正腔圓。

現在你知道自己可以學任何語言，接下來要看斯洛維尼亞人為何能學得那麼快。安卓亞能流利地用三種語言與人交談，對另外三種語言也相當熟練，她提供了一個很棒的建議：向小孩學習。多看卡通，閱讀兒童書籍和漫畫書，這些媒介都是使用基本詞彙和文法，並搭配大量插圖。別因為閱讀匈牙利文版的《小紅帽》而感到難為情。不要試圖鑽研每個單字，那樣反而會使自己望之卻步。盡量使用小型字典，因為方便攜帶，而且裡面都是最必要的單字。藉由實際經驗拓展自己的詞彙，例如mešalnik（攪拌器），你只要操作過一次就會記得那是什麼。多聽外國歌曲，嘗試了解歌詞，然後跟著唱。多數孩童都不怕犯錯，你也不必擔心。

如果你自知欠缺紀律，就請一位年輕的家教。他們收費都不高，通常也不會教你太多傳統或不實用的字句。這就是一對一教學的好處，因為團體教學無法兼顧個人的需求和弱點。

線上課程和資源也有幫助，每天趁通勤或運動時多聽一些教學媒體。最後請記住這點：教材比教師更重要。

一位嫁給比利時人的女士向我解釋自己是如何教丈夫學斯洛維尼亞文：打簡訊。因為一百四十字的限制，這有助於練習簡單詞句，收到簡訊時也可以快速動腦練習解碼。Skype和即時通訊軟體也是將語言精簡化的好工具。藉由電子郵件鍛鍊寫作技巧，對自己說話，檢查自己是否有漏字，利用網路觀看外國電視節目。

杜尚精通五種語言，他建議如果你同時對好幾種語言有興趣，就從最簡單的開始。有些人認為：「我要先學日文，因為如果學得會，我肯定能學任何語言。」此話是沒錯，但你可能會先切腹自殺。最好先選個可以快速上手的，等你摸熟一種或兩種語言之後，再學第四或第五種就會顯得駕輕就熟，即使它們是一些奇怪的冷門語言。教宗聖保祿二世就是這樣學了十幾種語言。這個策略很有效，因為你會在一些看似不相關的語言中發現共同點。例如俄文的mokri代表「濕」，而我本來就會講西班牙文，mokri讓我想到西班牙文的mojado，意思也是「濕」。我可以繼續舉一反三，因為我懂基本俄文，所以也能輕易學會斯洛維尼亞文的同義字moker。

一位斯洛維尼亞的語言老師建議我：「先學動詞，它們是任何句子的核心，一個句子沒有動詞就無法成立。」另一個策略是先學最常用的字，列出自己母語中最常出現的一百個字，把它們翻譯成你想學的語言。最有效率的方式是透過聯想，將一個字的寫法或唸法跟某樣東西連結在一起，例如我在背 iti dol（下墜）的時候就想像一個外星娃娃（英文是 E. T. doll）往下墜。

安娜能理解五種語言，她幫我在屋內每樣物品上貼字條，這樣我就會知道用 ključ（鑰匙）打開 vrata（門），在 ogledalo（鏡子）中看到自己，將外套放在 omara（衣櫥）裡，打開 hladilnik（冰箱）拿出六瓶 pivo（啤酒），坐在 kavč（沙發）上喝到爛醉。每看到這些字就唸出來，再加上動詞敘述自己如何跟這些物品互動。

更重要的是要想清楚自己會如何使用這個語言，如果你只學書本教的內容，可能就會失去興趣。因此如果你的主要動機是多認識人，就學些寒暄用詞；如果你想多讀簡訊，就把焦點放在讀字，而非拼音；如果你打算衝浪，就學這些字：水、波浪、衝浪板、沙灘、沙子、石頭、夕陽、逆流、失控。

大家都知道學一種語言的最好方法就是住在那個國家，問題是許多人有此機會卻沒有全心投入，反而跟自己同母語的人混在一起。良心建議：對那些人微笑致意，然後趕快逃走。話說回來，如果你是住在肯塔基州，又想學羅馬尼亞文？感謝網路，你很容易就能在自己的社群裡找到講任何語言的人，信不信由你，北達科他州就大約有一百五十位斯洛維尼亞人。

安娜還有個很好的建議：消滅配音產業。西班牙、法國、德國、義大利、波蘭、俄羅斯和匈牙利對學校英語教育耗資百萬，結果卻很悲慘。他們其實不必花那麼多錢，只須開除所有的配音員，把他們換成字幕員就好了，而且配音的成本還比字幕貴三倍。我們可以輕易預測哪些國家的英語能力最好，那跟他們的教育體系無關，完全取決於電視有沒有配音。斯洛維尼亞人從來都不使用配音，無論是探索頻道或新聞上的國外訪談；相反的，波蘭電視的配音真是有夠爛，他們只用一個人配所有角色。想像《北非諜影》的最後一幕，如果一個波蘭男聲替亨佛萊．鮑嘉和英格麗．褒曼唸所有台詞，那是什麼感覺。

就算無法消滅電視配音，至少也可以消滅電影配音，永遠用原音加字幕觀賞外語電影，當你看得夠多，自然就會開始了解那個語言。等你熟悉到一定程度，就能嘗試把字幕換成原文，同時學習聽寫。配音看似無傷大雅，但一般人平均一年都會花數千小時看電視和電影，所以字幕也能在無形中教我們認識外語。

以上固然都是很好的捷徑，但你終究仍須投資數百小時才能精通一種語言，沒有任何魔術配方能使你在一週內無師自通。讓那個語言滲透生活中的每個環節，全力投入你的時間，過了幾個月後，你就會像個小孩般學會某種怪語言。

伊佐拉的火熱冬夜

安娜和我在科佩爾享用過下午茶後，她開車帶我到伊佐拉（Izola）的住處。斯洛維尼亞的住宅內部跟美國的類似，差別是一些較舊的房屋還保有某些笨重而實用的共產氣息。她的家很舒適，四位室友也很友善。雨已經停了，於是我們就利用傍晚時刻去慢跑，沿著寒冷的亞得里亞海岸跑到伊佐拉的舊城區。我那天正巧是從威尼斯啟程（坐船只需兩小時），此刻又在另一個浪漫的威尼斯城鎮結束這一天。我們停下腳步，欣賞古雅的建築和拍岸的浪花。安娜用她的碧眼深情望著我，眼神彷彿在對我微笑。

我們跑回家沖澡，一起下廚。斯洛維尼亞的餐食綜合了巴爾幹、義大利、匈牙利和奧地利各國風味，他們常吃玉米餅（mlinci）、維也納豬排（dunajski zrezek）、義大利燉飯（rižota）或匈牙利牛肉湯（golaž），每逢週日必吃牛肉細麵湯（goveja juha z rezanci）。安娜心目中最經典的甜點是堅果捲（potica），節慶場合很常見，另一道傳統糕點是來自東北區的夾層蛋糕（prekmurska gibanica）。雖然沙發衝浪不用付住宿費，但我都會幫屋主買食材和做晚餐，作為回饋。既然斯洛維尼亞人什麼都能吃（只要不太辣），我們就做了青醬義大利麵，配上新鮮番茄與帕馬森乾酪粉。

雖然夜色已深，她的室友們仍在客廳看電視，我的沙發床也因此被占用。為了不打擾他們，安娜提議一起看《超完美嬌妻》（*The Stepford Wives*）。她的寢室只有一張椅子，那些室友又還在客廳裡，所以我不確定該坐在哪邊看。她趴在床上，展現出性感的身軀，將電腦放在面前，像是呼喚小狗般地拍拍身旁的床位，邀請我趴在旁邊。

《超完美嬌妻》的故事是關於一群小鎮婦女，大家都美豔得不切實際；此刻的我也有相似感覺。我告訴自己：保持冷靜，別想太多，她只是想表現友善，不可能對一個比她大二十歲的人有興趣。而且雖然她的外表很像片中的女星，但那並不代表她是某個角色。

我微笑回應，溫順地趴在她身邊。正當劇情開始轉折，我們的腳互相碰觸了一下。這使我想起少年時期看過的一張示意圖，上面有一對站立的裸體男女，標題是「男性與女性的性感帶」，兩人身上都有大約五十個箭頭，女生的箭頭分散在全身各部位，包括臀部、小腿和手肘，男生的箭頭都指向同一個點。

我之所以提起這件事，是因為當時我的腳並沒有什麼感覺，但這一碰似乎使安娜脫胎換骨。她發出輕聲呻吟，然後她的腳趾開始蠕動並撫摸我的腳。螢幕繼續播放電影，我們的小腿逐漸交纏。

「夠了，法蘭西斯！」天使警告我。

「為什麼？」魔鬼反問，「他應該玩玩，他已經單身快一年了！」

「那不是重點，」天使說，「法蘭西斯，記住你的原則：絕對不能勾引一位女性衝浪主！拜託，這是沙發衝浪，不是蕩婦衝浪！」

魔鬼在我耳邊低語：「別擔心，是安娜先出手的，所以我會罩你。有沒有聽到她在深呼吸？那是個大綠燈！上吧，兄弟！」

天使大喊：「放肆！仔細想想，你這可悲的齷齪老頭！她都可以當你女兒了！」

「才不呢！她這麼漂亮，不可能是他女兒。」

突然間，安娜笨拙地翻身撲入我的懷裡，吻了我。

第二天，安娜以燦爛的笑容迎接我。由於我們年齡差距甚大，這段關係起初並不明朗，然而經過數個月後，我們的感情愈走愈深。由於結識杜尚，我間接遇到了安娜，並持續與她交往了兩年。

歐洲最危險的背包旅行

斯洛維尼亞人常說，你若從未爬到全國最高的（同時也是前南斯拉夫的最高峰）三頭山，就不算是真正愛國。這座山峰在神話中具有極大意義，他們的歐元錢幣和國旗上都有它的圖案。我建議安娜以行動證明自己是正宗的斯洛維尼亞人。

三頭山不算非常高（二八六四公尺），但由我的初次經歷即可看出，如果你選擇了一條艱困的途徑或在惡劣天候下擅自嘗試，它也可以形成極大的挑戰。杜尚加入了我們，他建議避開最簡單（人也最多）的步道。我們凌晨三點從他家啟程，好讓我們能在日出之前抵達山頂，捷足先登。這趟三天的旅程使我領悟到，斯洛維尼亞擁有歐洲最危險的背包旅行環境。

為了滿足共產主義的精神，前南斯拉夫的領導人希望大家有均等的登山機會，這樣登山就不會只是菁英分子的專屬運動。然而路線設計者並未在各處建立一公尺寬的標準步道，而是在山間設置一堆握柄和纜繩，這些地段的寬度通常都跟人的手臂一樣窄小，所以登山者等同於懸吊在纜繩上。有些地方則只有原始的金屬階梯，如果你失足滑落，別擔心，死神會把你接住。這種情況其實需要攀岩吊帶和其他安全裝備，但我們事先不知道。我曾經帶著背包跋涉兩萬公里，從未遇過如此艱難又危險的「步道」。

還有另一個極具挑戰性的元素：朱利安阿爾卑斯山脈簡直像是用瑞士乳酪做的。雖然它們的外表跟美國背包客經常接觸的堅硬岩石沒有兩樣，但這些石灰岩的質地其實就像瑞士乳酪一樣千瘡百孔。一位名叫約萬・斯維季奇（Jovan Cvijić）的塞爾維亞人發明了「喀斯特」（karst）這個地質學專有名詞，因為他將附近的第拿里山區（Dinaric）冠上此地形名稱，該區主要是由可溶性基岩組成，所以喀斯特也被稱為溶蝕地形。全球第一個被認真研究過的喀斯特地區就是位於斯洛維尼亞，可能是因為該國幾乎有一半都是這種空心石灰岩。喀斯特的缺點是，雖然山上有大量積雪，但雪融化後就滲入岩石，所以背包客等於是在沙漠中爬山；它的好處是可以刻出絢麗的洞穴，連蝙蝠俠都自嘆弗如。

由於山上幾乎沒有新鮮水源（除了山間小屋提供的以外，而且那些都跟黃金一樣昂貴），你必須自己攜帶五公升的水。多數登山者都是當天來回或在小屋過夜，所以不必帶那麼多水，但我們還要背一個防水帳篷、睡袋和三天的食物，背著滿載的背包攀爬那些險惡階梯的困難度顯然會比較高。我們成功登頂之後就下山在一個罕見的湖泊旁邊紮營，第二天又得沿著一條惡魔環伺的碎石小徑匍匐前進，坡度相當陡峭，周圍也沒有纜繩可抓，我們簡直是在尋死。安娜的雙手不斷發抖，她爬到安全處之後，終於崩潰而跪地哭泣。

杜尚和我試圖替安娜打氣，她也知道接下來數小時都會如履薄冰，不得不鼓起勇氣。雖然那是個完美的七月天，但我們在那段漫長的路上只遇到一對遍體鱗傷的法國人，那位法國男士還指著自己鮮血淋漓的小腿勸我們回頭，「這邊沒有路！太瘋狂了！」我們不予理會，最後終於突破困境，在下午回到杜尚的車上。他按照計畫將安娜和我放在維斯克隘口（Vršič Pass），之後就開車回家工作，我們則重新儲水，在附近紮營。

第三天的行程非常刺激，我們經過大山窗（Veliko Okno），感覺就像穿過《魔戒》中的索倫之眼，然後費力地爬到普里索尼克山（Prisojnik）的峰頂，沿著險象環生的步道走到小山窗（Malo Okno），爬下一段令人暈眩的階梯，這不禁使我懷疑自己的理智。歷經幾番折騰，我們終於橫越拉索爾山（Razor），在日落前回到安娜的車上。原計畫是直接開回海岸，然而再多的咖啡也無法使安娜保持清醒，於是我們在杜尚的家住了一晚。我們甚至還沒感覺到枕頭的存在，疲憊的身軀早已不省人事。

極限運動高手之國

跟許多斯洛維尼亞人相比，我們只不過是軟腳蝦。這個國家到處都是運動狂，可能也是因為它基本上就是個大操場。雖然它的面積比紐澤西州小，但裡面有七千公里的登山步道和一百六十五間山林小屋。體育教練伊果・波傑格拉夫（Igor Božeglav）告訴我一個克羅埃西亞人常說的笑話：「如果你看到有人大聲講話，他就是義大利人；如果他手上有啤酒，他就是德國人；如果他手上有滑雪裝備，他就是斯洛維尼亞人。」

由於斯洛維尼亞的總人口只有兩百萬，這使他們的極限運動員的數量和素質顯得相當可觀。他們在奧運的人均得獎率通常都名列全球前十，例如一位體操選手里昂・施圖凱（Leon Štukelj）曾獲得六面獎牌。他們在世界各地也創下超人事蹟，馬丁・史崔爾（Martin Strel）游過整條多瑙河、密西西比河、長江和亞馬遜河，德陽・札維茨（Dejan Zavec）是國際拳擊聯合會的次中量級冠軍，史上首對登上聖母峰的夫妻也是來自斯洛維尼亞，達沃・卡尼查（Davo Karničar）則是第一位從聖母峰滑雪下山的人。

有時候挑戰極限也會導致悲劇。大家都知道美國人藍斯・阿姆斯壯（Lance Armstrong）曾經贏得七次環法自行車賽冠軍，但還有一位斯洛維尼亞人尤里・羅比奇（Jure Robič）贏過五屆美國越野自行車賽。羅比奇曾在二十四小時內騎行八百二十八公里，創下世界紀錄，也曾在一週之內騎了四千八百公里，橫越美國。不過羅比奇的連勝紀錄在二〇一〇年戛然而止，當他在斯洛維尼亞衝下一條乏人問津的砂石小徑，一名老人正好開車上山。一位自行車賽籌辦人曾說：「他就算死在車上也會繼續前進。」[5] 那天，羅比奇終於不再前進。

另一場悲劇是發生在托馬茨・胡馬爾（Tomaž Humar）身上，他曾在喜馬拉雅山脈創下多次初登頂成功紀錄。史上最偉大的登山家萊茵霍德・梅斯納爾（Reinhold Messner）曾說斯洛維尼亞人是「全世界最傑出的登山家」，並尊稱胡馬爾為「現今最有趣而神祕的高海拔表演者」。[6]胡馬爾在二〇〇九年獨自攀登一座喜馬拉雅山峰時摔斷了肋骨、腿骨和脊椎，他有足夠電力使用無線電求救，但沒有足夠體力活過冰冷的夜晚。

伊果認為有三個因素造就了斯洛維尼亞人卓越的運動細胞。首先，這承襲了南斯拉夫的傳統。第二，斯洛維尼亞在獨立後一年（一九九二年）即獲得第一面奧運獎牌，這激發了民族意識，為了延續連勝氣勢，他們更加積極投入。第三，優秀的運動選手在學校可享有特殊地位。除此之外，我認為還有兩個因素：天然環境和嚴謹的職業道德。

勞碌命的蜜蜂王國

策維尼夫這個村莊雖位於克羅埃西亞境內，但有九成的房舍都是斯洛維尼亞人的夏日度假屋。杜尚和我正在他的海邊小屋伐木，我提到這段時間只見過一次他的鄰居，而那次他們

---

5 Daniel Coyle, "That Which Does Not Kill Me Makes Me Stranger." *New York Times*, February 5, 2006.
6 Bernadette McDonald, *Tomaž Humar* (Arrow Books, 2007), Forward by Reinhold Messner, p. 14.

是來修剪草坪和清理庭院。他說：「是啊，他們都是這樣，每隔幾個月就來這裡待一兩天，整天都在工作，忙完後就回盧比安納了。我從未看過他們休息或享受這裡的家，真是瘋狂。」他搖著頭，擦掉額頭上的汗水，「再給我一條圓木吧，我要繼續鋸了。」

斯洛維尼亞人就是閒不下來，他們隨時都會找事做。有時滿煩人的，我住過三間房子，鄰居總是在工作，即使是星期日的早晨，他們不是到處鑽牆就是敲敲打打、粉刷牆壁、割草、修剪樹葉、摘果實、焊接金屬、鋸木、澆水或是搭設一道通往天堂的階梯。

我在下卡尼奧拉區（Lower Carniola）的首府新梅斯托（Novo Mesto）對斯洛維尼亞人的工作狂熱有了更深刻的體驗。一三六五年，哈布斯堡家族的公爵魯道夫四世（Rudolf IV）在克爾卡河（Krka）沿岸的一個馬蹄灣創建自己的城鎮，將它命名為魯道夫島（Rudolfswerth）。幸好當地居民嫌那個名字太難聽，旋即把它改名為較順口的新梅斯托（也可直譯為「新城」）。主廣場（Glavni Trg）和整個城鎮都很可愛，你可以從鐵橋（Kandijski Most）看到原本環繞外圍的城牆，後來中古世紀的圍城戰略逐漸落伍，居民就將城牆改建成房屋。我在波士尼亞和塞爾維亞待了一個月後，順路到新梅斯托待了幾天再回到海邊，在此再度見識到他們傳奇性的職業道德。

蘇桑娜．霍奇瓦（Suzana Hočevar）在復活節週末招待我寄宿，她年約三十歲，態度和善，在斯洛維尼亞最大的克爾卡藥廠工作。她在週六向我介紹了五位朋友，她們全都坐在自己的露營休旅車旁「休息」，我們閒聊十五分鐘後，其中四人就開始翻閱雜誌書報。我們在後續章節就會發現，同為斯拉夫民族的塞爾維亞人或波士尼亞人絕對不會展現如此反社會的行為，斯洛維尼亞的民族基因似乎會強迫他們將自己的產能發揮到淋漓盡致，連一秒都無法鬆懈。

週日，我在克羅埃西亞邊界附近的小村莊賽洛夫羅格（Cerov Log）與蘇桑娜的家人共享午餐。這個農村只有三百人，蘇桑娜的父母很好客，還讓我參觀他們的小葡萄園。斯洛維尼亞人相當迷戀這種袖珍型的葡萄園，他們會自己釀酒，利用回收式寶特瓶貯存。如果平日工作還不夠繁忙，最完美的休閒方式就是擁有一片葡萄園或農地。

週日傍晚，蘇桑娜帶我到科斯塔涅維察（Kostanjevica）拜訪維斯納（Vesna）和柏魯特（Borut）。這對夫妻正在整修他們的古老豪宅，柏魯特是一位忙碌的建築師，他很高興能把自己的豪邸當作終身計畫，在閒暇之餘充實自我。我從柏魯特的眼神再度看到那股專業的執著，那也是驅使眾多運動員不斷挑戰自我極限的原動力。

斯洛維尼亞就像個大蜂巢，這個國家真是不知休息為何物，人們總是馬不停蹄地往返奔跑，然而就像蜜蜂，他們很少會慌亂失控。凡事都是有明確的節奏與目標，他們平日的工時通常都很合理，但一回家就立刻埋首於其他計畫。在斯洛維尼亞很少會看到有人對著空氣發呆。因此，斯洛維尼亞的人均生產總值高於所有前共產國家，它可以說是最接近西方的東歐國家，不僅就地理而言，社經地位亦然。這一切都可以歸納於一個常見的字：priden，意思就是勤奮不懈、行為端正。斯洛維尼亞人從小即被教導要當一個priden otrok（勤勞的好孩子），他們顯然從未忘記這點。

三個住在斯洛維尼亞的美國佬

我在那個復活節週末認識了蓋瑞．卡爾森（Gary Carlson），他是一位來自美國的牧師，已在此居住兩年。我請他比較斯洛維尼亞和美國的生活差異，他說：「斯洛維尼亞人沒有美國人的超級個人主義，你不會感覺到那種自我中心的高傲態度。他們有較高的社群意識，會盡力取得共識，讓大家機會均等，擁有同等的醫療福利。他們注重養身，可以把環境維護得非常整潔。他們對外界保持開放態度，而對自己的土地又有著如膠似漆的情懷。」

「我們能向他們學到什麼？」我問他。

「謙虛，不要炫耀。」

「可否再舉一個跟美國不同的例子？」

「他們重視家庭，但不會抱來抱去。」

這讓我想起阿普瑞拉拿斯洛維尼亞人與塞爾維亞人相互比較時所說的話。「我們比較冷漠，塞爾維亞人比較熱情，我們的派對氣氛較為平靜，必須多喝幾杯酒才放得開。」阿普瑞拉也回應了蓋瑞提到的謙虛美德，當我問她斯洛維尼亞人能教導世人哪些事，她回答：「我直到出國才知道答案。我們有三件事值得效仿：謙虛、勤勞，不會特別崇尚國家主義。」

我在斯洛維尼亞認識的第二個美國人唐納・萊因德爾（Donald Reindl）是英譯學系的助理教授，他說：「美國人可以從斯洛維尼亞人身上學到較好的飲食習慣和休閒活動，以及醫療照護，尤其是在預防醫療方面，還有職場的兩性平權。當然斯洛維尼亞在這些方面的成績也並非完美，例如他們的傳統食物的熱量還是太高，女性的平均薪資也『只有』男性的百分之九十三，但這還是優於美國的實際情況。他們的學齡兒童在小學階段就能獨立自主，而他們在家庭圈之外培養的自信也值得讚賞。」

我請他舉個預防醫療的例子。「這裡的小學都設有專任牙醫，例行檢查學生的牙齒，可以預防日後出現更嚴重的問題。若要請病假，都需開立就醫證明，確保你有去看醫生並接受例行性檢查，例如量測血壓，這些措施都可以提早發現病症。」

「他們如何訓練兒童獨立？」

「孩童幾乎都是從兩歲就開始學前教育，很多人甚至從一歲就開始。他們從四歲就會開始舉行班遊，至多三晚沒有家長陪伴，此模式會持續到小學，即使是低年級生也經常參加為期一週的童軍活動。」

我訪問的第三個美國人是七十一歲的瑪莉・安（Mary Ann），她已經在朱利安阿爾卑斯山的山麓下居住六年。她最愛這個國家的安全，「人們都很守法，槍械管制很嚴格。」正如唐納，她也讚美這裡的醫療福利，「你可以自己做健康檢查，不需要醫師核准，那是個廉價的隨收隨付制度。」最後她說：「當你需要協助時，人們通常都願意伸出援手，但他們不會干預你的隱私。」並非所有人都同意最後一句話。

斯洛維尼亞是個大村莊

每個人在斯洛維尼亞都是名人，我居住在這裡時交了大約二十個朋友，每當我需要什麼的時候，至少有一個朋友可以輾轉介紹某人來協助我，他們之間都有某種關係。我曾在科佩爾的一座丘陵住過幾個月，附近四家住戶都有血緣關係。這種超連結使得斯洛維尼亞感覺很像個大村莊，大家似乎都認識彼此，也知道對方在做什麼。美國的網路社群（YouTube、臉書、推特）固然創造了許多微型網紅，然而斯洛維尼亞早已超越了我們。打從宇宙誕生伊始，他們全國都是網紅。

英國人稱斯洛維尼亞人為Slovene，我偏好使用Slovenian的原因有二。第一，它唸起來較順口；第二，Slovene會引起「懶散」（英文的sloven）的不當聯想，這顯然不符合斯洛維尼亞的形象。雖然他們穿著不華麗，但他們總是整齊體面，這跟他們的鄉民思維有密切關聯，斯洛維尼亞人似乎永遠都在擔心：Kaj si bodo sosedje mislili?（鄰居會怎麼想？）

儘管他們已如此現代化，又擁有東歐品質最好的汽車，如果你凝視斯洛維尼亞人的靈魂，可能還是會看到一個農夫的影子。每當他們看到果實長在樹上，眼睛就會發亮。即使是一位來自盧比安納的勢利眼也能在田裡辨認出馬鈴薯葉，而多數美國人還無法做到這點。斯洛維尼亞人就像農夫一樣腳踏實地、愛好和平，他們安靜地在自己的小國中茁壯，與周圍強國和睦相處。斯洛維尼亞人的適應能力很強，他們能學習任何語言，如果你不會講斯洛維尼亞語，他們也不會埋怨，因為他們知道自己的文化和語言在歐洲舞台上是微不足道的。他們似乎也心知肚明，自己之所以能存在的主因是列強允許他們存在，並非因為自己太難征服。我在此引述一位旅人在一九三〇年代對南斯拉夫的評論，由此可見他們一百年來依然始終如一：「斯洛維尼亞人是個理性而平靜的民族，他們比其他同胞更有機會生活在和平中。」這段話出自麗貝卡．韋斯特（Rebecca West）的《黑羊和灰獵鷹》（*Black Lamb and Grey Falcon*）。

話說回來，斯洛維尼亞人當然也有東歐人的骨氣，一種拒絕向外族屈服的固執。為求生存，他們會學習外國語言，甚至借用一些單字，也樂於跟任何人進行貿易交流，若有必要也會順應強國的頤指氣使。然而他們即使表面上投降，內心卻深信那只是暫時的挫敗。斯洛維尼亞人就像那些冥頑不靈的波羅的海人，他們總是會東山再起。當列強踐踏他們的國土，扼殺他們的語言，試圖粉碎他們的靈魂，他們可以沉寂數個世紀，一旦時機成熟，他們又會死灰復燃，對大家說：「瞧，我還在這！」

均富的矛盾

有一位聰明的義大利人科拉多・吉尼（Corrado Gini）設計了吉尼係數，它是個介於零到一之間、用來評估收入或財富分布的數字。若應用在收入，一分就代表全國只有一個超級幸運兒包下了全國的總收入，零分則表示國民收入完全平均分配，從清潔工到總統都領相同的薪資，那是共產主義的春夢。

如果我們把吉尼係數乘上一百，全球的平均分數大約是六十。美國曾在一九六〇年代後期拿到三十九的最低分，目前大約是四十五，等它達到五十，就表示全國有百分之二十五的人賺到國民總收入的百分之七十五。雖然當今有那麼多人在抱怨貧富不均，美國跟全世界相比其實沒那麼嚴重，那些疑心病重的美國人應該去看看貧富差距最大的地方：拉丁美洲和非洲，尤其是後者。

根據世界銀行統計，斯洛維尼亞曾擁有全球最低的吉尼係數（二十四點二）；換言之，你如果很重視貧富均等，就應該移民到斯洛維尼亞。問題是：每當我問斯洛維尼亞人為何他們的收入可以如此均衡，幾乎所有人都會說：「那是假的。」這很奇怪，因為根據我的觀察，大家的生活水準似乎都差不多。我在克拉尼斯卡戈拉（Kranjska Gora）旅行時結識了一位社會經驗豐富的會計師。為了揭穿此矛盾，我提出相同的問題，她當下的反應也是：「不可能！這裡有那麼多有錢人，房子和車都那麼好，我不相信。」

正如多數東歐人（尤其是前南斯拉夫人），每當斯洛維尼亞人遇到可疑的事情，他們就立刻說那是陰謀和謊言。很少有人會考慮那些事或許是真的，或是花一點心思去理解原因。我繼續追問這位會計師對國內稅收法的認知，她回答：「我們的稅率大約是百分之五十，這是個複雜的系統。」

不光是複雜，簡直像岳母一樣麻煩。根據畢馬威公司（KPMG）針對有效稅率的年度審計調查，只有五個國家比斯洛維尼亞向國人徵收更多所得稅，而且這個沉重的稅率還會隨個人所得遞增。資方沒有理由為了獎勵某位勞工而支付他二十倍的薪資，因為給再多錢也會被政府吞掉。這就是為何公司總裁和大樓門衛的實際所得差距會遠比多數國家低。

社會主義的歷史背景也是一項因素。現今許多貧富相對均衡的國家都曾經是共產國家，由此可證明共產制度確實有做到重置財產的承諾。話說回來，共產主義已經死亡了三十年，所以斯洛維尼亞是怎麼保持的？並非每個前共產國家都能維持均富，事實上歐洲至今唯一尚存的共產國家——白俄羅斯的貧富差距也擴大了，斯洛維尼亞的祕密究竟是什麼？

馬泰．阿克瑞波維奇（Matej Akrapovič）是我遇過的斯洛維尼亞人中第一個沒有將均富現象駁斥為政府陰謀的人，他解釋：「當初我們的國營企業私有化時，大家都獲得公平比例的股份。你能拿多少是看你的年齡而定，例如我的父母拿到的價值等同五千兩百元，我當時才十二歲，所以我拿到六百五十元。許多人在拿到那筆股份後就把它轉賣了，但我把它留著。」

「用來做什麼？」我問。

他回答：「我把那六百五十元投資在本國的萊柯藥廠（Lek），他們後來被諾華（Novartis）收購，所以我在幾年後就以五千兩百元賣掉我的股份。」

斯洛維尼亞人變賣國營事業的手法跟其他前共產國家有很大不同。比方說，俄羅斯就沒有平均分配他們的公產，因而造就了少數億萬富豪的寡頭政治，共產帝國七十年來的發展成果也被沖下馬桶，今日俄羅斯的貧富差距幾乎跟美國一樣大。克羅埃西亞人也常用「私有化的搶劫」（privatizacijska pljačka）諷刺自己國內的黑心企業。

既然已經有這麼多客觀證據，為何斯洛維尼亞人還在否認均富的事實？因為他們不懂得校正自己的標準，他們還是停留在鄉民的小圈子裡，只知道某位先生擁有一架飛機，每週六都能買到三球冰淇淋。然而少數有錢人的存在並不代表政府在揑造數據，斯洛維尼亞人若看到其他國家的狀況，就會放棄他們的陰謀論。

聶文．柏拉克（Neven Borak）是南斯拉夫的活體化身，他的父親是克羅埃西亞的塞族人，母親是斯洛維尼亞人。他在斯洛維尼亞出生，幼年在北馬其頓度過，七歲又搬到克羅埃西亞的希貝尼克（Šibenik），在那裡住到十八歲。基本上他可以說是南斯拉夫的模範生，完美融和了南斯拉夫的各地文化。他也是《南斯拉夫經濟的成功與崩潰》（*Ekonomski vidiki delovanja in razpada Jugoslavije*）的作者，目前在斯洛維尼亞銀行擔任顧問。我們的訪談才剛開始，他就一語道破了我的疑惑：「除了高稅率之外，斯洛維尼亞全國各處都會進行勞資協商，人民、政府和企業之間都有社會契約，工資和預算都是透明化，必須取得三方同意。這是個冗長複雜的流程，但它可以防止貧富差距擴大。」

為何斯洛維尼亞要脫離南斯拉夫

對聶文而言，破解那道謎題當然只是兒戲，於是我把矛頭轉向另一個更具挑戰性的謎題：南斯拉夫為何分裂？這個問題是如此棘手，我們還要再花十個章節才能徹底釐清。別擔心，我們也會討論其他事情，但這個議題將會不時浮現。我在後續章節也會經常轉述聶文中立而理性的觀點，因為我們屆時就會發現許多當地人對此事的看法都極端偏激。當你的四周都是偏執狂時，聶文冷靜沉著、就事論事的論述總是令人耳目一新。

跟其他前南斯拉夫人相比，斯洛維尼亞人確實最理性，不太會被瘋狂的陰謀論或童話故事牽著鼻子走，不過他們的立場也並非完全客觀。在開始探索他們的一些迷思之前，我們先用極精簡的方式綜觀南斯拉夫的歷史。第一次世界大戰之後，斯拉夫民族紛紛脫離戰敗的奧匈帝國。經過幾番顛簸的磨合後，南部的斯拉夫人決定以六個共和國組成南斯拉夫聯邦（類似美國的五十州）。我們在下一章會更仔細研究南斯拉夫的歷史，但現在我們只需知道，那六個共和國的之一就是斯洛維尼亞，它在一九九一年獨立。

關於斯洛維尼亞為何要脫離南斯拉夫，人們最常引述的理由就是他們不想老是送那麼多錢給貝爾格勒（前南斯拉夫首都，現今塞爾維亞的首都），同時卻拿那麼少的回饋。他們覺得其他共和國的懶鬼吸乾了斯洛維尼亞的輸出。共產主義重置財產的理念聽起來固然很棒，但當它拿走你辛苦掙來的錢，送給乞丐白吃白喝，這個主意就不是那麼棒了。

為了了解此問題的嚴重性，我請每個跟我交談過的斯洛維尼亞人將此差距量化：他們的付出與回饋比值是多少？假設是一比一，那就表示當你的社區繳了一百萬元稅金，政府就會把那一百萬元完全投注在該社區，興建道路、學校和安全設施。令我驚訝的是，沒有一個斯洛維尼亞人能回答這個問題！大家都說這是「很重要的問題」，但沒有人了解實際情況！他們只知自己奉獻了「很多」，換回了「很少」，或是比值「很差」。少數幾個人大膽猜測比值介於五比一至十比一，但他們坦承那是毫無根據的。簡言之，人們最常提到的脫盟理由並無明確證據可作為後盾，搞不好真實的比值很接近一比一，甚至一比二，優勢其實是在他們那邊。我感覺好像在問一個小孩為何相信世上有聖誕老人。「我不知道，我無法證明他存在，但我就是知道他躲在世界某處。」

雖然找不到強力證據，但我並不擔心，因為全國最博學多聞的經濟史學家聶文．柏拉克一定能為我解惑。結果他的回應使我傻眼。

「我不知道，」聶文輕聲說，「沒有人知道。」

此刻的我很想跳上辦公桌，抓住他的漂亮領帶，衝著他的臉尖叫：「你在開玩笑嗎？你怎麼可能不知道？每個該死的斯洛維尼亞人都說這是他們脫離南斯拉夫的主因！而你卻告訴我全國都沒有人試圖查證？你們這些人到底是怎麼搞的！」

但我只是揚起眉毛，以近乎厭倦的平淡語氣反問：「真的？好有趣。」

聶文可能看到了我的耳朵冒出的蒸氣，於是他盡可能地向我解釋。首先，南斯拉夫有所謂的「平行預算」，這些未入帳的巨額資金可以進行無數檯面下交易。他預估這些隱藏預算大約占官方預算的四分之三，大部分是來自高收入地區轉給低收入地區的錢財。另外，中央銀行會透過賒帳和貸款，用負實質利率重置財產。整個系統都「令人極度不滿，因為很多款項都沒有透明化，無法追查。」即使是政府高層的經濟學家也無法追蹤大部分的資金流向，這個財務體系是如此曖昧不明，可能連最高層的政客都搞不清楚錢是怎麼花的。聶文說：「法蘭西斯，你的問題雖然很明確，但我真的無法給你一個明確的答案，因為問責制和透明化都不是南斯拉夫政府的優先考量。」

我揮舞著他的著作，「聶文，你的書中有一百多張數據豐富的圖表，難道你無法用它們做些推測？」我們像兩名劍士繞著這個議題起舞，每當我試圖把他逼到死角，他就精明地閃避。最後我不得不苦苦哀求，他終於讓步，但他狡猾地強調這只是個猜測，還故作謙虛地聲明這甚至不是個有根據的推測。他估計斯洛維尼亞每繳一元大約可以拿回五毛錢。

在聽過斯洛維尼亞人哭訴他們是如何被詐欺之後，美國人可能也會懷疑聯邦政府是否也在搞黑箱作業，然而我這輩子走遍美國四十七州，卻從未聽見任何人抱怨此事。這是因為各州的出入比值都是一比一？還是根本沒人在乎？

根據稅務基金會（美國的非營利稅務看門狗），有三十州獲得的聯邦政府支出超越他們繳納的稅，其餘二十州則相反。總括而論，人均財富較高的州勢必得犧牲奉獻，所以康乃狄克、新罕布夏、紐約州、加州、佛州和明尼蘇達都要繳較多稅，而相對較窮的州，例如密西西比、路易斯安納、西維吉尼亞、阿拉巴馬、肯塔基和南北達科他州則得到較多。最大的贏家是新墨西哥州，它每繳一元就能拿回兩元。最大的輸家每繳一元只能拿回六毛，它就是跟斯洛維尼亞幾乎等大的紐澤西。

儘管如此，美國人並沒有抱怨。當然，或許當年度報稅期限來到時，紐澤西州會有一兩份報紙趁機吐苦水，新墨西哥州的媒體則鴉雀無聲，希望沒有人會發現。雖然我是在加州長大，但我從未聽過這些爭議，而加州的聯邦所得稅還比政府支出多百分之十。

至於斯洛維尼亞人為何要因此動武？第一，雖然沒有人能證明這點，但他們的出入比值也有可能比紐澤西更差（但大概不會差多少）。第二，由於南斯拉夫政府未將這些資訊開誠布公，當疑心病重的人民在酒吧聽到某個醉鬼胡言亂語，他們自然就會散播各種誇大不實的謠言。

南斯拉夫的經濟主力

雖然確切的出入比值是個謎，我們可以確定的是斯洛維尼亞一直都是南斯拉夫的經濟和工業主力。例如在一九三八年，斯洛維尼亞的人口只比蒙特內哥羅多三倍，但工廠數量卻超過後者四十倍（九百一十二間對上二十二間）。加上附近的克羅埃西亞和佛伊弗迪納，斯洛維尼亞擁有一次大戰後全國百分之八十五的銀行資本和三分之二的工業與農業。它隸屬於南斯拉夫的七十二年之中有七十年出現預算盈餘，而其他共和國連餘額都不會計算。南斯拉夫時代接近尾聲時，斯洛維尼亞人口只占全國兩千四百萬人的百分之八，稅收金額卻占全國兩成以上，並賣出全國百分三十二的強勢貨幣。他們的工廠產能比波士尼亞高三點三倍，比馬其頓高七倍，比蒙特內哥羅高八倍。[7]就像手錶中的小電池，渺小的斯洛維尼亞是南斯拉夫強而有力的經濟引擎。

這個渦輪馬達拉大了斯洛維尼亞與其他共和國之間的生活水平落差。一九七一年，南斯

7 Neven Borak, *Ekonomski vidiki delovanja in razpada Jugoslavije* "How the Yugoslav Economy Worked and How It Collapsed", (Znanstveno in publicistično središče, Ljubljana, 2002), pp. 16, 19, 208.

拉夫各地區的發展進度大約有五年至四十年的差距。[8]斯洛維尼亞固然貢獻了一些較極端的數字，但其中最明顯的是它跟科索沃的落差。一九五〇年，斯洛維尼亞的人均收入比科索沃高三倍；到了一九六〇年，這已經提升為五倍；當南斯拉夫在一九九一年解體時，此差距更是高達九倍。這對共產黨的領導人來說很尷尬，他們應做的是推廣均富理念，而非擴大貧富差距。然而他們愈是暗中操控市場，其他共和國的效能就愈低落，同時又驅使斯洛維尼亞人更加勤奮工作，持續拉大生活水平的落差。

話說回來，儘管斯洛維尼亞人如此刻苦耐勞，共產主義的先天劣勢使他們的效率依然遠低於西方世界。由於奧地利和義大利就在隔壁，斯洛維尼亞人可以輕易目睹西歐超前他們的程度。一九五〇年，義大利和奧地利的國內生產總值大約比南斯拉夫高二點二倍；到了一九八六年，義大利已領先他們三點七倍，奧地利則超前四點三倍。[9]如果連義大利人都能贏過他們，斯洛維尼亞人就知道自己的經濟制度出問題了。

當你與前南斯拉夫人交談時，他們通常都不會願意批評自己的國家或民族。幾乎所有人都自稱是受害者，永遠都是別人的錯。我偶爾遇到幾個立場稍微客觀的人都擁有多重血統，例如聶文具有高度多元背景，於是我就詢問他對於一些國人指控南斯拉夫壓榨他們的看法。他回答：「如果跟其他事實擺在一起看，這種論點就顯得薄弱。斯洛維尼亞在南斯拉夫的保護傘下其實還是有受益，他們可以壟斷市場，以賤價買入原料，再以高價賣出產品。」

他向我解釋，雖然南斯拉夫比東歐其他地區開放，它的共產經濟基本上仍是個封閉系統，市場缺乏競爭，物價被高度控管，資產分配也相對中央化。所以斯洛維尼亞會以低於市場的價格向其他共和國購買原料，雇用廉價勞工製造一些水貨，而其他地區的數百萬人都必須買這些產品。在一個真正自由的市場中，別人可以選擇以較低價格向中國購買同樣劣質的水貨，或是以相等價碼向德國購買高品質的正貨。然而南斯拉夫各國都別無選擇，只能購買斯洛維尼亞的共產吸塵器，還嫌它不夠爛。[10]

當它還是南斯拉夫的一部分時，斯洛維尼亞享受到巨大的國內貿易順差，出超比率高達百分之六十七，而且它是唯一持續擁有如此高利潤的地區。正如以往，科索沃總是敬陪末座，有時甚至還得負擔兩倍的貿易逆差。[11] 斯洛維尼亞的工作狂很愛強調自己繳了多少稅，

---

8 Pavle Sicherl, "Time-distance as a dynamic measure of disparitiesin social and economic development," *Kyklos* 26 (1973), pp. 559-75.

9 Neven Borak, *Ekonomski vidiki delovanja in razpada Jugoslavije* "How the Yugoslav Economy Worked and How It Collapsed", (Znanstveno in publicistično središče, Ljubljana, 2002), p. 211.

10 譯者注：雙關語，原文 doesn't suck enough 的意思是「不夠爛」，也可以反諷吸塵器「吸力不夠強」。

11 Neven Borak, *Ekonomski vidiki delovanja in razpada Jugoslavije* "How the Yugoslav Economy Worked and How It Collapsed", (Znanstveno in publicistično središče, Ljubljana, 2002), p.236

卻忘記南斯拉夫政府的市場操作也使他們獲益良多。聶文觀察到一個諷刺的事實：「斯洛維尼亞史上經濟成長最快速的時期都是處於獨裁政權之下，首先是奧匈帝國，接著是南斯拉夫王國，最後是狄托（Tito）的南斯拉夫。」

十日戰爭

南斯拉夫內戰是一九九〇年代的新聞頭條之一，當醜陋的戰事在克羅埃西亞、塞爾維亞、波士尼亞和科索沃之間蔓延，我們很容易忘記狡猾的斯洛維尼亞早已率先出走。斯洛維尼亞人曾於一九八〇年代提出跟美國人在一七七〇年代提出的相同訴求：言論自由、集會權、民主和預算主導權。他們在獨立過程中犯了兩個錯誤。第一，一九八九年十一月，斯洛維尼亞禁止塞爾維亞人和蒙特內哥羅人進入盧比安納抗議他們修憲。這相當於自打嘴巴，否定了自己對言論與集會自由的訴求。以前一本南斯拉夫護照就能讓你行遍天下，如今這些人卻無法進入另一個南斯拉夫共和國！

第二個錯誤是開槍。一九九一年，斯洛維尼亞的獨立宣言導致為期十天的內戰。現在很難找到一個斯洛維尼亞人願意承認，「我們並沒有贏，其實是塞爾維亞人和南斯拉夫國民軍讓我們贏的。」我們可以這樣總結十日戰爭：你帶著榴彈發射器跟一名手持水槍的七歲男孩打架，「砰！砰！你死了！」男孩尖叫。你倒在地上裝死，男孩宣布戰勝。

南斯拉夫國民軍在斯洛維尼亞邊界部署軍隊的前一天，即明確告知他們會做什麼事：他們會管制出入境交通，包括機場和海港，他們甚至還詳細列出計畫的執行方式和時間。當軍隊這麼做的時候，就表示他們明知這不是公平戰鬥。我們可以想像艾森豪打電話給希特勒，告知諾曼第登陸計畫的所有細節。雖然南斯拉夫國民軍勢力龐大，他們卻只派出兩千名士兵，即使對斯洛維尼亞這種小國也不具威脅性。南斯拉夫國民軍在半夜開始向邊界移動，斯洛維尼亞的總統立刻歇斯底里地打電話給國民軍的副指揮官，對方不屑地說：「你在生什麼氣？離開軍營的部隊根本沒帶武器，冷靜下來去睡覺吧。」

自作多情的斯洛維尼亞人準備拚戰到底，他們以大型農用運輸車設置路障。南斯拉夫國民軍輕易地用裝甲車推開那些路障，彷彿它們只是塑膠玩具。這場「戰爭」最精采的部分發生在斯洛維尼亞人擊落了一架國民軍直升機，上面載的是什麼？麵包。駕駛和技師死了，他們沒帶武器。另外有幾名誤入戰場的卡車司機死於交叉戰火。鑑於「只有」六十六人死於這場十日內戰，這算是相當「文明」。[12]在拍打幾下斯洛維尼亞的手腕之後，南斯拉夫國民軍就撤軍了，斯洛維尼亞贏得有史以來的首次獨立。

既然結局還算和諧，這為何是個錯誤？因為它開了一個不好的先例，間接告訴其他共和

12 譯者注：雙關語，原文civil war是指「內戰」，但civil也可譯為「文明」

國：暴力也可以是解決之道。美國國務卿詹姆斯・貝克（James Baker）就拿赫爾辛基協議強調「暴力不是取得獨立的合法途徑」。儘管如此，德國（後來其他國家也跟進）還是獎勵了斯洛維尼亞的不當行為，承認它的獨立。另一個比較明智的選擇應該是效仿金恩的非暴力抗議模式，讓世界見證南斯拉夫國民軍的坦克到處橫行，而斯洛維尼亞人民的手上只有花朵。當世人憶起過去東歐的和平革命，來自國際的同情與外交壓力終究會為斯洛維尼亞帶來獨立，也會教導他們的火爆兄弟不要將問題訴諸暴力。

話說回來，其他前南斯拉夫人有時也會互推責任，像一群操場上的屁孩般怪罪斯洛維尼亞「先動手」。事實是，雖然十日戰爭是第一場官方戰役，但並非第一起暴力事件。早在斯洛維尼亞開槍之前，塞爾維亞人和克羅埃西亞人之間就發生了好幾次流血衝突，例如兩個月前就有大約二十人死於波羅沃塞洛（Borovo Selo）的一場小規模戰鬥，這個數字幾乎等於十日內戰死亡人數的三分之一。美國駐南斯拉夫的末任大使華倫・齊瑪曼（Warren Zimmermann）宣稱它「害南斯拉夫全國陷入內戰」[13]，如此武斷的結論沒有把其他地區早已醞釀的暴力衝突納入考量，只是草率地假設巴爾幹地區的南斯拉夫人都是機器人。沒有人強迫他們抄襲斯洛維尼亞的暴力路線，誠如北馬其頓最後向大家所證明，他們也可以選擇和平之路。總之，斯洛維尼亞建立了一個壞榜樣，然而其他南斯拉夫人並無必要跟進，他們大可以學聰明，但他們就是不夠聰明。

我們在後續章節會再引述聶文的深刻見解，但我們在此將以他對斯洛維尼亞的現今經濟觀點作結。感謝他們的勞碌天性，斯洛維尼亞人只花了二十年就幾乎追上西歐。儘管如此，聶文認為他們還是可以做得更有效率。「我們的統御能力並沒有比過去進步，許多境外移民都不知如何建立世界級的企業，我們無法在世界舞台上與人競爭。多數人都不願意承認，但我們仍然有一些共產時代遺留的陋習。」

我問他：「南斯拉夫的貿易保護傘消失後，發生了什麼事？」

「我們必須往南發展，打入巴爾幹半島的市場，因為我們無法與北歐競爭。不幸的是，許多斯洛維尼亞人都帶著傲慢的優越感進入那些前南斯拉夫國家，到處設立公司。這是一種斯洛維尼亞式的帝國主義。」

「這是個有趣的比喻：斯洛維尼亞式的帝國主義。」

聶文微笑著做出總結：「我們還有很多需要學習。斯洛維尼亞就像歐盟，擁有優質的勞動人力，但我們不願轉換環境，不像美國人那麼勇於離開自己的出生地。如果我們一直這麼缺乏彈性，經濟遲早都會衰退。」

13 Warren Zimmermann, "The Last Ambassador, A Memoir of the Collapse of Yugoslavia," *Foreign Affairs*, March/April 1995, p. 12.

外界對斯洛維尼亞人的看法

斯洛維尼亞人是個無害的民族：他們總是謹守本分，不會干預別人。幾乎所有鄰國都同意這點：匈牙利人跟他們的關係非常好，奧地利人也很喜歡這位愛好和平的鄰居，他們經常會去斯洛維尼亞度假，在朱利安阿爾卑斯山健行，或是去海邊休憩。多數義大利人都不曉得斯洛維尼亞的存在，所以他們也沒什麼壞話可說，唯一有機會在地圖上找到斯洛維尼亞的義大利人都是住在邊界附近，或只是因為必須開車經過它才能去他們的真正目標：克羅埃西亞。

唯一的例外是克羅埃西亞，根據一項二〇一〇年的蓋洛普訪查，只有一成八的克羅埃西亞人認為斯洛維尼亞是個友善的國家。雖然另外有四分之一認為斯洛維尼亞是「中立」，但有高達四成四的人視它為「敵對」。然而斯洛維尼亞的全球和平指數（GPI）在近十年內不曾掉出世界前十五名之外，它在二〇二〇年仍高居東歐第二，僅次於捷克，但克羅埃西亞人大概會指控背後有黑箱作業。

軼事證據也支持蓋洛普的調查結果。安卓亞曾經在一場國際研討會遇到一個不友善的克羅埃西亞人，會議結束時，她跟現場所有女性相擁致意，唯獨只和安卓亞握手。達亞娜・托姆席奇（Damjana Tomšič）告訴我：「當我到克羅埃西亞的海岸旅行，如果我在餐廳裡講義大利語，他們會面帶微笑向我解釋菜單，但如果他們聽到我講斯洛維尼亞語，就只會把菜單丟在桌上，掉頭就走。」尼奇（Nejc）的朋友在克羅埃西亞曾被人劃破車輪，因為他們的車牌來自斯洛維尼亞。他懷疑那邊的失業青年「有自卑情結，他們對於斯洛維尼亞的經濟優勢感到挫折又嫉妒。」

每個國家都相信自己是宇宙的中心，斯洛維尼亞確實令人著迷，位於東歐和西歐之間的十字路口，介於巴爾幹、義大利、奧地利和亞得里亞海之間。斯洛維尼亞的矛盾之處就在於它比多數國家更有理由宣稱自己位於宇宙中心，然而沒有人曉得它的存在。現在你終於認識它了。

斯洛維尼亞能教我們什麼

- **精通多國語言**：根據歐洲統計局，歐盟公民有超過三分之一只會講單國語言。相反的，斯洛維尼亞人很少如此。整體來說，歐洲人有百分之八會講至少三種語言，而這個比例在斯洛維尼亞高達百分之三十八。今年試著學習一個新語言。
- **換個角度思考**：斯洛維尼亞人會吸收多方觀點，萃取精華。閱讀各種書報，多看些不同的電視頻道，拓展你的視野。

✣ **刻苦耐勞：**斯洛維尼亞人天生就是勞碌命，他們有時會操勞過度，但他們也有不錯的健康福利。他們不善言詞，只重視行動。他們總是在自問：「我現在能做什麼具有生產力的事？」如果你很懶惰，就多問自己這個問題。

✣ **謙虛：**斯洛維尼亞是南斯拉夫的經濟引擎，與其他地區相比，它有最高的生活水平，如今它依然保有此優勢。儘管如此，大多數斯洛維尼亞人都只管做好自己份內的工作，不會吹牛。記住世界上永遠都會有人比你更好。

安娜一直都想要環遊巴爾幹地區，於是我們就收拾行囊，開著她的車去參觀克羅埃西亞和波士尼亞，也順便延伸旅程去了蒙特內哥羅，另外又不小心跑到了塞爾維亞。所有來自前南斯拉夫的年輕人都該這樣走一回，因為當你漫遊各國，就會發覺自己有如此之多的錯誤成見。阿普瑞拉對此很感慨，「新一代的斯洛維尼亞人和克羅埃西亞人都不了解彼此，因為我們已不再說相同的語言。」現在我們已經了解斯洛維尼亞（至少理解了一部分），接下來就輪到克羅埃西亞。

警告：前方有迷霧——我們即將進入巴爾幹地區，在接下來的十個章節走遍歐洲最高深莫測又令人頭痛的區域。請繫緊安全帶，這趟旅程會非常顛簸。

第十二章

克羅埃西亞——巴爾幹半島上的明珠

克羅埃西亞小資料

位置：巴爾幹半島國家，北邊有斯洛維尼亞跟匈牙利，東邊有塞爾維亞跟波士尼亞。

面積：約5.6萬平方公里（台灣的1.6倍）

人口：約400萬（台灣的0.17倍）

首都：札格雷布

主要族群：克羅埃西亞人

人均國內生產毛額：17,338美元（2022年資料）

- Republika Hrvatska -

當我首次進入克羅埃西亞時，我從未料到自己有一天會在此地定居超過一年。我放任自己在首都札格雷布（Zagreb）的漂亮街道胡亂打轉，路過幾間高雅的餐廳和店家之後，誤打誤撞來到耶拉契奇總督廣場（Trg Bana Jelačića）附近的多拉茨（Dolac）果菜市場，沒過多久又愛上了聖馬克教堂色彩繽紛的棋盤式屋頂。札格雷布固然是個值得拜訪的城市，然而連最自豪的市民都會承認，克羅埃西亞的王牌景點是令人如癡如醉的達爾馬提亞（Dalmatian）海岸。

往後快轉六年，安娜和我正沿著達爾馬提亞海岸線開車，希望在日落前找個適合紮營的地方。「那邊！右轉！」我指向一條砂石小徑，安娜趕緊踩煞車急轉彎。我們在一個葡萄園旁找到隱蔽的位置停車，在附近設置營地。我們已筋疲力竭，為了盡量利用白天時間觀賞海景，我們凌晨四點就離開斯洛維尼亞，在前往希貝尼克（Šibenik）的途中停頓數次，其中最棒的一個點是帕克萊尼采（Paklenica）國家公園，那是個攀岩者的天堂，亞得里亞海的美景盡收眼底。我們也花了數小時遊覽札達爾（Zadar），一個街道井然有序的威尼斯城鎮。最後我們利用黃昏時刻在希貝尼克逛了一圈後，就開車離開海岸，尋找一個隱密的地方露營。隔日的行程類似，我們打算在日出前離開，以免引起任何人的懷疑，並盡量運用白天，繼續照此模式朝南前往杜布羅尼克（Dubrovnik）。不過，在談到那段故事之前，我們得先做好定位。

你才東歐，你全家都東歐

在討論地理的時候，有些人會把事實與內涵混淆。我們已經見過許多類似例子，東歐人不喜歡被定位於東歐，但這是個極端單純的事實：如果要把歐洲分為東西兩半，其中一半就必須被稱為東歐。他們之所以會反抗，是因為不喜歡「東歐」這個字眼的負面內涵。連一位住在克羅埃西亞的美國人都告訴我：「克羅埃西亞不在東歐，我們在中歐。」是啊，你和所有的東歐國家都是。

人們對「巴爾幹」這個地名也有類似的負面觀感。巴爾幹是歐洲東南部的一個地理區域，它的名字來自位於保加利亞的巴爾幹山脈。根據傳統地理學，歐陸希臘是它的南方邊界，東方和西方分別為黑海和亞得里亞海，多瑙河和薩瓦河則構成巴爾幹的北方邊界。照此分法，斯洛維尼亞不到一半屬於巴爾幹地區，羅馬尼亞只有極少部分，所以把它們排除在外是合理的。然而克羅埃西亞的多數領土都在薩瓦河以南，想當然耳，它理應被歸類於巴爾幹地區，我們只是不能對克羅埃西亞人這麼說。根據二〇一〇年蓋洛普的巴爾幹監測訪查（Balkan Monitor），當被問及個人是否對巴爾幹地區有認同感時，克羅埃西亞人有百分之七十二回答「只有一點」或「完全沒有」。

這是因為巴爾幹地區就像東歐，會給人不好的印象。在《巴爾幹的隱喻》書中，一位保加利亞作者承認該區域有些「不可否認」的事實：「血腥的戰爭、政治的曖昧與不理性、國家主義的恐懼、毫無意義的分裂與弱化、政府亂象、貧困、經濟與知識的落後。」作者甚至將他的家園形容為「一個被壓抑的歐洲惡魔汙染的王國，充斥著殘酷暴政、大男人主義、民族狂熱、野蠻凶殘、愚昧無知、傲慢自大、毫無拘束的性欲……」[1]喔，他忘了提到他們也有很多美食和美女。

基於如此負面的刻板形象，正如東歐人會抗拒東歐的標籤，克羅埃西亞人也會玩相似的閃避手段。例如首任總統弗拉尼奧・圖季曼（Franjo Tudman）的競選口號就是「圖季曼不代表巴爾幹」[2]，那就像在說「拜登不代表北美洲」。圖季曼從華府歸國後驕傲地說：「美國已保證會全力支持我們，克羅埃西亞絕對是屬於中歐，而非巴爾幹地區。」我很好奇美國是否也曾向巴拿馬保證它不屬於中美洲。我們之後會再辯論此隱喻是否真確，然而地理上的定義是無庸置疑的，因為克羅埃西亞確實多半都屬於巴爾幹地區。

我們可以再釐清一些數據和術語。克羅埃西亞現今有四百萬人，跟一九五〇年代的人口

---

1 Alexander Kiossev, "The Dark Intimacy," *Balkan as Metaphor: Between Globalization and Fragmentation* (The MIT Press, Cambridge, Massachusetts, 2005), pp. 179-80.

2 Elena Zamfirescu, "The Flight from the Balkans," *Südosteuropa* 44, no. 1 (1995), pp. 51-62.

相同，也等同於路易斯安納州，面積跟西維吉尼亞州相似，緯度接近奧勒岡州。我們有時會提到「西巴爾幹」，但基本上那包括巴爾幹半島的全部國家，除了保加利亞和希臘以外。雖然有些人會稱克羅埃西亞人為Croat，但我們在此會一律使用Croatian這個字，因為它感覺較順口，而且另一個字聽起來有點像「翹辮子」（croak）。

最後，我們會用「巴爾幹人」（Balkanian）這個新術語定義所有來自巴爾幹地區的人。這是個中立的地理名詞，雖然嚴格說來它可以包含阿爾巴尼亞、保加利亞、希臘、科索沃和馬其頓，但我們在此主要是指波士尼亞、克羅埃西亞、蒙特內哥羅和塞爾維亞，因為這四個國家的人除了住在共同的地理區域之外，他們也有共通的語言。

四個國家，一個語言

一位克羅埃西亞人曾經告訴我，他們在美國找工作時有個常用伎倆。他們會在履歷上寫自己會講四種語言：波士尼亞語、克羅埃西亞語、蒙特內哥羅語和塞爾維亞語，不知情的美國人就會肅然起敬地說：「哇！你是愛因斯坦再世！你被錄用了！」這個美國蠢蛋不知道的是，那就像在說你能精通英語、澳洲語、加拿大語和美語。

語言學界的永恆辯論是：語言和方言究竟有何不同？理論上，語言之間的差異應該比方言大，但實際上兩種斯洛維尼亞方言的差異卻比挪威語和丹麥語之間的出入還多。語言學家無法在標準定義上取得共識，所以我就用常理判定：如果兩人可以在完全理解對方的情況下溝通，他們說的就是同一種語言或方言；如果他們可以理解百分之九十至九十九，他們說的就是同一種語言中的兩種方言；如果互相理解的程度不到九成，他們說的就是不同語言。我們可以繼續爭論確切的臨界值該放在多高，或是這個定義該不該包含寫作文字，但這個整體概念可說是直截了當，也合乎邏輯。以此類推，許多不同風格的英語都可歸為同一種語言中的各種方言，而少數特異的斯洛維尼亞方言則可被定義為不同語言。這個系統並不完美，畢竟語言難免有些灰色地帶，但起碼勝過目前那些既不規則、又不合理的方法。

同理，波士尼亞語、克羅埃西亞語、蒙特內哥羅語和塞爾維亞語其實都屬於同種語言的方言，也有人稱之為塞爾維亞—克羅埃西亞語。根據我和數百名巴爾幹人的討論結果，他們也證實自己可以理解對方九成以上的話。當然就像許多語言，他們也有好幾種方言，查方言（Čakavian）在達爾馬提亞海岸很普遍，卡伊方言（Kajkavian）是克羅埃西亞北部的通用語言，舒特方言（Štokavian）則是所有其他地區的主流（它們的名字就是來自當地人說「什麼」的方式——Ča, Kaj, Što）。還有一些子方言的發音差異可以改變一個字的拼法，因為巴爾幹人都是照發音拼字，例如belo（白色）可以寫成bijelo，而mleko（牛奶）也可以變成mliko或mlijeko。有些單字的差異很顯著，以下是一些塞爾維亞文和克羅埃西亞文的對照：šargarepa和mrkva（紅蘿蔔），šlem和kaciga（頭盔），helikopter和zravomlat（直升機，直譯為「空中移動物」）。

話說回來，英語和美語之間也有許多不同，但我們並不會稱之為不同語言。英國有些字的拼法略為不同，有時發音甚至會讓美國人聽不懂；同樣的，一名德州人在倫敦說話可能也會被誤解（光是在芝加哥就可能會）。在英國搭電梯要說lift，不能說elevator；他們的娃娃車是pram，不是stroller；他們穿的褲子是trousers，不是pants；路邊的廣告招牌是hoarding，不是billboard；當他們的卡車沒油，就要幫lorry加petrol，不是幫truck加gas。即使有這麼多文字差異，英國人和美國人仍然都自稱會說「英語」。

南斯拉夫語言之間最顯著的差異是在字母系統。塞爾維亞人習慣用西里爾字母，其他人則偏好用拉丁字母。乍看之下，光是這點就足以將它們分類為不同語言，看看Kraljevina Srba, Hrvata i Slovenaca和Краљевина Срба, Хрвата и Словенаца這兩句話，由於字母的長相是如此不同，不懂的人很容易就會把它們視為完全不同的語言。然而它們不但意思完全相同（意思都是：塞爾維亞人、克羅埃西亞人與斯洛維尼亞人的王國），連唸法和字數都一樣，因為兩套字母系統都有互相對應的三十個字母，例如拉丁字母c的發音跟西里爾字母ц完全相同。因此如果一名克羅埃西亞人肯花幾個小時背誦三十個西里爾字母，他就能像當地的塞爾維亞人一樣寫出流暢的塞爾維亞文，也能輕易閱讀任何塞爾維亞書籍。另一方面，雖然西里爾是塞爾維亞的傳統文字，但他們也都能讀寫拉丁字母，而且西里爾也逐漸不再那麼普及，全球化的趨勢已經促使多數塞爾維亞人使用拉丁字母。簡言之，兩套字母的外表雖有巨大差異，但那只是假象。

一個有趣的例子就是發生在安娜和我不小心開車進入塞爾維亞的時候，每當我看見一個用西里爾字母寫的標誌，就會把它唸出來，因為我會辨認西里爾字母，而她不會。其實我並不懂那些字的意思（我只是照拼音唸），但安娜一聽就會懂，因為她會說克羅埃西亞語，她只是沒花那一絲心力去背誦西里爾字母。說起來也滿諷刺的：一個美國人可以唸出塞爾維亞的文字，卻完全不懂自己在說什麼，而一個斯洛維尼亞人雖看不懂卻聽得懂，因為她會說克羅埃西亞語。

幸運的是，只有被徹底洗腦的國家主義者才會宣稱波士尼亞語、克羅埃西亞語、蒙特內哥羅語和塞爾維亞語之間有任何實質差異，不幸的是，多數巴爾幹地區的知識分子、政客和語言學家都是被徹底洗腦的國家主義者。克羅埃西亞的語言學家是最大的元凶，他們堅持要翻出塵封的書冊，強行將古老文字塞入現代詞彙，試圖抹滅塞爾維亞文化對他們語言的影響。難得世界上有另一個國家能了解他們的冷門語言，他們卻不知心存感激。

相似的，塞爾維亞的沙文主義者也想全面推行西里爾字母，廢除拉丁字母；波士尼亞的語文狂想家喜歡大肆宣傳那一丁點的「土耳其色彩」；蒙特內哥羅人則吃飽沒事幹，在字母裡添加ś和ź，刻意凸顯一些微乎其微的差異。這些極端主義者其實都在原地踏步，因為他們對抗的是排山倒海而來的全球化，而現今眾人的目標是尋求共同點，不是製造更多對立。正如某本百科全書所言：「英語和美語之間的拼音變化遠大於那些塞爾維亞—克羅埃西亞語系之間的差距。」[3]

最後還有一道難題，要為這四個國家的共同語言想一個好名字。多數語言學家會說它是塞爾維亞—克羅埃西亞語，但這會誤導人，因為它忽略了波士尼亞和蒙特內哥羅。他們應該叫它「南斯拉夫語」，但現在已經太遲。另一個選擇是「南方斯拉夫語」，但贅字太多，而且缺乏創意。有些人用過BCS（波、克、塞三國的縮寫），但那樣就遺漏了最有趣的蒙特內哥羅人；話說回來，BCMS（四國縮寫）會讓人聯想到BDSM（性虐待行為），有些人可能會因此太興奮而無法專心學這個語言。

為了增添一點吸引力，我曾經考慮用Bocromos（BoCroMoS，另一種縮寫法），這或許是個不錯的選擇，不過它有兩個缺點。第一，Bocromos聽起來有點像某個被遺忘的希臘方言，不像斯拉夫語。第二，如果哪天巴爾幹地區的政治版圖再度變色（這是遲早的事），這個名字也會隨之過氣。比方說，萬一佛伊弗迪納宣布脫離塞爾維亞而獨立（機率極低），它就可以遊說大家將Bocromos改成Bocromosev（se來自塞爾維亞，v來自佛伊弗迪納）。而如果他們明天全部統一而成為波士尼亞帝國，他們的語言就會變成「波語」（Bo），感覺也很糟。

如果用該區域的某樣共同物品來命名呢？他們都吃切巴契契肉腸（ćevapčići），所以何不稱他們的語言為切巴契語（Ćevapčian或Chevapchian）？或是把它取名為布雷克語（Burekian），因為到處都能吃到美味的burek（包滿乳酪、肉泥或菠菜的酥脆薄餅）？可惜這種方式也會衍生問題，特別是那些高傲又毫無幽默感的國家主義者勢必會抗議，就像那些揮舞國旗的美國人也不會希望自己的語言被稱為「漢堡語」、「可樂語」或「麥英勞」。

於是我們只剩一個差強人意的選擇：巴爾幹語（Balkanian）。這個名字不會隨著他們的飲食而變化，無論他們重新統一或分裂成三十七個國家，他們的語言依然可以是巴爾幹語。許多國家都是用同一個字代表其語言和人民，所以巴爾幹語這個字也可以如此通用。因此我們接下來也不會再刻意區分四國語言，它們都是巴爾幹語，只是有四種主要方言，各自還可細分出子方言。如果那些超國家主義者因為這樣就心臟病爆發，他們應該去拜訪拉丁美洲或任何英語國家。那裡沒有人會說阿根廷語、厄瓜多語或尼加拉瓜語，他們講的都是西班牙語；同樣的，沒有人會說澳洲語或加拿大語，他們講的都是英語。我們可否暫時跳脫這種膝腱反射式的民族狂熱？請大家停止揮舞國旗五分鐘，理性思考一下。

3 Charles E. Gribble, "Serbo-Croatian." *Microsoft® Encarta®* 2006 [DVD]. Redmond, WA: Microsoft Corporation, 2005.

斯拉夫人不知手為何物

安娜和我在清晨離開我們的祕密營地，在克爾卡（Krka）國家公園開門之前進入園區。這個狹長型公園的主角就是輝煌的克爾卡河，我們從南端的入口沿著一條小徑走到河邊，早在看到河水之前就已聽見它的吼聲。這裡有一系列的寬瀑布，有些是從高處傾瀉而下，有些則如同漸層的階梯。肥碩彎曲的樹幹從水中冒出。木板步道從許多方向跨越河流，允許人們就近觀察這個巧妙的生態系統。當我們走在空無一人的小徑，安娜浪漫地望著我說：「給我你的手臂。」

安娜之所以會這麼說，是因為她不習慣針對「手」使用特定名詞，斯洛維尼亞人通常都把那個用來寫字的身體部位稱為roka（手臂）。巴爾幹語也是用ruka通稱「手」或「手臂」，這真是令人難以置信，我可以理解某些語言不見得會特地創造「去顫器」或「觸媒轉化器」這種專業術語，可是連一個簡單到不行的「手」都沒有特定名詞？你在發明一個語言時難道不會想到，那是你首先需要命名的五樣東西之一？這個世界上最基本的就是食物、水、家、火，還有手啊。然而巴爾幹人發明了大約五十萬個字，卻沒想到它。

塔蒂亞娜（Tatiana）是一位從事傳統醫療的塞爾維亞人，她說我是錯的。她堅持巴爾幹語中有一個字可以專指手，它是shaka。我說她是因為會看手相才學到這個字。為了證明我是錯的，她建議我測試她的友人。於是我隨便找了一個朋友，指著自己的手臂問：「你叫這什麼？」

「Ruka」他回答。

他緊張地看了塔蒂亞娜一眼，不甚有把握地回答：「Ruka」。

「這個呢？」我指著自己的手。

「不對！」塔蒂亞娜對他尖叫，「那是shaka！你明明知道！」

「好吧，我猜是如此。但我們通常不會那樣叫它，那有點算是醫學名詞。」

想像巴爾幹人發現美國人沒有每天使用「額葉」這個詞時的錯愕，他們會說：「你能相信嗎？美國人只會說『大腦』！他們連這麼明顯的差別都搞不清楚！他們只會說『用大腦思考』，不會說『用額葉思考』！真是瘋狂的美國人！」

更瘋狂的是，巴爾幹人並非孤獨。世界上有超過兩百種語言不會分辨手和手臂，這些怪胎到底是何許人？這怎麼可能？他們是人類嗎？如果你還需要外星人存在於地球的證據，這就是了。

一項針對六百二十種語言進行的研究顯示，這些可怕的變種人多數都住在赤道附近，當你往南北極移動，數量就逐漸減少。比方說，在距離赤道相對較遠的那兩百九十二種語言中，將近八成有一個名詞可用來專指那個用來揍人的身體部位。這個比例已經低得令人匪夷所思，然而真正令人髮指的是接近赤道的那三百二十八種語言中，大多數都沒有特殊名詞可以專指那個有五根手指、可以用來自慰的玩意。[4]

這是如此愚蠢，你會懷疑全世界是否有一半的人都做過額葉切除術。不過還是有兩個理論可以解釋此現象，第一個理論是當年有一支飛碟艦隊降落在赤道附近，第二個理論則是高緯度的居民因為氣候寒冷，必須戴手套，因此會格外注意那個身體部位，促使人們為它特地取名。此一說法固然合理，問題是所有的斯拉夫人（除了波蘭人以外）都不知手為何物！而且手套對斯拉夫人來說絕不陌生，因為他們多數都住在氣溫可以把屁股凍僵的地方。

我徹底被打敗了，這整個議題可能是史上最大且無人討論的謎團。至少這能解釋巴爾幹地區為何永遠不得安寧，因為所有和平條約都是根據「握臂」協議。[5]

羅馬皇帝的退休小鎮

逛完克爾卡國家公園後，安娜和我曾一度考慮挑戰克羅埃西亞的最高峰迪納拉山（Dinara，一八三一公尺）。它的山底距離我們僅一小時車程，但如果上去再下來就會花掉大半天的時間，於是我們決定繞回希貝尼克，沿著海岸道路前往特羅吉爾（Trogir）。希貝尼克的景象喚起了昨日的美好回憶，這個威尼斯式小鎮是我在克羅埃西亞第二喜愛的城鎮（僅次於杜布羅尼克），我可以反覆探索這座美麗的濱海迷宮。跟札達爾不同的是，希貝尼克是建立在丘陵地形上，因此具有獨特的漸層架構，加上寧靜的行人步道，在亞得里亞海的襯托之下，整座城都可以說是一場浪漫的幻夢。安娜和我特別喜歡從古堡頂端欣賞海上的夕陽。

當我們開車前往聯合國教科文組織保護的特羅吉爾小鎮，可愛的村莊普利莫頓（Primošten）在路邊勾引我們。達爾馬提亞海岸偶爾都能看到跟普利莫頓類似的小村莊，當年威尼斯人和克羅埃西亞人把它們建在一些較容易防禦的突出地上，通常不到三十分鐘即可遊遍全村。特羅吉爾的規模比普利莫頓大，景色也更令人著迷，這已經是我第二次拜訪它，但我依然流連忘返於小巷之間。安娜和我從鄰近橋梁仰望它那雄偉的城牆，享用冰淇淋之後，便快閃前往斯普利特（Split）。

斯普利特雖不如杜布羅尼克有名，它卻是克羅埃西亞的第二大城，僅次於札格雷布。它的名聲主要來自羅馬皇帝戴克里先（Diocletian），因為他退休後在此建造自己的養老離宮。這也是全世界保存最完整的古羅馬皇宮，它的高大圍牆足以涵蓋兩座足球場，雖然地下宮廳空無一物，你仍可以藉此想像樓上房間（現今已消失）的原貌，因為地下室的構造其實就是

4 Brown, Cecil H. 2008. Hand and Arm. In: Haspelmath, Martin & Dryer, Matthew S. & Gil, David & Comrie, Bernard (eds.) The World Atlas of Language Structures Online. Munich: Max Planck Digital Library, chapter 129

5 譯者注：直譯自armshake agreement，英文常用handshake agreement（握手協議）指口頭承諾。

樓上宮殿的鏡像。這位退休的羅馬皇帝顯然在這裡過得很愉快，每天都在回憶自己過去屠殺和處決的無辜基督徒。

克羅埃西亞的歷史與狄托崛起

若要了解一個民族，你必須熟悉他們的歷史，包括史學家的客觀陳述以及街上的民間傳說。這在巴爾幹地區就像替鱷魚拔牙一樣困難，我們將會檢視南斯拉夫的近代史，不過在此要先快速掠過克羅埃西亞的千年歷史。

古羅馬帝國分裂後，斯拉夫民族開始在巴爾幹地區出現。西元九二五至一一〇二年是克羅埃西亞的輝煌年代，正如匈牙利人會懷念中古世紀的榮耀，克羅埃西亞人也會讚揚那段國界仍像飛盤的時期——它曾經控制當今波士尼亞的一半領土。後來克羅埃西亞就被捲入匈牙利的翅膀下，數世紀後，土耳其人單刀直入，留下永遠的疤痕，將克羅埃西亞切成一枚迴旋鏢。它自此之後再也沒有復原。

在與安娜攜手拜訪斯普利特的一年前，我在特羅吉爾搭車前往斯普利特的途中結識了達利歐（Dario），一位二十九歲的當地人。他穿著足球隊制服，剛打完一場球賽。我期盼他像個典型的球場流氓般地講出各種蠢話。

我請達利歐介紹克羅埃西亞的歷史，出乎我所預料，他竟然從西元前數世紀開始娓娓道來：「最先來到這裡的是伊利里亞人（Illyrian）。」如果連一個滿身大汗的足球員都能從一個罕見的遠古文明開始講授歷史課，你可以想見此地區的人民有多重視歷史。他是第一位向我解釋克羅埃西亞為何長得像個迴旋鏢的人，他也提到有些國人不喜歡杜布羅尼克，當我問他原因，他回答：「那裡的有錢人為求自保，送了一堆黃金給土耳其人，卻沒有跟同胞並肩作戰。當國人為了拯救歐洲拋頭顱灑熱血，杜布羅尼克的市民只會在那邊作壁上觀。」

「等等，」我說，「你的意思是現今的克羅埃西亞人還在為五百年前的事生氣？」

「是啊，我並沒有說大家都這麼想，但有些人確實是如此。聽著，這裡的人真是瘋了，克羅埃西亞人從小就被教要恨塞爾維亞人，他們只要看到塞爾維亞人就會認為『這個人殺了我爸！』真是愚蠢，我還得告訴他們：『不，他沒有殺你爸，是別人開的槍。』況且即使那個人真的扣了扳機，他也是不得已的，當初八成是被拖入那場愚蠢的戰爭，被迫跟自己不想打的人對戰。」

「波士尼亞人是否不同？」

「波士尼亞人在內戰之前都很友善，很快樂。那邊的文化是如此多元，大家都能全心接受彼此，他們會對你說：『你是陌生人？我們都是，歡迎加入派對。』」

「你們聽得懂波士尼亞人說的話嗎？」

「懂啊，我們聽得懂所有人，除了斯洛維尼亞人和馬其頓人之外，他們不一樣。不過雖然克羅埃西亞只有四百萬人，我們國內也有相當大的語言差距。海岸居民會用許多義大利文字，北部人則會用較多匈牙利和斯拉夫文字，達爾馬提亞的學校老師在上語文課的時候會教正統國語，但他們若上其他課或在學校外面也不會照正規講話，這就是為何有時本國人之間也不太了解彼此在說什麼。」

我很佩服達利歐的英語能力，同時也很失望沒看到任何不成熟的流氓行為。

克羅埃西亞曾經長達八百八十八年從未嘗過獨立的滋味，就像愛沙尼亞、拉脫維亞、白俄羅斯和斯洛伐克，它幾乎一直都屈居於另一個王國或強權之下，直到三十年前才成為主權獨立的國家，而它在獨立之前也經歷過一個名叫「南斯拉夫」的偉大實驗。Jug（發音同yug）在巴爾幹語中的意思是「南方」，所以Jugoslavia（英譯為Yugoslavia）就是「南方斯拉夫人之地」。它的原名是「塞爾維亞人、克羅埃西亞人與斯洛維尼亞人的王國」，沒提到阿爾巴尼亞人、波士尼亞人、馬其頓人和蒙特內哥羅人，儘管這些族群也位於南斯拉夫境內。但這不重要，因為這從頭到尾基本上都是克羅埃西亞人和塞爾維亞人的角力戰，其他人只是有榮幸坐在第一排觀賞而已。

這齣好戲在一八九二年開場於克羅埃西亞，在一個名叫庫姆羅韋茨（Kumrovec）的純樸村莊，一位斯洛維尼亞婦女生下她的十五名子女中的第七個嬰兒，她的丈夫是一位克羅埃西亞農夫，他將此男嬰取名為約瑟普·布羅茲（Josip Broz）。約瑟普二十三歲時在一次大戰被俄軍逮捕，當時這種事似乎沒什麼了不起，他只不過是數千名戰俘中的其中一個，但這件事永遠改變了他，也即將永遠改變南斯拉夫。後來約瑟普逃出了敵營，但他並沒有逃回家，反而留在俄羅斯，娶了一名十四歲的當地女孩，愛上一個嶄新而未經測試的經濟體系，它的理念是出自於公正與平等，它的名字就是「共產主義」。

在俄羅斯待了五年後，約瑟普回到南斯拉夫，眼見塞爾維亞人和克羅埃西亞人在中央集權與地方分權之間拉鋸不休，他感到很挫折。光是制定一套標準化的國語就如同噩夢，巴爾幹的民族激情是如此高漲，一名塞爾維亞議員還在國會對五名克羅埃西亞議員開槍，造成三死二傷。塞爾維亞的國王索性宣布恢復君主專政，但他隨即也被暗殺。當時三十六歲的約瑟普提倡以共產主義解決這些亂象，結果卻為此蹲了六年苦牢。他出獄後不久即到莫斯科接受兩年共產思想訓練，當他在一九三六年重返南斯拉夫，史達林派人暗殺了南斯拉夫的共產黨領袖，扶正約瑟普。從此以後，每當南斯拉夫人問及約瑟普的名字，他都一律回答：「狄托。」

狄托批評塞爾維亞人太強勢（他們占全國總人口百分之四十五，克羅埃西亞人則以百分之二十四居次），此想法也主導了他畢生的政治哲學，他相信塞爾維亞唯有與其他族群平分權力，南斯拉夫的聯邦模式才能正常運作，否則其他族群遲早都會反彈。由於塞爾維亞在二次大戰前獨占優勢，狄托曾經主張將南斯拉夫拆開；諷刺的是，當他奪權之後，若有任何人試圖將南斯拉夫拆開，他就會毫不留情地擊垮他們。

烏斯塔沙：克羅埃西亞的納粹黨

第二次世界大戰爆發後，狄托逃遁到巴爾幹山脈深處，納粹德國和烏斯塔沙（Ustaše，克羅埃西亞內部的法西斯主義者）則占據了南斯拉夫。狄托建立了一支名叫「共產黨軍」的反抗部隊，不過他們起先也無力抗衡跟納粹一樣和藹可親、高舉著克羅埃西亞的千年方格旗的烏斯塔沙。烏斯塔沙以美國人建造購物中心的效率建造大量死亡集中營，其中規模最大的是亞塞諾瓦茨（Jasenovac），估計有數萬至數十萬猶太人、塞爾維亞人、波士尼亞人和羅姆人在那裡慘遭殲滅。烏斯塔沙一心只想報復塞爾維亞多年來對克羅埃西亞的打壓，從禁用西里爾字母，將塞爾維亞的東正教貼上「東方希臘信仰」標籤，乃至處決數千名無辜的塞爾維亞平民，他們將一個觀念烙印在塞爾維亞人的意識深處：克羅埃西亞人是我們的天敵。[6]

當這群克羅埃西亞人正在實行族群屠殺，其他克羅埃西亞人則忙著創立國內首支專門對抗烏斯塔沙的軍隊，也就是第一錫薩克黨支隊（First Sisak Partisan Detachment）。事實上，最終擊敗烏斯塔沙和納粹的反抗運動並不是由塞爾維亞人領導，而是克羅埃西亞人狄托。雖然塞爾維亞人也建立了反納粹的切特尼克（Četnik，或稱南斯拉夫祖國軍），但他們秉持巴爾幹的不良傳統，不願意跟狄托合力打擊共同敵人，反而套用巴爾幹式的「邏輯」，轉而跟烏斯塔沙和納粹結盟，部分原因就是為了刁難共產黨軍。

因此狄托的共產黨軍在二次大戰末期必須面對三個敵人：納粹、烏斯塔沙和切特尼克。儘管最後是克羅埃西亞的人民軍擊敗了自家的法西斯主義者烏斯塔沙，而塞爾維亞的切特尼克還支持克羅埃西亞的烏斯塔沙，塞爾維亞人卻只記得：克羅埃西亞人都想殺我們，尤其是那些揮舞著千年方格旗的人。

塞爾維亞人有時會強調烏斯塔沙殺過的塞爾維亞人比其他民族都多，二次大戰期間死亡的塞爾維亞人也遠比其他族群多。但這並不奇怪，因為他們在大戰前本來就占南斯拉夫全國人口將近一半，其次的克羅埃西亞人還占不到四分之一，假設大家的死亡率都相似，我們也可預期塞爾維亞的死亡人數大約會是克羅埃西亞的兩倍。

另外，約瑟．托馬賽維奇（Jozo Tomasevich）在《南斯拉夫的戰爭與革命》書中也指出，多數南斯拉夫人並非被德國人或其他外來勢力殺害，他們主要是在自相殘殺；例如塞爾維亞人曾經為了報復烏斯塔沙而謀殺數千名波士尼亞人和克羅埃西亞人，他們就算沒有為了民族或宗教歧異大開殺戒，也會因政治立場不同而相互開槍。於是塞爾維亞的切特尼克殺了很多自家的共產黨軍，克羅埃西亞的共產黨軍也殺了許多自家的烏斯塔沙。歡迎來到巴爾幹

6 John R. Lampe, *Yugoslavia as History: Twice there was a country* (Cambridge University Press, 1997), p. 204.

地區。[7]

塞爾維亞人確實是烏斯塔沙的目標之一，但他們被獵殺的效率還是沒有猶太人高。烏斯塔沙「只」殺了六萬七千名猶太人，但那占南斯拉夫境內的猶太總人數九成以上。有一位塞爾維亞人曾經告訴我：「塞爾維亞差點從地球表面消失。」此言差矣，南斯拉夫人總共有百分之六點七死於二次大戰，比率仍低於白俄羅斯、德國、希臘、拉脫維亞、立陶宛、波蘭和俄羅斯。塞爾維亞的損失固然比全國平均高，但並沒有高很多。[8]我們不能只看總數，比例也很重要，如果今天美國宣稱他們在二次大戰損失的軍力跟塞爾維亞人一樣多，塞爾維亞人也會有意見，雖然這是事實（兩國都失去大約四十二萬名士兵）。塞爾維亞人會說那個數字對美國的意義沒那麼重大，因為它只占美國戰前總人口的百分之零點三二。當塞爾維亞人爭論自己在二次大戰期間的損失特別慘重時，他們也不該忘記這個邏輯。總之，拜烏斯塔沙之賜，塞爾維亞損失的人口比例確實高於其他南斯拉夫族群，但不至於多到離譜，而南斯拉夫全國的死亡率也高於世界平均，但在歐洲還排不進前七名。

狄托是最受愛戴的獨裁者？

獨裁者通常都很惹人厭，所以我非常驚訝掌權長達三十五年的狄托竟然如此廣受愛戴。每當我請別人從一到十給他評分，多數人都會給他十分，有些人甚至給十一分，無論我問的是誰或在何處，答案幾乎總是那麼高分。當然我終究還是找到幾個反骨怪咖，只要你問夠多人，自然就會遇到一些討厭林肯、華盛頓、傑佛遜或甚至甘地的人，任何人都不可能完美（尤其是政治人物），但狄托已近乎完美。接下來你自然會想問：為什麼？

狄托贏得戰爭，使國人專心致力於原諒、遺忘和前瞻。雖然他也處罰了一些頭號戰犯，驅逐了無辜的德國平民（多數鄰國也是如此），但他的做法整體來說較開明懷柔，以致南斯拉夫不會陷入過去的泥淖。他從未拜訪亞塞諾瓦茨集中營，因為那可能會喚起許多恐怖回憶，而他希望人民專注於未來。

狄托使南斯拉夫保持獨立。他靠一己之力贏得戰爭，同盟國幾乎沒提供任何協助，因此南斯拉夫不欠任何人情，冷戰期間也不必選就任何一方。雖然他起初跟史達林很親近，但大戰結束三年後就切斷關係，宣布中立。史達林對此大為光火，並多次嘗試暗殺狄托，據說狄托曾寫給史達林一封信：「別再派人殺我了，我們已經抓到五個人，有一個身上有炸彈，另一個是步槍……你如果再不停止派遣殺手，我就派一個去莫斯科，而且我不需要派第二個。」

---

7 Jozo Tomasevich, *War and Revolution in Yugoslavia, 1941-1945* (Stanford University Press, 2001), p. 748.

8 克羅埃西亞和塞爾維亞的死亡人數相似（二十七萬），波士尼亞則略高。但由於每個共和國內的族群比例不同，所以這些數據無法顯示塞爾維亞「族群」的總死亡數。

狄托是個外交天才。跟史達林斷交之後，狄托轉而向西方靠攏，但不至於親近到被他們套牢。這位策略高手非但沒有落入冷戰的任何一方，反而創立第三陣營：不結盟運動（Non-Aligned Movement），這個中立組織散布在世界各地，包括印度、埃及和沙烏地阿拉伯。這使南斯拉夫登上世界舞台，狄托精明地從美蘇雙方吸取資助，使南斯拉夫成為瑞士的大型共產版本。

狄托融合了南斯拉夫各大派系。他發覺南斯拉夫的最大弱點就是內部分歧的語文和宗教集團，而唯一能使國人團結的方法就是將族群融和，提高熔爐的溫度，讓各大元素平均攪和。為求以身作則，他的第四次婚姻對象（也是最持久的）是塞爾維亞人，這象徵性地統一了全國，因為狄托的父母分別來自克羅埃西亞和斯洛維尼亞，而他自己又跟塞爾維亞人結婚。他規定所有人學巴爾幹語，並鼓勵國人增加流動率，消弭族群藩籬。國民不但有服兵役的義務，士兵還必須在自己家鄉之外的五個共和國中選擇一個陌生區域服役，這破除了巴爾幹人的省籍意識，使那些思想狹隘的南斯拉夫人認清：塞爾維亞人、克羅埃西亞人或波士尼亞人都不是會吃小孩的惡魔。

狄托粉碎了各種型態的民族主義。塞爾維亞人喜歡哭訴說狄托閹割了他們，故意不按照族群分界，在他們的地盤裡放了兩個自治省，沖淡他們的權勢；他們說的對，這確實是他的意圖。克羅埃西亞人埋怨狄托強行打壓他們自己的「克羅埃西亞之春」，拒絕給予他們更多自治權；他確實是如此。斯洛維尼亞人抱怨狄托劫富濟貧，把他們的財富分割給其他共和國；他確實是如此。阿爾巴尼亞人、波士尼亞人、蒙特內哥羅人和馬其頓人對狄托都有些積怨，他們也都沒錯。狄托會把所有突出的釘子打回原位，他的「正義」有時也很蠻橫，但跟其他共產黨領袖相較已算溫和。最重要的是，他從未持續偏袒任何單一族群，這是狄托最大的天賦。

狄托允許人民自由旅行。不像其他共產黨領袖，狄托開放人們自由出入境。感謝他們在國際的中立角色，一本南斯拉夫護照可以讓你免簽證環遊世界。雖然前南斯拉夫人很喜歡吹噓這點，其實他們是在一九六七年才獲得此自由，也就是狄托掌權二十二年後，所以二次大戰之後的南斯拉夫有一半時間也是跟其他東歐國家一樣深陷泥淖。話說回來，狄托終究還是改變了政策，南斯拉夫人也終於找到一件值得炫耀的事情，如同《紐約時報》在一九八〇年所報導：「南斯拉夫已逐漸成為東歐灰暗混沌中的一個亮點。」

狄托很有彈性。雖然狄托相信共產思想，他並沒有將身心靈完全奉獻給它。放寬貿易限制就是最好的例子，麥可・愛德華（Michael Edwards）是一位美國人，娶了馬其頓人為妻，他告訴我：「我在一九七六年拜訪南斯拉夫時首先注意到的就是那些國營百貨公司的專櫃，上面有來自蘇聯、中國和美國的產品，當時這種景象極端罕見。」狄托也放寬了言論自由和私有財產權，簡單說，早在戈巴契夫學會拼「開放政策」（glasnost）和「重組改革」

（perestroika）這兩個字之前，狄托就已經將它們實踐。

狄托的錯誤

狄托在位三十五年間犯過的錯誤可能比一般美國總統在四年任期內犯的還少，如果有人不同意，不妨自己嘗試領導南斯拉夫幾年，看那有多容易。或許他的最大錯誤就是沒有充分為未來鋪路，讓自己的王國在沒有他的情況下生存，狄托必須找到一個跟他同等公正又開明的君主（在一個充斥著重度近視政客的國家，這點非常困難），或是創造一個能自然施加平衡的系統。雖然狄托沒有培養接班人，但他每隔十年就重修憲法，試圖為這個充滿極端民族主義分子的火藥庫找到一個完美配方，然而南斯拉夫更欠缺的是一個良好的經濟制度。

南斯拉夫就像許多非洲國家，需仰賴經濟外援才能維持燈火通明。斯洛維尼亞的經濟史學家聶文．柏拉克告訴我：「自從一九六〇年代起，來自西方的金流之重要性就開始勝過蘇聯，西方國家的銀行在一九七〇年代對南斯拉夫進行投資，協助我們獲取商品，當時物價正在快速攀升，但那些貸款的利率浮動很大，在一九七〇年代後期也開始狂飆。另一方面，商品物價在一九八〇年代初期則開始下跌，我們自己的產業效率不足以生產夠多商品來支付貸款，諸多因素扼殺了我們的經濟。」

考慮這些數字，南斯拉夫在一九七〇負債二十三億美元，這到一九八一年已經膨脹到兩百億元。為了抵債，狄托嘗試過「印更多鈔票」的典型計策，但可預期的結果就是貨幣貶值和百分十四的通膨，人民突然買不起進口貨，沒錢出國旅遊。狄托去世後，失業率和通膨持續飛揚，到了一九八八年，南斯拉夫的通膨率已高達令人窒息的百分之兩百五，大家開始互推責任。

狄托的致命錯誤就是他的經濟系統是建立在冷戰會永遠存在的前提上，他應該提早放棄它，從奧地利、瑞士、瑞典或芬蘭這些中立國複製一個能永續發展的經濟系統。但就像任何完全倚賴外界捐款、對外缺乏實質貢獻的非洲經濟體系，當蘇聯大限將至，南斯拉夫對西方就不具價值，外資不再流入，它的經濟紙牌屋也瞬間崩塌。

狄托死於一九八〇年，他的八十九歲生日之前三天。當新聞傳開時，電視正在直播一場足球賽，場上球員頓時跪地而泣，全國觀眾也跟著流淚。來自阿爾巴尼亞的馬穆特．巴卡利（Mahmut Bakalli）憶起：「我們都哭了，但我們還不知道自己正在埋葬南斯拉夫。」一位波士尼亞人告訴我：「狄托是個真正的政治家，他真心關懷人民，不只是己身利益。」然而狄托不僅受到南斯拉夫人的愛戴，他生前曾從世界各地六十國榮獲一百一十九個重要獎項，許多國人驕傲地提醒我說，當年總共有一百二十八國的高階外交官出席他的葬禮，就參與的國家數量而言，這是史上規模最大的國葬。當我請聶文為狄托評分，他不假思索就回答：「十分。」

為何有一百二十八個國家參加狄托的葬禮？因為他欠他們錢。——南斯拉夫笑話

克羅埃西亞的度假勝地

狄托有三十二間房屋，但他最愛的大概是位於克羅埃西亞最北端群島的布里俄尼（Brijuni）國家公園。那確實堪稱人間仙境，但它不是克羅埃西亞唯一的天堂。安娜和我拜訪了周圍的克爾克（Krk）、茨雷斯（Cres）和洛希尼（Lošinj），這三個島上都有可愛的村莊、綠意盎然的植被和無盡的水資源，令人很難割捨。

我曾經從海岸城鎮普洛切（Ploče）搭乘渡輪前往細長的佩列沙茨（Pelješac）半島。到了二〇二三年，那裡將會有一座耗資五億的跨海大橋，主要用意是為了繞過一個惱人的波士尼亞檢查哨，然而如果波士尼亞加入歐盟，該檢查哨就會消失——巴爾幹式的邏輯就是如此可笑。渡輪把我帶到四十八個群島中最大的一座島嶼：科爾丘拉（Korčula）。

威尼斯人曾在科爾丘拉執政四百年，為了抵擋島上的疾風，他們刻意將獨樹一格的建築蓋在密集而曲折的巷道之間。加上幾座教堂、小廣場和四周湛藍的海水，映入眼簾的又是另一個炫麗的小鎮。不過漂亮歸漂亮，此類景象看久也會無聊，這也難怪馬可・波羅在七百五十年前會選擇離開出生地，朝亞洲踏上二十四年的絲路之旅。雖然馬可・波羅以世界旅遊家著稱，但許多人並不知道他曾在中國定居二十年。他在科爾丘拉的故居至今仍然留存，但非

常破舊，他顯然很不會顧家。

我橫越到科爾丘拉島的另一端，從可愛的小鎮維拉盧卡（Vela Luka）乘船前往另一個島嶼天堂：赫瓦爾（Hvar）。綠松色的海水使赫瓦爾如同義式冰淇淋一般難以抗拒，這又是一個威尼斯人待過的藝術精華之地，到處都能看見精雕細琢的石造住宅。一座五百歲的威尼斯堡壘盤踞在山上，俯瞰著這個祕境，可惜它只是虛有其表，才完工二十年就被土耳其人攻占。我在島上的松林過了一夜，隔日搭乘擁擠的巴士到另一個港口，欣賞古城（Stari Grad）的威尼斯文化遺跡。我實在很希望威尼斯人征服美國，當年威尼斯帝國的疆域擴展到達爾馬提亞時，凡是被他們碰過的城鎮都變得好漂亮；假若他們占領了美國，我們一定也能擁有優雅的城市和美味的冰淇淋。

領土收復者的迷思

當你在逛這些威尼斯式城鎮的時候，你可能會覺得奇怪：「義大利人都去哪了？」當地居民講的是巴爾幹語，但其中也會摻雜一些義大利單字。試想奧勒岡州的海岸如果蓋滿中國式建築，當地人講英語時還會隨意添加一些中文單字，你會覺得那裡發生了什麼事？

故事起源於一四〇九年，威尼斯共和國買下了達爾馬提亞的海岸。威尼斯人一向都自命清高，以文明人自居：既然能花錢了事，何必動武？與其跟匈牙利王國打爛仗，不如直接收買對方的領土；與其跟土耳其人血戰，不如向杜布羅尼克的居民收「保護費」。假若一九九〇年代的南斯拉夫人也能這樣化解糾紛，那該有多好？那不知能迴避多少死亡、傷痛和煎熬？

威尼斯人花了將近四個世紀在達爾馬提亞建造他們的寶石，令人遺憾的是，這個風光一時的共和國終究在一七九七年步入歷史，所幸那些建築至今依舊佇立。雖然共和國已消失，義大利人卻沒有，根據十九世紀初期義大利、法國和奧地利各自進行的勘查，當時達爾馬提亞的總人口大約有四分之一是義大利人，不過後來克羅埃西亞人則宣稱實際比例只有百分之七。到了一八五七年，奧地利人（當時達爾馬提亞是由他們掌控）又做了一次人口普查，結果顯示海岸地區的居民有百分之十七是義大利人。奧地利在一九一〇年的普查也顯示義大利人占了伊斯特里亞半島的百分之三十八。多數義大利人都聚集在城市裡，斯拉夫人則主要分布於鄉村。一九四五年，斯洛維尼亞的濱海城市皮蘭有九成六是義大利人，然而僅過了十一年後，皮蘭就只剩下一成五的義大利人。如今這些地方都是義大利人遺留的幽靈城鎮。

此現象造就了「領土收復主義」（irredentism，源自義大利文的irredenta，意思就是「尚未贖回」）。領土收復者會宣稱某一塊異國領域曾經（或仍然是）屬於自己的祖國，並以此為理由搶奪它。一個完美的例子就是大匈牙利的幻想，我們先前已經深度分析過。東歐到處都散播這種疾病，因為幾乎每個國家都曾經在某個時刻擁有比現今更廣大的疆土，所以經常有人懷恨在心，亟欲奪回自己「失去的領土」。正如匈牙利的領土收復者，他們的說詞固然有部分真實性，但通常都是建立於歷史迷思。

這種幻想很危險，希特勒主張的「大德意志帝國」就是一個極端的例子。世界上幾乎每個國家都有這種疾病，唯獨美國得以免疫，因為你必須曾經失去一些領土才有機會被它傳染。美國自從開國以來都在擴展，不曾縮小，若有一天我們失去阿拉斯加、夏威夷、德州或佛州，美國史上的首位領土收復者就會誕生。

當這些人終於收復他們「尚未贖回的領土」，他們通常會發現那些地方的居民跟自己不同，這時就需要大量肥皂來進行土地淨化（čišćenje terena）。雖然巴爾幹語中的「種族淨化」（etničko čišćenje）是在南斯拉夫內戰期間被發揚光大，人類自從亞當夏娃的年代就有此行為。事實上，當上帝驅逐亞當和夏娃，祂就在對伊甸園進行種族淨化。

如果趕走那些雜種還嫌不夠乾淨，那就強行同化他們，或是趕盡殺絕。如今斯洛維尼亞人會拿出小提琴，娓娓道來當年殘酷的義大利人是如何逼迫海岸地區的斯拉夫人講義大利語，他們會提起二次大戰時位於義大利的拉布（Rab）和戈納斯（Gonars）集中營（兩千多名斯拉夫人和猶太人死在那邊），以及第里雅斯特（Trieste）的聖安息日米廠（Risiera di San Sabba）奪走的三千多條生命，他們也會控訴義大利政府從未處罰或引渡自己國內的一千兩百名戰爭罪犯。然而斯洛維尼亞人不會告訴你的是，斯拉夫人也曾經強迫住在伊斯特里亞和達爾馬提亞的義大利人放棄自己的語言，他們也不會提到人民解放軍在戰後依舊對義大利平民實施「深穴大屠殺」（Foibe），前後總共處決了數千人。二〇〇七年，義大利總統對那場屠殺進行追悼儀式，將它形容為「斯拉夫民族策劃的吞併行動」。

這也是當年狄托選擇息事寧人的部分原因，他曾與義大利政府達成默契，因此雙方在戰後都沒有互揭瘡疤。另一方面，那些長期定居於伊斯特里亞和達爾馬提亞的義大利人民，則在一夕之間落入一個名叫南斯拉夫的共產國家。大戰過後不久，南斯拉夫政府就將大片土地沒收充公，限制人民旅行，壓制任何異議人士。陷入水深火熱的義大利人決定集體遷徙，總共大約有二十五萬人逃回祖國，南斯拉夫說：「別擔心，我們會付一億一千萬元來補償你們失去的家園。」當南斯拉夫解體時，義大利只拿到一千八百萬，不過克羅埃西亞人至少把那些威尼斯古城保存得很漂亮。

搭便車遇到民族狂熱分子

我曾經被困在克羅埃西亞的姆列特島（Mljet）。我原本只打算過一夜，享受空島的寧靜，然而當船離開比郵票還小的索布拉村莊（Sobra），我才得知它要過好幾天才會回來，因為海上正在醞釀冬季風暴。如果我必須在這個森林島嶼耗上幾天，那我寧可待在西端的國家公園裡，幸好這時有個人正開車穿越全島，於是我給了他一些油錢，拜託他載我到公園中央的波拉奇村（Polače）。暴風雨驅使我找了一間有海景陽台的旅館——三十元的冬季房價實在太誘人。我在接下來數日披著雨衣探索島上的諸多步道，它的兩個鹹水湖中的大湖中間還有個別致的小島，上面有一間迷你修道院和餐廳，冬天湖面沒有船行駛，我如果要去就得游泳。敬謝不敏，我已經淋夠多雨了。

我在旅遊生涯中搭過數百次便車，但我從未搭別人的車離開一個島。首先我必須到姆列特的船埠，這回很幸運，因為我的司機和他老爸不只要到那邊，他們還要跟渡輪一起開回歐陸，再繼續前往杜布羅尼克，而那正好也是我的下一站。為了答謝他們的好意和政治狂熱，我給了他們十塊錢。

雖然兒子的態度很平靜理智，他的父親卻患有嚴重的領土收復症，當他開始解釋克羅埃西亞被列強剝削的故事，滿腔激情就瞬間爆發，「克羅埃西亞在耶穌出生一千年後的情況還比現在好！」他透過破碎的英語和狂亂的手勢表達自己對於國土被塞爾維亞、斯洛維尼亞、義大利、波士尼亞和匈牙利等國輪番蠶食的不滿。我很慶幸開車的人是他那隨和的兒子。光是新海爾采格（Herceg Novi）和科托（Kotor）這兩個鄰近海岸邊界的蒙特內哥羅城鎮就足以讓他罵翻天，「新海爾采格！」他吶喊，「那根本不是一個蒙特內哥羅的名字！明明就是克羅埃西亞的！你聽聽看！Her-ceg No-vi，這不是克羅埃西亞文還會是什麼？科托也一樣！Ko-tor，克羅埃西亞文！完全沒有蒙特內哥羅！這是我們的！」

我看了一下手錶，此刻是早上十點半，我心想：「是啊，每天差不多就是這時會遇到一個巴爾幹地區的民族主義狂人。不知道今天下午兩點還會遇到誰？」

大約一年後，我又在看手錶：現在是下午一點五十八分，安娜和我已經離開斯普利特，正往南開向奧米什（Omiš）。安娜在途中提到巴爾幹人和斯洛維尼亞人在溝通上的困難，因為他們的語言差異頗大。以前這不會造成問題，因為斯洛維尼亞人都會講巴爾幹語，安娜說：「我的父母在學校學過巴爾幹語，電視節目也都是用巴爾幹語播放，配上斯洛維尼亞文的字幕。」

「現在呢？」我問。

「現在斯洛維尼亞人不會想看巴爾幹語的頻道，我們只會看本國或美國的節目。而且我們在學校不必學巴爾幹語，年輕人現在學的都是英語、義大利語或德語，克羅埃西亞人也從未學過斯洛維尼亞語，因為以前大家都能用巴爾幹語溝通。不過他們至少有在學英語，看來現在英語是我們的共同語言了。」

我問：「巴爾幹語是不是像斯洛維尼亞語一樣，每個物體都有特定性別？」

她說：「當然。」

「那真是蠢到徹底，我不管全世界是否有超過半數的國家都那麼做，那擺明就是智障行為。假如一把刀子可以跟桌子性交生子，那我還能理解刀子為何是雄性、桌子是雌性，然而可悲的是，一支該死的電鑽不管插過再多東西也生不出後代！這就是為何電鑽和宇宙中所有非生物體都不該有那些愚蠢的性別！」

安娜看著我，像在安撫瘋子般地對我說：「嘿，放輕鬆，沒那麼……」

「還有，要是這個鬼星球上的每個人都能同意每樣物體的性別，我也會勉為其難接受這點，問題是大家並沒有共識！因為非生物體沒有性器官！發明這些蠢語言的混蛋們只是隨便亂掰一堆性別！雖然德國人、西班牙人、法國人、斯洛維尼亞人和克羅埃西亞人確實都同意房子是雌性——那是很棒沒錯，然而西班牙人和斯洛維尼亞人認為床是雌性，該死的法國人和克羅埃西亞人卻認為它是雄性！但無論你把多少斯洛維尼亞和克羅埃西亞的床鋪疊在一起，它們也永遠不可能懷孕生出一張該死的嬰兒床啊！」

安娜說：「法蘭西斯，冷靜一點，你聽起來簡直像個瘋子！你就像某些美國的民族主義狂人，自以為英文是史上最棒的語言。對啦，現在時間是幾點？」

我看了一下手錶：兩點零一分。「有趣，」我自言自語，「真是準時……」

前往杜布羅尼克的奇遇

如夢似幻的奧米什小鎮是我在這趟旅程最愛的停留點之一，整個鎮只需十分鐘就能逛完，但它的環境真是超脫現世。奧米什被夾在亞得里亞海與一道近乎垂直的山脈之間，最戲劇化的是上帝彷彿從山脈邊緣削掉一小片皮，讓河流乘虛而入。當你沿著河道行駛，窺探對側山壁，就會看到群山筆直墜入河谷。簡言之，這道單薄而高聳的山脈中間有一條狹長的縫隙，景觀非常奇特。

我們繼續沿著海岸往南行駛，直到我突然驚呼：「你看！耶穌在那邊！」有個人獨自走在狹窄的兩線道公路上，他穿著涼鞋和風衣，手持拐杖，留著聖誕老人的大鬍子。好吧，他應該比耶穌老，但他看起來很像一個朝聖者（或是流浪漢）。我用破爛的巴爾幹語問他需不需要搭便車，他的回應嚇了我一跳：「抱歉，我只會講英語。」

他的名字是鮑伯（Bob），從小在佛州的塔拉赫西（Tallahassee）長大。他從義大利的第里雅斯特開始朝聖之旅，目標是走到「大榮耀」——其實那是默主哥耶（Medugorje），但它唸起來很像major glory。默主哥耶是一個位於波士尼亞的聖地，一九八一年有六個小孩宣稱在那邊看到聖母，而且他們經常跟她對話，還能在太陽周圍看到神奇的光影。現在每年都有大約一百萬人去朝聖，有些人甚至因為試圖在太陽中尋找那些幻影而失明。

這是鮑伯第二次來此朝聖，他的原則是：絕對不要伸出拇指要求搭車，但如果有人主動邀請就接受。他訴說自己被搞砸的童年、奇怪的工作、兩次失敗的婚姻、酗酒……直到最後被信仰拯救。我們那晚跟他一樣也是打算在星空下露營，不過基於隱私考量，我們在日落時讓他在馬卡爾斯卡（Makarska）下車，之後在一條砂石小徑旁邊找到一個完美的紮營地點。

翌日早晨，我們在日出時啟程，正好又看到鮑伯意志堅定地持續他的朝聖之旅，於是就再次邀請他上車，最後在道路分岔前往波士尼亞之處放他下車，我們則繼續朝杜布羅尼克前進。

一年前，我在搭車前往杜布羅尼克的途中結識了兩位當地人。露茲卡（Ružica）出生於波士尼亞，在瑞士長大，跟瑞士人結婚；蓋布瑞拉（Gabriela）在札格雷布東方長大，跟美國人結婚，她們現在都住在杜布羅尼克。由於兩人的丈夫都是外國人，我請她們比較克羅埃西亞與西方的差異。蓋布瑞拉說：「東方人比較注重內在的精神生活，西方人則注重物質生活，不過這說起來很複雜，因為西方世界是我們的夢想。對克羅埃西亞人而言，西方仍然是大家嚮往的目標。」

我問：「露茲卡，你覺得巴爾幹人和西方人的最大不同在哪裡？」

「有些巴爾幹人仗勢著歷史背景，認為自己比其他人重要。這裡的人仍然停留在過去，他們需要向前看，包括年輕人也受到父母影響，花太多時間緬懷歷史。人們都被困在過去。」

蓋布瑞拉打岔：「我同意克羅埃西亞人確實不像西方人那麼會思考未來，但我們或許也比西方人更懂得活在當下。」

我問兩位女士為何沒有跟克羅埃西亞人結婚，露茲卡有個很方便的藉口：她是在瑞士長大；蓋布瑞拉則婉轉地說：「我正好愛上一個美國人。」一年之後，我反倒詢問了兩位居住在伊斯特里亞的西方女士對克羅埃西亞男人的看法。

對一些克羅埃西亞人而言，伊斯特里亞就像阿拉斯加之於美國人一樣：它在北方某處，我總有一天會上去看看——我們都這樣告訴自己。伊斯特里亞長得有點像個往下的箭頭，像個腫瘤附著在克羅埃西亞的西北角。它曾經是我的家，這本書大部分都是在那裡寫完的，我當時住在這塊偏遠地區邊緣，位於烏馬格（Umag）附近的濱海村莊策維尼夫。起初還沒有足夠木材可以生火，所以室溫只有攝氏五度。如果這本書有任何筆誤，那就是因為我的手結冰了。全村總共有七十間夏日度假屋，冬天期間的氛圍就像墳墓一樣活潑，晚上八點若能看到三盞燈光已算是相當幸運，而且那三盞燈通常都是來自我家。

雖然這裡看似與世隔絕，但距離最近的五星級度假飯店就在十五分鐘步程之內，在薩武德里亞（Savudrija）的度假中心附近。這座耗資四億美元的設施是德國高級品牌凱賓斯基（Kempinski）的最新成員，大廳有一面瀑布，外圍有兩個水池和一個通往圓石海灘的電梯。飯店在冬天也是一片死寂，但我很感謝有無線網路，那是我跟外界的唯一聯繫。出乎意料的是，我在裡面遇到的第一位接待員是個來自西雅圖的漂亮女士，她名叫肯德拉（Kendra）。我很好奇她為何會待在克羅埃西亞的這個被遺忘的角落。「我剛跟克羅埃西亞人結婚啊！」她說。

「好酷！跟克羅埃西亞的男人結婚是什麼感覺？」

「克羅埃西亞人對婚禮非常慷慨，我們在這裡辦的場子有一百三十一名賓客，在西雅圖的那場有一百七十四人參加，然而我們在克羅埃西亞收到的禮品有四倍之多！別忘了，美國人賺的錢幾乎比克羅埃西亞人多四倍，在美國平均一個客人可能會給你價格五十元的禮物，但在克羅埃西亞他們會給你價值三百元的高級禮品。以他們的微薄收入而言，這真是超級慷慨。」

肯德拉向我介紹房務部經理凱倫．楊曼（Karin Jongman），這位高挑的荷蘭女士會講六種語言，但不包括巴爾幹語，因為她在上過幾堂課後就決定「它實在太困難」。況且多數房客都不是巴爾幹人，有三分之二是來自德國或奧地利，美國人不會來，因為「對他們來說，克羅埃西亞只有杜布羅尼克。」

我說：「如果你想學巴爾幹語，就應該學肯德拉找個克羅埃西亞男人。」

「不可能啦。」她回答。

「為什麼？他們不夠高嗎？」荷蘭人是全世界最高的人種之一，凱倫確實符合這個標準形象。

「那是一個問題，」她說，「但主因是他們思想不夠開放。克羅埃西亞人的觀念太老舊傳統，對我這個荷蘭人是行不通的。」

「肯德拉就過得不錯啊。」

「她的丈夫不是典型的克羅埃西亞人，他在瑞士受過教育，不用想也知道這差別有多大。而且他家境很富裕，所以他們的世界觀比一般克羅埃西亞人開放。」

數個月後，我認識了肯德拉的丈夫亞德朗．耶哥維奇（Jadran Jergović）。亞德朗曾經在美國住過半年，我問他美國女人和克羅埃西亞女人有何不同，他大笑：「我得學會洗餐具。」

肯德拉說：「克羅埃西亞男人遠比美國男人注重紳士禮節，他們會幫你開門、送花、保護女性、把她們當作淑女對待，缺點是他們也會期待你當個小女人。我有一次打電話給一個克羅埃西亞朋友，問她老公在哪裡，她說：『他跟朋友出去玩。』你知道她當時在做什麼嗎？燙衣服！老公在外面鬼混，她卻在家燙衣服！真是不可思議！」

我問：「這裡的生活跟美國比起來還有哪些不同？」

亞德朗說：「在克羅埃西亞，家人對你的照顧很完善。例如我的父親蓋了三棟房子，一間留給他自己，一間是給我哥，一間是給我的。他們會出錢讓你讀大學、旅行、買車，所有東西都會提供，即使你已經二十幾歲，他們還會繼續照顧你。在美國，年輕人過了十八歲就得完全靠自己。」

「那是沒錯，」肯德拉說，「然而克羅埃西亞的這種哲學是有代價的，他們的父母老了之後會期待你反過來照顧他們。」

安娜說：「是啊，你能對斯洛維尼亞人做出最壞的事就是送他們去養老院！」

肯德拉說：「的確，但我覺得那很奇怪。等我老了以後，我會希望住在養老院，因為可以跟其他人有社交活動。可是你在克羅埃西亞卻得自己照護老爸老媽。」

克羅埃西亞的寶石

我望著達爾馬提亞的海岸線，情不自禁地對安娜說：「親愛的，我們還在東歐嗎？」這是全世界最美麗的海岸線之一，可以說是東歐的黃金海岸。跟許多地方仍可見到的灰暗方塊式建築相比，這簡直不可同日而語。由於達爾馬提亞是如此美麗，它自然也是「野生的東歐」中最早被人發掘的地方。

若翻閱一些早期旅遊文學，就會發現此地在過去一百來的變化真是少得好笑。一九三〇年代中期，麗貝卡．韋斯特曾被「塞」在一台南斯拉夫的火車廂裡，四周都是「暫時脫離納粹世界、滿臉不悅的德國遊客。」德國人對於「所有不屬於德國的野蠻文明」都懷有一種優越感，所以麗貝卡禁不住要問他們：「既然南斯拉夫那麼糟，你們為何都要去那裡？」

他們回答：「我們是要去亞得里亞海岸，因為那邊有很多德國遊客，所以旅館也都不錯。」如今達爾馬提亞仍有大量來自德國的觀光熱潮，而且少數人依然把持著八十年前的迂腐觀念。

如果達爾馬提亞的海岸是克羅埃西亞的王冠，杜布羅尼克就是王冠上面最耀眼的那顆寶石。拜倫曾經稱它為「亞得里亞海的寶珠」。杜布羅尼克建於一千三百年前，在一二〇五年被威尼斯帝國占領，匈牙利在一三五八年擊敗威尼斯人，但杜布羅尼克在一三八二年用金錢換來自由，成為一個獨立而富裕的共和國。它一直都過得不錯，直到拿破崙在一八〇八年來攪局。我曾經從赫瓦爾搭過七小時的渡輪來到此地，也曾經從斯普利特坐巴士，甚至從姆列特搭乘陌生人的便車，但這回我是坐在安娜的車上。無論你經由哪種途徑來到杜布羅尼克，你都會捨不得離開。

杜布羅尼克是威尼斯的醜妹妹，然而威尼斯畢竟是超級名模，杜布羅尼克本身的美麗仍然驚為天人。跟威尼斯不同的是，它的街道很像一個被放在碗裡的陣列，城牆邊緣從兩側往上彎，添加了一層獨特的空間，但如果你討厭爬石階，就最好避開城牆邊緣。從派勒城門（Pile Gate）進城後，沿著中央大道直走到底就是鐘樓，兩側放眼望去皆是藝術傑作。杜布羅尼克的結構類似堡壘，你可以沿著雄偉的城牆繞城走一圈，總長度有兩公里，最高有二十五公尺，包括十六座塔台。縱使它曾被比喻為窮人版的威尼斯，杜布羅尼克跟同儕相比依然是箇中翹楚。

安娜和我考慮了幾個餐點選項，多數克羅埃西亞人都偏好高熱量食物，例如濃湯、水煮起司麵糰（štrukli）、豆子玉米湯（manistra od bobića），以及火雞肉搭配烤麵條（mlinci），不過達爾馬提亞地區的烹飪手法也受過義大利的影響。我們決定稍微冒險一下，選了烏賊墩飯（crni rižot）和章魚沙拉（salata od hobotnice）。我們一邊用餐，一邊聊起我初訪此地時經歷的兩次探險。

第一次，我嘗試游泳到半公里遠處的洛克魯姆島（Lokrum），它看起來很近，但我游了十五分鐘就發覺並沒有想像中近。幸好我沒有被海上的快艇撞到，而且直到最後才開始肌肉抽筋，不幸的是我沒有帶涼鞋，在那個島上赤腳走路比游泳更艱難。那裡除了能隔海享受杜布羅尼克的全景，還能探索一些古老建築和堡壘。游過去的最佳理由就是：回程的渡船駕駛不會查票，因此你可以省十塊錢。

第二次，我爬到古城後方的山頂，上面景觀很棒，我還找到一些蒙特內哥羅軍隊留下的遺跡。他們曾在此圍攻七個月，其實杜布羅尼克沒有戰略價值，但蒙特內哥羅人企圖兼併克羅埃西亞的最南端，他們轟炸這個聯合國世界遺產地，毀損了百分之六十八的建築，造成四十三名平民死亡。後來海牙國際法庭判處其中兩名軍隊領袖七年徒刑，蒙特內哥羅的總統也在二〇〇〇年向克羅埃西亞正式道歉。杜布羅尼克的圍城之戰固然引起國際矚目，但它轉移了真正的焦點，當時還有一場規模更大、更醜惡的戰爭正在克羅埃西亞內陸的武科瓦爾（Vukovar）如火如荼地延燒。

南斯拉夫內戰

一九九一年八月二十五日，蒙特內哥羅攻打杜布羅尼克的六週之前，克羅埃西亞的戰爭就已在武科瓦爾正式開打。雖然斯洛維尼亞的十日戰爭象徵性地開啟了南斯拉夫內戰，但大家是從武科瓦爾才開始玩真的。克羅埃西亞跟斯洛維尼亞不同，內部有些區域（例如武科瓦爾）的人口組成含有大量塞爾維亞族裔，他們不支持克羅埃西亞的獨立運動，寧願留在南斯拉夫或加入塞爾維亞。南斯拉夫內戰基本上就是起因於此類糾紛。

為求更深入了解，我前往武科瓦爾，寄宿在二十六歲的斯拉維沙・安德里奇（Slaviša Andrić）的家裡。他答應會給我一個「公正無偏見」的論點，我心裡自然有些存疑，一個「客觀的巴爾幹人」其實是自相矛盾的說法。不過斯拉維沙的自我論述倒是異常的精確。

斯拉維沙在公車站迎接我，開車載我到位於市郊的雙層住宅。雖然戰爭已經結束將近二十年，街上的一些房屋還是有彈孔。他的父母就住在兩棟房子之外，我們直接走過去，他的母親替我們準備了樸實但美味的湯、蔬菜和馬鈴薯。她不會講英語，但當她得知我正在寫一本關於東歐的書，就驕傲地秀出咖啡桌上的狄托傳記。她顯然對那個年代有美好的回憶。我們回到斯拉維沙的家，遇到斯拉維沙的哥哥米洛凡（Milovan）。他們兄弟倆都是木匠，也都熱愛騎自行車，這點由他們精實的體格即可證明。當米洛凡穿上骯髒的工作服，我問斯拉維沙他是否準備要工作，他回答：「沒有啦，他平常都穿那些衣服，即使沒有正式在工作。那只是個習慣，他總是在找事做。」

我說：「他很像斯洛維尼亞人。」

斯拉維沙大笑：「對啊，那些混蛋。」

我們齊聲大笑，嘲諷性地模仿了一些民族主義者的偏激言論。當我們騎車環繞武科瓦爾，經過一座巨大的廢棄工廠時，斯拉維沙解釋說它在內戰之前曾雇用數千名勞工（這可以解釋戰後高達四成的失業率）。如今這座工廠只剩牆壁上的兩句塗鴉文字，第一句是用西里爾字母寫的，意思是「永不放棄西里爾」，幾公尺之外則是第二句：「科索沃就是塞爾維亞」。兩句話都是用相同的紅色噴漆畫的，有趣的是第二句是英文，不是西里爾字母。

巴爾幹人對符號很著迷，塗鴉者在下面畫了一個人比著三根手指。斯拉維沙解釋那是在表示自己是塞爾維亞人，「因為東正教信奉的是三位一體，有時候塞爾維亞人會故意對克羅埃西亞人比出三隻手指。」他開玩笑地站在圖像旁邊比出兩隻手指跟它合照，假裝自己是克羅埃西亞的激進分子。我問他哪些符號會激怒塞爾維亞人，他回答：「克羅埃西亞的棋盤式國徽（šahovnica），它跟烏斯塔沙在二戰期間使用的旗幟很相似。當年克羅埃西亞宣布獨立，他們到處揮舞那面國旗，塞爾維亞人一看到就緊張起來，心想『慘了，歷史又要重演了』。」

克羅埃西亞人雖然有充分理由使用棋盤式的國徽，就當時的緊張情勢再加上二次大戰的歷史，這絕非明智之舉，而且顯然有挑釁意味。就一方面來說，重新推出這個國徽是很自然的選擇，畢竟它在過去一千年都象徵克羅埃西亞，事實上它也曾經出現在塞爾維亞王國的國旗上！話說回來，那些政客應該很清楚這麼做只會增添緊張氣氛，因為它會讓塞爾維亞人聯想到法西斯主義的烏斯塔沙。假設美國南部各州今日宣布獨立，他們大概也會拿出南方邦聯的旗幟，但那肯定會喚起奴隸時代的回憶，造成那邊大量黑人族群的恐慌。克羅埃西亞的總統圖季曼非但沒有低調處理此事，反而公開親吻他們的棋盤國旗，結果塞爾維亞的電視不斷反覆播放這個畫面，有時還刻意穿插烏斯塔沙的影像，製造不祥的預兆。

我們騎到武科瓦爾的市中心，將近一半的房屋仍然遺留著戰火瘡疤。我看到一座圖季曼的頭像，就問斯拉維沙這位已故總統是否還很受歡迎，他說：「克羅埃西亞人對他的觀感可說是五味雜陳，圖季曼在札格雷布有些支持者，他們想把羅斯福廣場或狄托廣場改成他的名字，但被其他人否決。他在全國總共有三座雕像，其中一個就在武科瓦爾，這點很諷刺，因為他犧牲了這個城市。」

「此話是什麼意思？」我問。

「他想要博取西方世界的同情，於是他就獻上一隻羔羊，任由塞爾維亞人屠宰，這樣就能迫使北約採取行動。據說當時戰爭分明已即將爆發，圖季曼還命令一輛開往海岸地區、載滿兒童的巴士轉向返回武科瓦爾，一切都是為了讓媒體捕捉更大的血腥場面。」

媒體果然中了圈套，他們接下來三個月都在拍攝塞爾維亞的準軍事部隊和南斯拉夫國民軍聯手圍攻武科瓦爾的景象。雖然塞爾維亞在最後獲勝，從許多方面來看，他們都付出了慘重的代價。首先，塞爾維亞的陣亡人數超過三千，與斯洛維尼亞的十日戰爭相比有五十倍之多；第二，這證明南斯拉夫國民軍缺乏實力和團結，區區一個小城市就可以打得這麼辛苦；第三，克羅埃西亞贏了國際媒體戰。西方世界的新聞大幅報導這些戰場悲劇（枉死的無辜平民、被屠殺的戰俘）和奇蹟故事，例如一名躺在醫院裡的傷患訴說自己聽到上方樓層被某樣物體撕裂，然後突然感到腳部一陣刺痛，他很驚訝地發現擊中自己腳部的竟然是一顆未爆彈。斯拉維沙也很幸運，戰爭爆發時他才七歲，曾經有一枚手榴彈落在他身邊，所幸沒有爆炸。

今日的武科瓦爾

當我們來到一間東正教堂，斯拉維沙解釋說武科瓦爾只有一間天主教堂全毀，據說那也是克羅埃西亞人暗藏武器的地點之一。我們接著來到受損嚴重的水塔，斯拉維沙提到：「說來很好笑，但我七歲時還滿喜歡戰爭的，因為我們不必去學校，大家會躲在空屋裡玩戰鬥遊戲，還會把椅子搬到水塔頂往下丟，欣賞它們摔爛的模樣。」

我問：「武科瓦爾戰前和戰後的族群分布有何變化？」

他露出諷刺的笑容，「其實沒什麼變，一九九一年有百分之三十二是塞爾維亞人，現在有百分之三十五是塞爾維亞人，有些學校還是會用西里爾字母授課。主要的變化是總人口流失了三分之一，有很多空屋。」

斯拉維沙說的沒錯，不過整體來說，克羅埃西亞境內的塞爾維亞族群過去七十年來仍在逐漸縮減。塞爾維亞人在一九四八年占了克羅埃西亞全國的百分之十四點八，這個數字在一九八一年還有百分之十一點五，但現在已減至百分之四點四。類似的故事也發生於塞爾維亞境內的克羅埃西亞人，今日他們只占那邊總人口不到百分之一。

由於斯拉維沙的父親是塞爾維亞人，母親是盧森尼亞人（Rusyn），而他又出生於克羅埃西亞，當我問他認為自己是哪一國人時，他的回答如下：「我早就不在乎國籍了，當別人問我的時候，我都說不知道。我寧可沒有國籍，它令我厭惡，我也沒有宗教信仰，你在武科瓦爾就能看出宗教和國籍會如何使人們撕破臉。」

與斯拉維沙共處三天之後，我很佩服他能如此理性地討論巴爾幹議題，不帶絲毫激情或偏見。他有參與RECOM聯盟，那是一個中立的人道組織，目的是與所有前南斯拉夫國家合作揭露事實。這可以解釋他為何會懂這麼多。可惜並非所有的巴爾幹年輕人都如此明智，斯拉維沙舉了一個例子：他在酒吧通常會用zdravo（你好）跟女生搭訕，但因為這是塞爾維亞人的慣用詞，不是克羅埃西亞的（他們習慣用bok），所以有一半的克羅埃西亞女生會立刻瞧不起他。由此可見有些年輕人還是承襲了父母的壞習慣，雖然他們是如此相似，許多克羅埃西亞人和塞爾維亞人仍然拒絕彼此交往。斯拉維沙曾經跟克羅埃西亞人約過會，但他說：「Bok聽起來就是不像zdravo那麼順耳。」我也同意，但我給了他一個實用的建議：如果那個女孩很火辣，就說bok吧。

克羅埃西亞的未來

克羅埃西亞很幸運，雖然本章節的焦點都在達爾馬提亞，這個國家還有許多令人驚豔的景點。我最愛的一個地方就是十六湖國家公園，安娜和我曾經偷偷在這個世界文化遺產地露營，仰望無數大小瀑布在綠松色的湖面激起浪花煙霧，而眾多湖泊的盡頭又形成更多瀑布流入下一群湖泊。伊斯特里亞也充滿驚奇，奧帕蒂亞（Opatija）曾是奧地利貴族的度假勝地，人們至今仍能感受到它當年的光環與魅力；普拉（Pula）擁有全世界保存最完善的古羅馬圓形劇場；我也很榮幸在普雷曼圖拉（Premantura）參加過十二公里賽跑，獲得第三名——它真的是位於克羅埃西亞的邊陲，別問我那場比賽有多少人參加。

許多人都嚮往遷居到這個極樂世界，然而克羅埃西亞人並非那麼好客。當蓋洛普問及「你的國家是否適合境外移民居住？」二〇二〇年只有百分之十七的克羅埃西亞人以肯定答覆，該比率是全球最低。整體而言，西歐國家回答「是」的比率都在七成以上，東歐國家則都不到三分之二，東西之間對移民議題有明顯分歧。話說回來，克羅埃西亞也得倚賴觀光業，所以大家就放心地去吧，只要別待太久就好。

✣ **善加保存你的古蹟：**縱使沒有任何建築陪襯，克羅埃西亞的海岸依然會一樣壯麗，但克羅埃西亞人細心地修復並維護了沿岸的歷史建築，使它變得更加珍貴。請用同等的關懷善待你的生活地區。

✣ **在酒中摻水：**克羅埃西亞人稱這種飲料為bevanda。他們的人均飲酒量比任何東歐國家都高，但如果荷包吃緊，他們就摻水稀釋。所以如果你預算有限或想減少自己的酒精攝取量，不妨改喝一杯bevanda。

✣ **參加婚禮時大方一點：**如果克羅埃西亞人送的禮品都能比美國人多四倍，或許我們也不必手軟，可以多送一點。

一個人若不了解塞爾維亞，就永遠不會了解克羅埃西亞，反之亦然。克羅埃西亞和塞爾維亞就像該隱與亞伯：兩位對彼此又愛又恨的兄弟，甚至不惜自相殘殺。拿這個聖經故事做比喻並不完全恰當，因為這裡並沒有一位無罪的亞伯或有罪的該隱可作為區分，雙方的手都沾過無辜受害者的鮮血。正如貝爾格勒大學的美籍教授賴瑞・李（Larry Leigh）所言：「拿克羅埃西亞與塞爾維亞相互比較很有趣，因為若不是某些火爆浪子的因素，它們其實應該是同一個國家。」為了了解這對斯拉夫兄弟，我們必須跨越武科瓦爾旁邊的多瑙河，進入塞爾維亞。

第十三章

塞爾維亞——歐洲被誤解最深的國家

塞爾維亞小資料

位置：巴爾幹半島國家，與蒙特內哥羅、波士尼亞、克羅埃西亞、羅馬尼亞等多國接壤。

面積：約7.7萬平方公里（台灣的2.1倍）

人口：約690萬（台灣的0.3倍）

首都：貝爾格勒

主要族群：塞爾維亞人

人均國內生產毛額：9,503美元（2022年資料）

- Republika Srbija -

在八年內輸掉四場戰爭的感覺肯定很糟。想像這種長黑戰績對民族士氣的打擊，然後再嘗試去理解他們連敗的原因。難怪塞爾維亞是全歐洲被誤解最深的國家，而且連塞爾維亞人都不太了解它。

我得承認自己在一九九〇年代完全忽視了南斯拉夫的動亂。我當時二十幾歲，雖然多少會關注時事，但南斯拉夫的那些紛爭簡直像女人一樣難以理解。新聞報導在我耳裡聽來只有一堆名詞：「克羅埃西亞人……巴爾幹……塞爾維亞人……科索沃……種族清洗……塞拉耶佛圍城戰役……赫塞哥維納……阿爾巴尼亞人……米洛塞維奇……難民……克羅埃西亞的塞族……波士尼亞的克族……波士尼亞的塞族……穆斯林……斯雷布雷尼察……代頓協定……」

每次聽到這些，我總是嘀咕：「隨便啦！」然後就轉台了。它對我的小腦袋而言實在太複雜了，我喜歡追蹤善惡分明的對決，例如納粹（壞人）和同盟國（好人）、蘇聯（邪惡帝國）和美國（善良帝國）、金正恩（混蛋）和川普（這個嘛，或許並非那麼黑白分明）。無論如何，說到南斯拉夫，你就好像必須讀過巴爾幹歷史的博士學位才能理解整個事件原委的百分之十，所以我就完全忽略它了。

因此當我買了一張貝爾格勒（塞爾維亞首都）的夜車票時，我完全不知道該期待什麼。我在車廂裡結識了海倫娜．柯拉（Helena Kolar），一位住在塞爾維亞的蘇保迪卡（Subotica）、在布達佩斯讀書的匈牙利學生。我們正在閒聊時，一位男士也進來坐下，當他聽到我們在用英語交談，就問我是從哪來的，我回答：「美國，你呢？」

「我來自諾維薩德（Novi Sad），你們炸毀了我的城市最重要的三座橋。」

好極了，這正是開啟人際關係之鑰。諾維薩德到底在哪裡？在塞爾維亞嗎？海倫娜看著地面不發一語，我完全不曉得這傢伙在說什麼，只好問：「我們為什麼要那樣做？」

「我也不知道，」他說，「你們倒是沒有轟炸貝爾格勒的橋，不過你們擊中了那邊的好幾個軍事目標，也轟炸了中國大使館。」

由於他沒有解釋美國做那些事的時間和原因，我猜想：也許中情局認為塞爾維亞和中國是九一一的幕後主謀吧。我不知該如何回應，除了一句笨拙的「真抱歉。」

雖然我是來自一個轟炸過他的家園的國家，但這位塞爾維亞人卻平淡自若，態度離奇的友善。我對此感到愧疚，直到我發現貝爾格勒自從兩千三百年前就已經被摧毀又重建了四十幾次，朋友之間再打一架又何妨？他繼續說：「我好希望南斯拉夫能像美國一樣，那邊大家都覺得自己是美國人，無論你屬於哪個種族，信哪種宗教，講哪種語言。反觀南斯拉夫，沒有人真心對南斯拉夫有國家認同感，例如有些人認為自己首先是克羅埃西亞人，其次才是南斯拉夫人，有些人則認為自己首先是波士尼亞人，其次才是南斯拉夫人。」

我完全聽不懂這傢伙在說什麼，他聽起來有點像我在一九九〇年代置之不理的那些新聞主播。顯然該是做點研究功課的時候了。

塞爾維亞的形象之所以被如此扭曲，可以歸納於兩個原因。第一，塞爾維亞在一九八〇和一九九〇年代都活在自己的泡泡裡，低估了資訊聯通的重要性，它沒有主動跟西方媒體合作，反觀克羅埃西亞和斯洛維尼亞則積極與西方聯繫，接受訪談，甚至雇用了美國的公關顧問。塞爾維亞的學術菁英在一九八六年寫了一篇重要而具爭議性的「備忘錄」（Memorandum），但他們花了將近十年才把它翻譯成英文，無知的西方媒體在那段時期捏造了許多負面的迷思。第二，塞爾維亞沒有嘗試為自己做行銷，因為它以為俄羅斯會幫助他們，但他們沒料到蘇聯也會在一九九〇年代解體。

基於這些拙劣的市場行銷，西方媒體無法公正客觀地闡述南斯拉夫的分裂；那些所謂的專家非但沒有試圖了解塞爾維亞，反而將他們刻劃為妖魔鬼怪。因此我們要排除萬難，嘗試以客觀的角度檢視塞爾維亞。最終結論肯定會讓各方激進分子大失所望，但我希望那會比西方主流媒體和塞爾維亞的沙文主義者餵給我們的故事更接近事實。塞爾維亞前總統斯洛波丹・米洛塞維奇（Slobodan Milošević）就曾說過：「我們不是天使，也不是你們編造出來的魔鬼。」

當我瀏覽貝爾格勒的地圖，我很驚訝市民沒有因為美國轟炸過它就將甘迺迪大道改名。這很難得，畢竟克羅埃西亞在獨立之後就迅速更改了幾條主要街道的名字，或許塞爾維亞人並不像一些人所想的那麼崇尚民族主義。

我從共和廣場（Trg Republike）走到麥可王子大道（Knez Mihailova）的徒步區，沿路放眼望去盡是色彩繽紛的商店和俊男美女，他們的長腿似乎可以永無止境的堆疊延伸。雖然貝爾格勒有許多輝煌燦爛的建築物，但更驚人的是這些到處走動的巨人，這可以解釋他們為何能製造一整支軍隊的世界級運動員。而他們的女人則像一群可以組成芭蕾舞團的超級名模；自從離開波羅的海後，我還沒看過這麼多高跟鞋和美不勝收的女神。

徒步區終止於卡萊梅格丹（Kalemegdan）城堡，它在過去兩千三百年曾經歷一百一十五場戰役，地主隊的勝負比例是七十一比四十四。這個位於多瑙河與薩瓦河匯流處的戰略位置是眾人覬覦的目標，不過貝爾格勒史上的最後一場戰役並不是一場傳統戰鬥，沒有任何外國軍隊攻城，北約甚至還提前告知塞爾維亞說他們會在何時何地丟下雷射導彈。有幾顆智慧型飛彈耍笨打錯了目標，包括一間醫院。塞爾維亞人走運擊落了一架「隱形的」F-117夜鷹戰鬥機，眾人還在欣喜若狂，我的朋友弗拉迪米爾・伊弗塞維奇（Vladimir Ivosevič）就警告他們：「各位別太興奮，我想他們應該還有更多這種玩意。」沒錯，美軍的機庫裡確實還有五十三架夜鷹。

你可以在貝爾格勒的戰爭博物館看到那台夜鷹的部分殘骸，也能從塞爾維亞人的觀點重新認識這場戰爭。展示起始於一張巴爾幹地區的地圖，四面八方都有箭頭指向塞爾維亞，代表他們一直都處於寡不敵眾的劣勢。一些圖表總結了北約的絕對戰力優勢。文字內容完全沒提到波士尼亞人或科索沃境內的阿爾巴尼亞人，取而代之的是一些無辜平民橫屍遍野的照片。這些展示指控北約濫用國際禁用的恐怖武器，並暗示他們毫無理由就攻打塞爾維亞。它顯然充滿偏見，但還是值得我們花點心力去了解塞爾維亞人的觀點。

兩國相同的問題

對於糾紛的癥結點，巴爾幹地區的普遍認知是塞爾維亞人支持比例代表制（一人一票），其他人則支持以國為單位進行比例分配（例如塞爾維亞全國算一票，克羅埃西亞也算一票）。這跟美國當初在雛型階段遇到的爭議很相似，後來美國對此的解決方法是分別創立眾議院（各州擁有的席位比例以人口為基準）和參議院（各州都有兩名參議員，無論人口比例如何），這也是為何我們一直還在使用那個過時的選舉人制度。當初設計這些方案的用意就是要預防人口眾多的大州過度強壓其他小州，美國一七七六年建國初期的那十三州在人格、宗教、方言和文化等方面的特質都遠比今日鮮明；簡單說，它們就像現今的巴爾幹地區。我們創造了一個能保護小州免受大州霸凌的政府，因而得以克服這些差異。

南斯拉夫也面臨過類似的挑戰，然而它在一九一八年的開國元勳不像美國的那群人那麼聰明，他們在一九四五年也只有一位真正英明的領袖（狄托），雖然他差點獨力複製了美國開國元勳的所有成就，然而權力平衡的維繫不可能一勞永逸，這必須是個不斷進化的過程。比方說，現今美國的聯邦政府和其行政分支的權力都遠比開國時期強大，因為隨著美國逐漸邁向統一，激進分子對州權的訴求也逐漸式微，多數人都寧願擁有一套集中而固定的法律、人權與關稅制度。南斯拉夫從未有機會發展到那個地步，因為當狄托為期三十五年的鋼索表演結束後，南斯拉夫就崩盤了。

南斯拉夫內戰簡史

讓我們簡略總結南斯拉夫內戰。雖然六個共和國都有各自獨特之處，但其中還是有各種混合因素，這就像有些加州人住在內華達州，有些紐約人也會移居到紐澤西州。當南斯拉夫的經濟在一九八〇年代遭受重挫，多數國人都以為解散這個聯盟就能神奇地化解所有問題。另一方面，其他陷入經濟茅坑的東歐國家則把焦點放在真正的問題根源：共產制度。他們致力於從共產轉型為資本主義，而南斯拉夫卻只顧著從統一走向分裂。

每當一個國家要分裂，就得面對一個令人頭痛的難題：如何劃分國界。標準方式就是沿用原本既有的分界，所以如果加州宣布獨立，這個新國家應該就會繼續用原本的州界，問題是：萬一幾乎所有住在太浩湖（Lake Tahoe，位於加州和內華達州中間）周圍的人都想加入這個新獨立國家，那該怎麼辦？如果那些住在內華達側湖岸的人都齊聲高喊「我們是加州人」呢？我們是否應該允許居民自決？若是如此，我們就得重新畫一條界線，但這肯定會惹火內華達州。或是我們應當尊重既有的州界，犧牲當地居民的權益？

這個猶如芒刺在背的兩難局面就是南斯拉夫內戰的基本主題。若要根據全民公投重劃國界，必會引爆巨大的潛藏危機，然而話說回來，如果有一個大族群不希望留在新國家內，我們難道不應尊重他們的意見？這不就是民主和自決的原則嗎？

至於塞爾維亞人的立場如何呢？多數塞爾維亞人都希望根據民意重劃國界，其他人則大多希望不要做任何更動。一個主要的例外是塞爾維亞的自治省科索沃，超過百分之八十五的科索沃人不想繼續待在塞爾維亞，但塞爾維亞人反而堅持保留這個地區的分界，他們覺得民族自決原則唯獨不適用於科索沃。

克羅埃西亞人也是表裡不一，他們在多數情況都支持保留既有分界，但遇到波士尼亞就轉彎了，他們希望那邊能遵照自決原則。除了科索沃的雙重標準外，塞爾維亞的基本論證就是「我們應當遵循當地居民的意念」。這是個合理的訴求，美國當初也是用相同的論證在一七七六年脫離英國，獲得獨立。

美國人和英國人可能也會認同塞爾維亞人的另一個觀點：他們想要維護聯盟。當斯洛維尼亞、克羅埃西亞、波士尼亞和馬其頓都迫不及待想退出，塞爾維亞則希望南斯拉夫能維持統一。北愛爾蘭至今仍帶給英國相同的挑戰，美國在一百五十年前也遇過類似的難題；正如美國北方各州為了維護聯邦的完整，不惜與南方邦聯對戰，塞爾維亞也情願與支持分離的各國戰鬥，以維繫南斯拉夫的存在。這個想法難道有錯嗎？

簡言之，塞爾維亞的公關部門極端無能，不懂得如何向外界傳達這個訊息：他們希望維護聯盟，但如果必須分裂，他們整體而言希望以民族自決原則重劃國界。這些都是崇高的理想，多數國家理應能夠認同，所以他們為何沒有贏得西方人的支持？更離譜的是：我們為何會把塞爾維亞人刻劃成惡魔？幹嘛轟炸他們？塞爾維亞前總統米洛塞維奇就講過一句話：「我們跟美國沒有糾紛，我們都知道北約是全球最強的軍事機器，我們只求他們別再那麼愛管閒事，顧好自己的家務。」

為了了解更多，我跟好友弗拉迪米爾相約見面。他的戰地經驗相當另類。一九九九年，北約對貝爾格勒展開為期七十八天的轟炸行動，那年他十八歲。我以為弗拉迪會蜷縮在防空洞裡不斷禱告，然而他卻悠哉地躺在公寓屋頂的座椅上，與親友共飲啤酒，觀賞煙火秀，就像美國人在家觀看巴格達的「震撼與威懾」，差別是弗拉迪並沒有在看電視，那些炸彈是掉在他家附近。他不害怕，因為他相信北約的雷射導彈只會鎖定軍事目標，不會波及平民的公寓。這跟二戰時期的地毯式轟炸相比簡直是天壤之別。

雖然現代世界的戰術相對下較「乾淨」又「人道」，但它並不完美，總計有五百至一千兩百名平民死於北約攻擊行動。儘管如此，若考量對方派出的一千台戰鬥機丟下的數千枚炸彈，即使是一千兩百這個數字（那是南斯拉夫人估計的）也顯得非常少。塞爾維亞和克羅埃西亞光是在武科瓦爾打的一場仗，就死了差不多相同人數，假設今天塞爾維亞在美國丟下數千枚精準飛彈，那肯定也會造成平民傷亡，無論他們多麼小心。北約給的理由是：這種針對特定目標的轟炸有助於遏止科索沃的武力衝突，以免釀成另一場波士尼亞戰爭（大約十五萬人死於那場大戰）。在一個沒有平行宇宙的世界，我們永遠無從得知他們的轟炸行動是否真的拯救了更多性命。

南斯拉夫內戰在一九九一年爆發時，弗拉迪只有八歲。我請他描述當時的感覺，他說：「我一開始並不知道有戰爭，然後他們就開始給人灌輸戰爭思維，教你去恨克羅埃西亞人——凡是克羅埃西亞人都是壞蛋。然而當你長大，在度假時認識了一些克羅埃西亞人，與他們交談，才發現他們並不是惡魔。我發覺過去別人告訴我的多數事情都只是刻板成見和媒體操縱的產物。」

塞爾維亞人如何對待少數族裔？

好學不倦的我在五年後回到塞爾維亞，這回我搭上全東歐最便宜的火車，從匈牙利的塞格德行駛到塞爾維亞的蘇保迪卡。其實稱之為「火車」是有點太客氣了，它比較像一台在鐵軌上行走的巴士，只有一個人在操作這台單車廂的火車，前進速度是如此之慢，彷彿烏龜都可以超越我們。不過這一個小時的旅程還是涵蓋了六十公里的距離，而且票價只要兩塊錢。

蘇保迪卡的市政廳建於一九一〇年，外觀相當精美，與此城市相比似乎過度雄偉，新藝術風格的建築自它周圍綻放。我的沙發衝浪主諾伯特・沙比奇（Norbert Šabić）是一位在這裡長大的匈牙利人。當我和諾伯特在一間披薩店用餐，有個女人突然對我尖叫：「法蘭西斯！」我轉過身，不敢相信自己的眼睛：那是海倫娜，我在五年前第一次進入塞爾維亞時結識的同車乘客！我們當時只聊了一個小時，卻還記得彼此。人在旅行時偶爾就會發生這種巧妙的際遇。他們後來又邀了幾位朋友加入，於是我就花了兩天時間跟這些人密切互動。他們都是匈牙利人，所以我很好奇他們在塞爾維亞生活的情況。

各位或許還記得我在匈牙利那個章節曾經提到一位名叫米克斯的匈牙利人，他告訴我：「即使在現代，前南斯拉夫地區仍然是匈牙利人被毆打得最嚴重的地方，連警察都是幫凶，匈牙利人常在警察局被海扁，而且不會留下紀錄。最近有個匈牙利人慘遭一群塞爾維亞人圍毆，沒什麼特別原因，只因為講了匈牙利語。他們如果找警察過來，就會被揍第二次！這絕不是獨立事件，這是常態。」

這回跟我交談的匈牙利人都說那是錯誤資訊，諾伯特說：「通常匈牙利人反而具有優勢，因為他們至少會講兩種語言，所以在勞工市場較吃香。現在塞爾維亞也有一條法律會保障所有少數族裔的自治權，讓他們自主管理文化、教育和媒體權。雖然我也是這個少數族群的一分子，但我討厭那些只會抱怨生活有多困難、卻又不會自我調適的匈牙利人。」

一年後，我在現場觀賞塞爾維亞的電視節目《宇宙》（*Kosmos*），那晚的特別來賓是一位名叫蓋柏・麥坎科（Gabor Macanko）的匈牙利人，他是在塞爾維亞出生並長大。中場休息時，旁邊的塞爾維亞人告訴我說他講話有腔調，但大家都不介意。表演結束之後，蓋柏與我共進晚餐，他也向我保證，現在幾乎所有塞爾維亞人都能接受並歡迎匈牙利人。

例如根據二〇一九年的一項蓋洛普民調，塞爾維亞人有七成認為他們的所屬地區適合少數族群居住，這個比例遠高過克羅埃西亞（百分之三十六）、波士尼亞或北馬其頓（百分之五十四）。蓋洛普的多元化指數能評量一個社區對不同種族、民族和文化群體的接受能力，它顯示東歐和西歐之間有一道明顯的隔閡：除了義大利以外，所有西歐國家的分數都在五十三分以上（總分為一百分），而東歐除了芬蘭和塞爾維亞以外全都在五十三分以下。因此根據這些結果，在東歐各國之中，塞爾維亞人對外來族群的接受度是最高的（假設你不把芬蘭人歸類為東歐人）。

假如今天有個外星人分析這些數據，他可能會歸納出以下三點結論的其中之一：(1)南斯拉夫內戰應該是那些思想封閉的克羅埃西亞人、波士尼亞人和阿爾巴尼亞人引起的，因為他們不歡迎塞爾維亞人加入自己的群體；(2)或許其他人也跟塞爾維亞一樣歡迎外來族群，但當蓋洛普進行問卷調查時，他們的信任感已經腐蝕了（問題是在塞爾維亞就沒有腐蝕得那麼嚴重？）；(3)既然這項指數是依據各個群體的回應來評分，或許塞爾維亞人只是自我感覺良好，其他人則比較會自我批判。究竟何者才是正確的答案？

正如巴爾幹地區的多數事情，這種事不會有明確的答案。首先，只有笨蛋才會把整個分析論據建構在單一指數之上，即使這個指數綜合了多項收錄數千名採訪者的調查；第二，雖然它顯示塞爾維亞人和其他人之間具有統計學上的差異，實質差異卻不是那麼大；第三，這些問卷的對象只包括塞爾維亞境內的本土居民，不包括住在其他國家的塞爾維亞族裔。換言之，凡是住在克羅埃西亞、波士尼亞和科索沃的塞族都會被歸類於那些國家，所以如果科索沃的塞族人思想特別封閉，他們會拖垮的是科索沃的分數，不是塞爾維亞的。

隨便你要如何解讀，但這些結果起碼應該讓人質疑西方媒體對塞爾維亞人貼上的邪惡標籤。大家都應重新審視那些刻板印象的真確性，或許克羅埃西亞人、波士尼亞人和科索沃人並不像多數政治分析家所說的那麼無辜，他們也應當為戰爭負起同等罪責。

諾維薩德的瑪利亞和荻安娜

在聽過諾維薩德曾被美軍炸掉三座橋的故事後，我在這個城市待了好幾個星期。戰火平息後，城市舉辦了出口音樂節（EXIT），協助居民「走出」那段陰霾籠罩的時期，音樂節的場地位於彼得羅瓦拉丁（Petrovaradin）堡壘的圓形劇場。現在它是東歐每年最盛大的音樂活動。

我的沙發衝浪主是幽默風趣的金髮翻譯員瑪利亞・科格維奇（Marija Krgović），她的室友則是悠閒隨和的荻安娜・帕夫洛維奇（Dijana Pavlović）。我問她們生活是否很艱困，瑪利亞說：「塞爾維亞人喜歡抱怨日子過得多苦，但看看我們，現在是週四下午兩點，我們卻在休息。我應該翻譯這些文件，但這些都可以等。荻安娜已經請了一個星期的『病假』。我們每天都吃飽喝足，這間公寓雖不花稍，但沒什麼缺失。以一般城市居民的標準來看，這樣的生活水平已經很合理，德國人和美國人當然過得更好，但他們也比我們更努力工作。」

這使我想起蘇保迪卡的瑪麗安娜・普利莫拉（Mariana Primorac）說的話：「塞爾維亞人總是有辦法放鬆心情享受人生，在逆境中自我解嘲。」

當我問荻安娜對戰爭的印象時，她回答：「我出生在克羅埃西亞，但我一直到戰爭爆發才知道自己是塞爾維亞人。突然之間，人們開始針對你是塞爾維亞人或克羅埃西亞人大作文章，我當時年紀太小，還不了解這些。」

「可是北約在一九九九年轟炸這裡時，你已經是青少年，那是什麼感覺？」

荻安娜大笑，「我們每天都喝醉酒！沒有人在工作，大家只是喝酒！我們每天穿著畫了紅色大標記的T恤坐在橋上，擺明就是在叫他們『轟炸我！』現在回想起來確實滿蠢的，但我們當時只是孩子，人們甚至在橋上露營。」

我問：「所以當北約炸毀多瑙河上的那三座橋時，有很多人喪命嗎？」

「沒有，大家在那邊連續待了很多個星期，但有一天半夜，塞爾維亞的警察命令所有示威者撤離。數小時後，橋就被炸毀了。我想北約應該有事先告知他們那晚要炸那幾座橋，而且要先確定上面沒有人。」

瑪利亞開始大笑，「我家的長輩實在很好笑，他們每到晚上就說『趕快關燈！你會暴露我們的位置！』我們都笑得東倒西歪，『老媽，這不是二次大戰啦！外面沒有部隊會對我們開槍，只有飛機。整個城市的路燈都是亮的，你在這間公寓裡關掉一個燈泡並不會讓城市隱形！』」

塞爾維亞式的黑色幽默固然有趣，但一九九〇年代確實很艱苦。經濟縮水了一半，通膨是如此嚴重，紙幣一文不值，甚至可以拿來擦屁股。我曾經在火車上跟一位當地人閒聊，他當年一領到父親的養老金就跑去市場把它花光，買了二十五顆雞蛋，因為如果拖到隔天早上再去，他用同一筆錢就只能買一顆蛋。物價平均每隔一點四天就上漲兩倍，這是史上第三糟的惡性通膨。幣值是如此低落，政府為了節省墨水，連紙鈔都只印一面。你只需一張五百億的第納爾（dinar）鈔票就能成為億萬富翁，然而它才出來一星期，政府就又推出五千億的第納爾鈔票，你只需兩張就能成為兆級富翁，問題是你並不會有這種感覺。

行將就木的文字

既然瑪利亞是語言專家，我就問她西里爾字母在塞爾維亞的現況。她說：「直到一九五〇年，塞爾維亞人仍然只限用西里爾字母，自從一九七〇年開始就有愈來愈多人使用拉丁字母，在二〇〇〇年之後，年輕人普遍都偏好使用拉丁字母，因為它象徵現代化和『歐洲』。另一方面，西里爾在塞爾維亞南部還是較受歡迎，在北部和佛伊弗迪納則相反。」

我在從諾維薩德前往貝爾格勒的途中結識了二十一歲的南部人安娜・西尼克（Ana Sinik），當我請她把一些值得參觀的南部景點寫下來，她就習慣性地開始寫西里爾字母，由於我們是用英語交談，我基於好奇就問她原因。她說：「直覺反射，那是塞爾維亞人從小接觸的第一套字母，你到七歲或八歲才會學拉丁字母。」

我說：「這麼說來，拉丁字母在塞爾維亞會那麼普及也是滿令人驚訝的。當你的朋友在你的臉書留言或寫信給你時，有多少比例會用西里爾字母？」

她望著窗外飛馳的平坦鄉野，沉思片刻後回答：「不到百分之十五，我有一百七十個臉書朋友，但只有五個習慣用西里爾字母。」

現在宣判西里爾字母的死亡還嫌太早，但它確實病得不輕。除了鄉鎮地區之外，只有政府、教會和道路標誌還會使用西里爾字母，話說回來，或許它光是這樣就足以維生，儘管歐盟的影響已日益茁壯。由於西里爾有足夠的死忠支持者，例如東正教會，因此它至今仍未撤除維生設備。

東正教會在塞爾維亞固然有其歷史地位，但它的影響力其實被高估了，斯洛維尼亞人柏楊・霍奇瓦（Bojan Hočevar）的這句話就反映了人們普遍的錯誤認知：「南斯拉夫是因為宗教歧異而分裂。」有些人相信宗教是這個國家分裂的最大原因，這麼說有對也有錯：信仰確實是背後一大因素，但影響力最大的並不是基督教，也不是伊斯蘭教。

巴爾幹人的真正信仰

前南斯拉夫的每個人都永遠是受害者，沒有人是壓迫者。巴爾幹人堅信自己遇到的任何不幸都是別人的錯，不是自己的問題，自己的國人絕對是零缺點的，不必付任何責任。雖然有些人是明知情卻刻意散播這些謊言，但多數人都是一廂情願讓自己被「受害主義」（Victimism）的教條蒙騙，即使他們通常都能客觀又平衡地分析世界其他地方的衝突，當話題轉移到他們自己的世界時，這些人就會突然失去所有思考能力。灰色就會變成黑色或白色。

此地區有個跟受害主義息息相關的現象，就是巴爾幹人很愛以弱勢者自居。例如斯洛維尼亞人是其他共和國的廉價奴隸；克羅埃西亞人面對塞爾維亞人總是屈居下風，還被強迫接受對方的語言；波士尼亞人是飽受虐待的伊斯蘭教徒；塞爾維亞人則長期處於克羅埃西亞人和斯洛維尼亞人的巨大陰影下，因為他們控制了所有財富和資源。簡言之，大家都是受害者，讓我們再看些實際例子。

一九八六年，塞爾維亞的藝文理科學院正在撰寫一份文件，它後來被稱為「備忘錄」。當時尚未完成就有部分內容外流，因而掀起了一陣風波。既然不是完成品，這本來就不值得太認真看待，但為了了解大家到底在吵什麼，我還是把它找來讀。有人說這份備忘錄是個政治計畫；其實不然，它只是在號召人民拿出參政計畫。有人說它煽動了民族主義的氣焰；事實並非如此，它是在警示民族主義的危險，提醒大眾這是個正在上漲的趨勢。還有人說它主張擴大塞爾維亞的版圖；這也不正確，起碼它並沒有直接這麼說。既然以上都不屬實，那它到底是什麼？

它大略可以簡化成幾句話：「哇哇哇，嗚呼哀哉，我是受害者，都是他們的錯，我沒有做錯任何事，我才是被政治迫害的人，嗚嗚嗚，我是聖人，不應被如此虐待，我們數世紀以來都是受害者，全世界都在跟我們作對，嗚呼哀哉，哭哭……」如果你問其他前南斯拉夫人，歌詞就會有些變化，但他們唱的都是同樣的旋律。他們似乎在比賽誰的小提琴最大聲。

讓我們聽聽備忘錄的旋律，受害主義的信徒至今仍在唱誦這些台詞：「塞爾維亞的文化成就曾遭到孤立、篡奪、詆毀、冷落以致衰敗，我們的語言受到壓抑，西里爾字母也持續消失……沒有任何南斯拉夫國家在文化整合和靈性操守等方面比塞爾維亞遭受更殘酷的踐踏，沒有任何國家的文學和藝術遺產比塞爾維亞遭到更巨大的掠奪與蹂躪……相較於其他南斯拉夫民族，塞爾維亞文化中有更多文人與知識分子遭到封筆或抹黑，更糟的是，其中許多人的著作已被完全遺忘。另外，塞爾維亞還要承受各種苦難煎熬，為他們的民族靈魂留下難以抹滅的傷疤……」

塞裔美國人安德烈（Andre）在他的討拍派對上告訴我：「從歷史來看，塞爾維亞人曾被伊斯蘭教徒奴隸了六百年，差點被兩次世界大戰全體殲滅。很顯然的，他們是獵物，而不是獵人。包括最近的這場戰爭，塞爾維亞人也明顯付出最慘重的代價。」

雖然塞爾維亞已是南斯拉夫最大的共和國，備忘錄卻戲劇化地宣稱：「在新的南斯拉夫下面待了四十年後，只有塞爾維亞人還無法擁有他們自屬的國家。實在無法想像一個民族在和平時期還能忍受更難堪的挫敗。」它再次複誦這道誇大的口頭禪：「然而最不幸的事實是，塞爾維亞人沒有自己的國家，而其他民族都有。」什麼？這些人沒看過南斯拉夫的地圖嗎？

它最後說：「無可否認，塞爾維亞社會主義共和國的憲法第一條確實有宣示這是一個國家，但我們必須問的是，世界上有哪一種國家對自己的領土沒有管轄權，無法隨時在其內部地區建立法律與秩序，或是確保其公民的個人與財產自由，或阻止科索沃的種族屠殺事件，並防止塞爾維亞人從他們的祖傳家鄉集體遷離。」結論就是：我們有個國家，但它有名無實，拜託可憐我們一下。

西方政界的分析師責怪一九八六年版的備忘錄開啟了民族主義。那是錯的，備忘錄只是把塞爾維亞的民間耳語發揚光大而已，早在它問世之前，民族主義就已在南斯拉夫的每一間咖啡廳和酒吧裡醞釀。標榜受害主義的「克羅埃西亞之春」即是在備忘錄的十五年前發生。一九六八年，狄托聲勢如日中天，距離備忘錄的出現還有十八年，一本出版於斯洛維尼亞的小書冊就如此寫：「就經濟而言，南斯拉夫對於斯洛維尼亞人顯然是個資金持續流失的無底洞，也阻礙了經濟的正常發展……南斯拉夫不允許我們（斯洛維尼亞人）獨自經營手上的資源，若不是他們拖慢了我們的經濟發展，斯洛維尼亞人的生活水平絕對不僅於此；若不是大部分的資源被強制隔離，我們如此努力工作，早就該達到應有的經濟水準……斯洛維尼亞人很難認同南斯拉夫的整合式經濟，甚至覺得它是經濟上的慘敗。」由此可見，塞爾維亞人顯然不是「受害主義教會」的開創者。

巴爾幹人的國民運動

巴爾幹人就像在操場上鬥嘴的小孩，每個人都爭相發明一個最誇張的故事來激起觀眾的最大反應，每個人都會試圖說服你相信他是最大的受害者，博取你的同情。比方說，巴爾幹各國的史學家會爭先恐後地宣稱自己的國家在某場戰爭中死最多人，這種自以為高人一等的風氣感覺好像在競標：「我聽到有人說他們死了十萬人！有人要標二十萬嗎？二十萬！那位戴著克羅埃西亞帽子的仁兄剛標到五十萬！可是那個正在吃薄餅的傢伙說七十萬！那位揮著塞爾維亞國旗的紳士說一百萬！我是不是還聽到兩百萬？這邊還有人說他們死了六千萬人！」

直到有一天，幾位立場客觀的俄羅斯和西方史學家拜訪了南斯拉夫，不約而同驚呼：「你們瘋了嗎？這些誇張的數字沒有任何根據啊。」例如巴爾幹的「史學家」宣稱他們在二戰的死亡人數是一百七十萬，但他們刻意忽略了戰後移居國外的六十六萬人，添加了假設會多出的三十三萬名新生兒（這些並不是實際被墮胎的死嬰，他們只是假設那些人若沒有死於戰爭就能生出三十三萬個小孩，直接把它加進「死亡人數」）。約瑟·托馬賽維奇曾在《南斯拉夫的戰爭與革命》中詳述南斯拉夫各方是如何誇大自己在二戰的損失，他們的用意是獲取更多戰後賠償，博取外界的憐憫與尊重，並讓自己有充分理由對其他族群採取「報復」。托馬斯維奇稱之為「受害者症候群」。[1]

這種現象如今依然持續進行，例如安德烈就曾告訴我說塞爾維亞在一戰期間喪失了一半的總人口。事實是：塞爾維亞王國有百分之十六的人死於一次大戰，在所有參戰國家中名列第一（土耳其以百分之十三點七居次），然而當你是在角逐誇飾奧運會冠軍時，這顯然還不夠好。

亞歷山大·史維托薩維奇（Aleksandar Svetozarević）是一位塞爾維亞年輕人，他曾寄宿於我的克羅埃西亞海岸度假屋。他對此做了一個準確的估算，但同時又加上一點誇飾：他說一戰殺掉了三成的塞爾維亞男性。這點沒錯，但多數死於戰爭的人本來就是男性，套用在任何國家都會使死亡率加倍。這很聰明地提升了同情因素，也暗示某些邪惡勢力正在進行種族滅絕，專門鎖定有生殖能力的塞爾維亞男性，並竊取他們的婦孺。這一切都是全世界聯手拖垮塞爾維亞的大陰謀。

說到種族滅絕，備忘錄譴責了一九八六年之前發生在科索沃的「種族屠殺」。是的，從一九四六到一九八六年之間，阿爾巴尼亞人確實在科索沃殺過幾名塞爾維亞人，然而稱之為種族屠殺還是言過其實，這就像美國人把一七七〇年的國王街事件稱為「波士頓大屠殺」一樣誇張（當時英國士兵槍殺了五名美國平民）。縱使是九一一事件也不能算種族屠殺，嚴格說來那是大規模濫殺，但並非針對種族；相同的，當德軍轟炸倫敦的平民時，那也是戰爭，不是種族屠殺，然而美國人對一些原住民部落所做的行為確實是種族屠殺。

如果我們把每個濫殺事件都稱為種族滅絕，那就淡化了這個詞的涵義。種族滅絕是個情緒化且具有誘導性的字眼，有些人只為了引起注意而使用它。話說回來，我也反對一些偏激的猶太人認為這個字只能用在納粹大屠殺，每當別人使用它時就大聲抗議。我們會在科索沃的章節討論那裡何時發生過種族屠殺事件，但至少目前可以很明確的說，科索沃在一九四六至一九八六年之間並沒有發生那種事，那只是巴爾幹誇飾法的另一個例子。

此外還有一位波士尼亞人曾如此向我形容南斯拉夫內戰：他的朋友有三分之一留下，三

1 Jozo Tomasevich, *War and Revolution in Yugoslavia, 1941-1945* (Stanford University Press, 2001), p. 743.

分之一離開，三分之一死亡。這跟烏斯塔沙領袖米勒・布達克（Mile Budak）說過的話有異曲同工之妙，他曾經提議如此消滅克羅埃西亞境內的塞爾維亞人：「殺掉三分之一，驅逐三分之一，同化剩餘的三分之一。」納粹外交官赫爾曼・紐巴赫（Hermann Neubacher）在二戰期間也這樣說：「三分之一的人必須皈依天主教，三分之一必須離開這個國家，三分之一必須死！」這種誇大的說詞只有戲劇女王才講得出口，事實是「只有」百分之四的波士尼亞人死於南斯拉夫內戰，那確實很不幸，但沒有白俄羅斯那麼悲慘（他們真的有三分之一死於二次大戰）。

克羅埃西亞人和波士尼亞人曾宣稱塞爾維亞人強姦過十萬名婦女——又是一個誇大不實的謊言。這種歇斯底里的自我膨脹挾帶的危機就是，當聯合國終於公布一個較為客觀的估計數字時，大家反而會避重就輕：「喔，只有一萬兩千名婦女被強姦？」[2]連美國也玩過誇飾遊戲，柯林頓政府曾宣稱塞爾維亞境內有十萬名阿爾巴尼亞族裔「無故失蹤」，並以此為藉口轟炸塞爾維亞，後來他們又修正說詞，說「只有」大約兩千名阿爾巴尼亞人確定死亡。隨之而來的「喔，就這樣？」的大眾反應製造了另一個自憐循環，巴爾幹人開始哭訴：「現在大家都無視我們的苦痛，沒有人關心我們的困境。」

受害主義的形成動機有三。第一，有些人喜歡以哀兵自居，因為如果他們贏了，勝利就會顯得格外甜蜜；第二，這樣較容易引起他人同情；第三，藉此可將自己未來的任何自私

（甚至邪惡）行為合理化。如果你能說服自己相信塞爾維亞人自古以來都在迫害你的人民，你自然就會覺得有理由迫害塞爾維亞人。當然，世界各地人種（包括美國人）都會玩「我是最大的受害者」的把戲，不過這種現象在巴爾幹地區總是特別鮮明，甚至令人厭煩。

話說回來，或許我們應當感謝巴爾幹人的共同信仰是受害主義，而非極端相反的勝利主義（Victorism）。這些人不會自憐自艾，反而整天沉浸於勝利的狂喜。如果你遵循勝利主義的教條，就會對自己國家的歷史和文化有不切實際的誇大妄想，你永遠都是最棒的，你永遠都是勝利者，沒有人贏得過你。拜託，這聽起來好像法國人。若要兩害相權取其輕，或許聽受害者無病呻吟還是比聽吹牛者自命不凡來得好。顯然最理想的境界就是各國都能務實而平衡地看待自己，但我們實在很難在照鏡子時做到這點。

備忘錄的正確之處

雖然備忘錄浪費太多時間宣傳受害主義的福音，它在講道之餘還是提出了一些很好的觀點。比方說，在閱讀備忘錄之前，我曾相信狄托在一九四七年將權力下放是正確的選擇，因

2 M. Cherif Bassiouni, "Sexual Violence: An Invisible Weapon of War in the Former Yugoslavia." *Occasional Papers* no. 1 (International Human Rights Law Institute, De Paul University College of Law, 1996), pp.10, 11, 44.

為各個共和國不斷要求擴大自治權，而共產政府中央集權化的指揮機制既官僚又無效率。備忘錄提出一個很有智慧的對立觀點：地方分權反而會製造多餘的繁文縟節，加深共和國之間的嫌隙，導致原本的「手足情誼」變調而成為「兄弟鬩牆」的局面。

當克羅埃西亞和斯洛維尼亞在一九九〇年提議將南斯拉夫改組為邦聯，塞爾維亞的回應是：「什麼？首先，我們早就已經是個邦聯了，一九四七年的憲法立意就是在此，還記得嗎？它已經把一切政權都下放至地方了，況且我們一直都在爭辯這件事，現今政局會如此混亂就是地方分權惹的禍，所以我們真正需要的是中央集權！」然而考慮到一九七〇年代早期的民眾聲浪，狄托不可能永遠忽視他們，否則南斯拉夫可能在一九八一年就分裂了，而不是一九九一年。

這些中央集權與地方分權之間的辯論和族群議題都模糊了問題的真正焦點：共產主義。備忘錄正確地辨識了這個腐朽的制度：「當年地下共產運動的盛行對政治文化留下深遠影響，例如各種陰謀手段、內部階層、只有少數個體能參與決策、強迫大眾思想一致、不容許下屬對其指派任務有任何質疑，以及對任何反對或批評當前政治路線的人士貼上『搞分化』或『全民公敵』的殘酷標籤。」

除此之外，備忘錄也揭發共產制度是如何敗壞了民眾的職業道德：「這個社會完全沒有盡忠職守的價值觀……上頭發放的薪資通常不是根據工作表現，而是取決於高價低報的逃稅技巧。挖東牆補西牆、拿員工薪水填補企業虧損已是系統化的慣常行為，這只會扼殺雙方積極進取的動機。」

世界上有許多擁有多重語言和族群的國家（例如比利時、西班牙和加拿大），如果他們的經濟跟共產制度一樣失調，他們肯定也會四分五裂。南斯拉夫的致命錯誤就是被一些小家子氣的爭議轉移焦點，忽視了他們的頭號問題：共產主義。其實南斯拉夫真正統一的時期只介於一九五三到一九六五年之間，為什麼？因為當時狄托腳跨兩條船，所以西方和東方的資金都大量湧入。錢可以使人封口，人只要有錢就不太會抱怨，左鄰右舍也不會整天看不對眼；或許那些討厭鬼還是住在隔壁，但我現在已心寬體胖，何必跟他一般見識？這就是為何比利時、西班牙和加拿大能維持統一，而南斯拉夫卻不能。

另一篇備忘錄

一九八六年版的備忘錄固然有助於了解塞爾維亞的知識分子在幾杯啤酒下肚後吐出的心聲，然而這畢竟只是一份草稿，不應太過認真看待。其實一九九五年又有一份知名度較低的備忘錄，這回塞爾維亞的藝文理科學院確實有將它完成並署名。這份九十二頁的文件標題是「回覆對備忘錄的批評」，針對過去十年的輿論和迷思進行辯駁。雖然聽鄉民胡言亂語很有趣，但這些學術菁英說的話可能更有幫助。

他們重述了原版備忘錄的一些論點：「一九九一年，有百分之二十五的塞爾維亞人住在其他共和國內，百分之十六住在佛伊弗迪納和科索沃，這些人的處境通常都很艱困，尤其是在科索沃。」[3]這其實會誤導人，只有百分之二點三的塞爾維亞人住在科索沃，那個百分之六的大部分都是在佛伊弗迪納，而且那邊的生活一點都不艱困。相反的，那可能是最適合塞爾維亞人居住的地方。

況且假設南斯拉夫今日仍存在，塞爾維亞人還是會有百分之二十七住在外地（假設科索沃不屬於塞爾維亞），所以儘管發生過那些種族清洗，這個比例還是幾乎沒變。如果把全世界算進去，其實有四成的塞爾維亞人已經移居海外。藝文理科學院犯了一個基本的錯誤，那就是認定每個文化族群都只能住在單一國家內，你如果相信這點，那就拿這些數據來大做文章吧：百分之十六的克羅埃西亞人也是住在前南斯拉夫的其他區域，而且如果考慮整個地球，他們有一半住在國外，比塞爾維亞還「糟」。學院自己模糊了焦點，其實他們有另一個更好的論點：塞爾維亞人無論住在哪裡，都應享有基本人權。

學院抱怨說所有的工廠和投資都集中在斯洛維尼亞和克羅埃西亞。這個論述乍看之下很薄弱，如果今天你要在美國設置一座製造廠，你大概也會選擇把它設在美國的主要生產帶上，也就是中西區；那邊有充裕的專業經驗，可以輕易找到訓練有素的勞工。若把工廠設置在密西西比州（向來都不是以製造業取勝的州），那顯然是在浪費資源。話說回來，共產主義本來就不在乎資源分配啊！它永遠都把平等放在效率之前，所以如果其中一個共和國的人均工廠數遠比其他地區多（例如斯洛維尼亞），共產政府就應該平均分配財富，在未開發地區（例如科索沃）多設立新工廠，即使那些工廠在斯洛維尼亞可以發揮五倍的效能。

學院也指出「塞爾維亞的經濟發展受限，反觀斯洛維尼亞和克羅埃西亞獨占政經優勢，因而享受到經濟加速成長。」[3] 其實那兩個國家能表現較好的原因很單純，誠如他們的經濟為何總是優於巴爾幹南方各國——他們比較努力工作。當我花了十八個月走遍前南斯拉夫，這點就顯而易見：愈往南走，人們就愈慵懶。斯洛維尼亞人是神經緊繃的工作狂，馬其頓人是悠哉的慢郎中，中間則是過渡區；因此塞爾維亞的北部人普遍都比南部人勤勞，蒙特內哥羅人也比克羅埃西亞人懶惰。簡單說，南部人比較有趣，但如果你想把事情做好，就交給北部人去做。

就算狄托真的在暗中給了斯洛維尼亞和克羅埃西亞任何不公平的優勢，塞爾維亞和其他南方國家現在也早該追上他們了。如果一個經濟的落後跟這個社會的懶散工作態度、貪汙腐敗或雜亂無章毫無關聯，我們理應更早就能看到各國達到經濟平衡，但這當然是不可能的，

3 Kosta Mihailovic, Vasilije Krestic, *"Answers to Criticsms,"* *Memorandum* (Belgrade: Serbian Academy of Science and Arts, 1995), p.68.

而且他們只會有更多藉口：「歐盟不讓我們加入，戰爭對我們留下太多傷害，我們的性感女人也使男人分心。」雖然這些都是不錯的藉口，但即使過了三十年後，他們仍會繼續舊調重彈。塞爾維亞的人均輸出量可能永遠都不會追上斯洛維尼亞，因為他們不是德國人。斯洛維尼亞人也不是德國人，但他們是個稱職的替代品。話說回來，你寧願跟誰進行社交？我絕對會選擇塞爾維亞人。

最後，西方媒體宣稱塞爾維亞長年「獨霸」南斯拉夫，這點也具爭議性。就某方面而言是正確：塞爾維亞人占全國總人口百分之四十一，但多數政府崗位都由他們包辦，包括大約七成五的軍警職位[4]，南斯拉夫國民軍的統帥也是塞爾維亞人。學院宣稱這是因為克羅埃西亞人和斯洛維尼亞人的經濟狀況較好，不需貶低自己去接受聯邦政府的爛工作。這或許有些道理，但另一個更好的解釋是地理位置：南斯拉夫的首都就在塞爾維亞中央，所以多數的聯邦政府工作當然也在那裡。話說回來，南斯拉夫史上權勢最高的兩位政治領袖——狄托和愛德華・卡達爾（Edvard Kardelj）都不是塞爾維亞人，他們可能也造就了這句致命的名言：「一個弱化的塞爾維亞可以確保一個強盛的南斯拉夫。」雖然我不相信狄托有任何反塞爾維亞的政治立場，但他肯定也沒有挺塞爾維亞。一個明確的結論是塞爾維亞人並沒有以懸殊比例獨自統治南斯拉夫。

拜訪真正的塞爾維亞

就像美國人喜歡把美國中部稱為「真正的美國」，塞爾維亞人對他們的南部也如此稱呼。多數的觀光和貿易活動都集中在佛伊弗迪納和貝爾格勒，然而塞爾維亞的核心地區其實是在貝爾格勒以南。我偕同二十八歲的德國人賈絲明（Jasmin）拜訪此地，她是歐盟的會計代表，要去塞爾維亞的南部大城尼什（Niš）參加商務會議，由於公司會提供專車接送，她就邀請我搭順風車。我們利用開會之前的週末參觀了位於尼什北方約四十分鐘車程的索科溫泉村（Sokobanja）。跟一位陌生人結伴旅行總是有點冒險，畢竟你無法預知對方的個性跟自己是否相合。賈絲明是個非常典型的德國人，但我跟她相處得還不錯。

我們跟二十五歲的當地人吉卡・狄尼茲（Žika Dinic）共度了那個週末，他的殷勤真是近乎狂熱。雖然待客之道是全人類都了解的基本禮儀，但它在世界某些地方會提升到史詩等級，南塞爾維亞就是那些地方之一。只要能取悅客人，吉卡願意赴湯蹈火，甚至試圖移動月亮。最難能可貴的是他招待的是一對德國人和美國人，雖然我們的政府都曾經轟炸他的國家，他非但沒有任何偏見，反而為我們鋪下紅毯。

當我們抵達他的三層住宅，他就帶領我們到房間，並邀請我們參觀整個小鎮和周邊區

4 John R. Lampe, *Yugoslavia as History: Twice there was a country* (Cambridge University Press, 1997), p.337.

域。索科溫泉村是個純樸但熱門的小鎮，它的主要景點是六個溫泉，尤其是主公園中的土耳其浴場，旁邊的公用吸入器號稱「含有大量天然氡氣，已被證實對人體有正面療效。」多數美國人會花錢把氡氣趕出房屋，然而有些塞爾維亞人卻願意花錢把它吸入體內！他們相信氡氣可以治療肺部疾病，例如肺氣腫。有些人也相信不同的溫泉浴可以治療或緩解糖尿病、腸胃不適症狀和一些「較輕微的帕金森氏症」。

我們在遊客中心停下，吉卡堅持要為賈絲明和我各買一本當地的旅遊指引。沿著摩拉維察河（Moravica）走一段路後，我們參觀了索科城堡（Sokograd），這座中古世紀的堡壘已成廢墟，原本這裡還有一座古羅馬要塞。吉卡接著又帶領我們到雷帕里卡（Ripaljka）瀑布，它是塞爾維亞最高的瀑布之一（四十公尺）。最後回到家時，吉卡的母親斯奈札娜（Snežana）已經為我們準備了一席盛宴。

由於巴爾幹各國面積相對都算小，文化交流又很頻繁，因此很難界定哪道餐食是源自哪個國家。塞爾維亞名作家莫莫．卡普爾（Momo Kapor）曾寫道：「他們所謂的塞爾維亞食物都是來自其他國家。」不過一般來說，塞爾維亞最具代表性的餐點就是切巴契契肉腸，其他人氣美食還包括ražnjići（烤豬肉串或小牛肉串）和pljeskavica（辣味漢堡），任何正宗美國人都會喜愛這些。

塞爾維亞餐食比北歐食物美味的原因有二。第一，他們使用許多新鮮蔬菜，素食者可以選擇zeljanica（菠菜酥餅），pasulj prebranac（辣燉豆）或吉巴尼察起司派（gibanica）。第二，塞爾維亞人不像北歐人，他們知道什麼是香料，而且不會吝惜使用它。

我最喜歡的塞爾維亞調味品是紅椒醬（ajvar），它伴有大蒜、茄子和辣椒，可調為不同的濃度，放在麵包、沙拉或任何需要提味的餐食上。雖然你可以在商店裡買到它，但多數巴爾幹人都會自己在家裡製作。他們每年秋天收成紅椒後，將它們烘乾、剝皮、磨成泥，再合併香料放入大鍋煮幾個小時，最後把橙色的糊狀物存放在玻璃瓶內，即可保存超過冬天。如今這項塞爾維亞的習俗在整個巴爾幹地區依然盛行。

斯奈札娜首先以一鍋豐盛的大麥扁豆湯（čorba od ječma i sočiva）開啟這頓晚宴，接著端出đuveč（烤豬肉搭配辣椒、番茄和米）和srpska salata（塞爾維亞沙拉，包含洋蔥、番茄、青椒，拌上香油和醋）。我已經好幾個月沒品嘗到如此美味的烹飪。既然她老公不在家，我就不避諱地問她（透過吉卡翻譯）塞爾維亞婦女的實際生活狀況。

塞爾維亞女性的角色

斯奈札娜以透澈的藍眼凝視著我，誠懇地說：「塞爾維亞婦女都會下廚和做家事，但那是因為我們愛自己的家人和孩子。沒有人強迫我們，我們這麼做都是出自於愛，完全是自願。」

我問：「可是同樣的道理能套用在新一代嗎？例如你的女兒也會這樣嗎？」

她大笑，「告訴你一個故事，吉卡的姐姐已經二十六歲了，她曾經告訴我很多次：『老媽，我將來絕對不會下廚！』最近她搬出去跟男友同居，沒過多久就開始跟我要食譜，問我：『媽，我要怎麼為男友做個好吃的午餐三明治？』甚至在雜貨店採購食物時都會打來問我意見。」

數個月前，我跟一位名叫伊果的斯洛維尼亞人聊天時提到，塞爾維亞的女人跟斯洛維尼亞的相比似乎較性感且女性化，伊果說：「的確是，但那是因為斯洛維尼亞的女人思想比較開放。在塞爾維亞，女人是男人的一部分，她們必須主動吸引男性才能獲得贊助。」

數週之前，我在前往貝爾格勒途中向安娜提出此疑問，她說：「這要看你問的是哪個世代，我們這一代不像前輩那麼傳統，例如我的祖母總是說：『別告訴我你的成績或在學校的表現，我只想知道你結婚了沒有。如果沒有，那就告訴我你什麼時候要結婚，我只在乎這件事。』」

我問她：「所以男女關係中誰是主導者？」

「通常都是男方。男人負責買單，就算喝醉酒，車也是由他們來開。女人則總是負責下廚。」

這不完全正確，例如烤肉聚會就是由男人負責烹飪。我在諾維薩德拜訪過的四個家庭的主廚也都是男的，由此可見塞爾維亞南北文化的差異，也可看出城市和鄉村社會的不同。儘管如此，塞爾維亞的女性通常都比美國的重視傳統，她們也確實比較擅長穿著，我們那晚在一間酒吧閒坐時，賈絲明就自嘆弗如：「這些女人簡直就是男人磁鐵。」

被調包的狄托？

數年前，我初次來到貝爾格勒，在一間素食餐廳與一位孕婦交談。她並不是男人磁鐵，但她是當時唯一獨自用餐的客人，於是她就讓我坐在同桌。那段對話令我最難忘的部分就是當我問她狄托是從哪來的時候，她環顧四周，確定沒有人在竊聽才低聲說：「沒有人知道。」真奇怪，當時我對狄托這個傢伙一無所知，只知道他曾經多年獨掌大權。照理來說人們應該會知道他的背景，難道沒有人問過他？還是他都拒絕回答？我追問：「真的？沒有人知道他是塞爾維亞人、克羅埃西亞人或其他種族？」

「沒有，」她說，「沒有人能確定，他的口音怪怪的，有點神祕。」

我後來查出狄托是出生於克羅埃西亞，接近斯洛維尼亞的邊界，他的父親是克羅埃西亞人，母親是斯洛維尼亞人。那位塞爾維亞孕婦並不是唯一無法接受這套官方說詞的巴爾幹人，讓我們再回到索科溫泉村，這時吉卡的父親米列沙（Miliša）剛回家，他陪我們享用他老婆最拿手的烤里脊肉條（vešalica），並向我們解釋民間謠傳的「狄托分身論」：「其實狄托不是來自南斯拉夫，他是英國或俄羅斯派來的冒充者。大概是英國人吧，這可以解釋他說話為何有點奇怪，聽起來有點像外國人，因為他本來就是外國人。」

賈絲明難以置信地揚起眉毛，但我假裝認真問他：「真的？那是怎麼發生的？」

米列沙幫自己盛了一些迷迭香薯，繼續說：「從俄羅斯回國的不是同一個狄托，他被一名跟他長得很像、學過我們的語言的英國特務取代了。當狄托的母親看到他時，她說：『我已經不認識他，這不是我的兒子。』」

我以懷疑的眼光看著桌上其他人，斯奈札娜面色凝重地向我保證：「沒錯，狄托的親生母親都這麼說：『這不是我的兒子，他變了。』」

當我繼續追問原因，米列沙平靜地回答：「因為世界強權想要控制南斯拉夫。二次大戰之後，這名英國特務輕易說服美國給予南斯拉夫大量資助，讓我們能迅速推動工業建設。狄托死後，他們的特務也不在了，所以他們就放任南斯拉夫自生自滅。這是真的，連他自己的母親都不認識他。」

我當時心想這個分身陰謀論只是把狄托的母親說的話解讀錯誤——那應該只是個象徵性的比喻，不是真的字面意思。狄托回國時確實有很大轉變，任何人在蘇聯待過幾年都會被改造，問問奧斯華[5]就知道。不過說來也真好笑：大約一週後，我回到諾維薩德，把相同的故事講給瑪利亞聽，她大笑說：「怎麼可能！狄托從俄羅斯回國時，他的母親已經去世了！」

的確，狄托一九三六年在俄羅斯完成兩年的共產思想訓練時，他的母親早已去世了十八年。她死於一九一八年一月十四日，狄托初訪俄羅斯的那段時間（他當時還是戰俘），而且從未看到他回國，享年僅五十四歲。他的父親也是英年早逝。

這個神話有兩點令人堪慮。首先，吉卡也相信它，甚至可能會把它傳到下一代；再者，米列沙並不是個只會在閒暇時刻胡思亂想的土農夫，他是索科溫泉村的前任市長。

雖然米列沙沒提到，此故事的一個可能原由是狄托在蘇聯用過兩個化名：狄托和華特（Walter）。雖然他最後決定自稱狄托，但他在俄羅斯經常被人稱為華特，而且這顯然不是斯拉夫人的名字，或許某個偷懶的陰謀論者就直接妄下推論，認定「華特」是英國人。

陰謀論是巴爾幹人的日常

分身狄托的傳說只是米列沙與我分享的許多陰謀論之一，但他並不是此地區的特例，其實多數巴爾幹人滿腦都充滿詭祕幻想，對任何事情都有草率不實的誇大解讀。無論是不識字的波士尼亞鄉民、塞爾維亞的前任市長，或是克羅埃西亞的學者，凡是巴爾幹人都能囫圇吞下各種脫線癲狂的陰謀論。

---

5 編按：這裡指暗殺甘迺迪的奧斯華，他本是美國海軍陸戰隊的一員，後來移居到蘇聯。

比方說，米列沙不但相信狄托是英國佬，他還相信整個地球都是猶太人操控的。他問我：「你知不知道史達林是來自喬治亞，而且他有猶太血統？他的綽號是『小猶太人』。這是事實：猶太人操控著全球八成的國家和九成的媒體。」

可憐的賈絲明已經盡力隱藏她心中的錯愕。自從二次大戰之後，德國人就學會遏止任何一絲反猶太思想，如果你今日在德國公然宣示類似希特勒的信念，就會被丟進政治不正確者的集中營。米列沙畢竟是個聰明的政客，他補充：「我不是反猶太，我只是提出疑問，你認為現今世界的經濟危機是誰造成的？一九三〇年代起自於美國的全球經濟大蕭條又該如何解釋？猶太人在經濟崩盤之前就把自己的錢全部領出，然後以賤價買光了所有東西。當時的美國總統是誰？林肯。」

我當時對狄托一無所知，無法反駁他的分身論，但我是那極少數稍微懂一點本國歷史的美國人，於是我立刻回嗆：「等一下，經濟大蕭條時的美國總統不是林肯，是胡佛，林肯是一八六〇年代的總統。還有，你是在暗示只因為林肯跟某位聖經人物同名（亞伯拉罕），那就表示他是猶太人嗎？」

米列沙回答：「我只是提出自己的疑問。」他顯然沒有被我的論點說服。

我繼續說：「美國二〇〇八年共和黨初選時，羅姆尼（Mitt Romney）的摩門教背景導致他爭取提名失利。大約五十年前，甘迺迪差點輸掉選舉，因為他是天主教徒。你覺得一百五十年前一位猶太人有可能選上總統？光是天主教徒就夠難了！一位共產黨籍的非裔女同無神論者可能還比猶太人更有勝算！」

米列沙只是聳聳肩。猶太人可以說是萬用代罪羔羊，早在十四世紀中期，許多歐洲人就怪罪猶太人帶來黑死病，他們相信猶太人在井水下毒，數千名猶太人在現今德法邊界附近被趕盡殺絕，因為大家都認為鼠疫會跟著他們一起消失。我反問：「米列沙，你當過市長，所以你一定了解政治。你暗示猶太人正在控制塞爾維亞，問題是你能否舉出這個國家裡的任何一名猶太政治人物？」

他思考片刻，輕輕地搖頭說：「沒有。」

「好，」我繼續問，「或是任何著名的商界人士？」

「沒聽說過。」

「很好，你在國內認識任何猶太人嗎？」

「認識一個，但她被殺了。」

「讓我釐清這件事：猶太人非常強大，正在控制塞爾維亞，但他們沒有任何能搬上檯面的政界或商界人士，而你唯一認識的那位猶太人連自己的小命都保不住。」

米列沙不發一語地咀嚼著他的豬肉，他顯然不是猶太陰謀論的唯一支持者。例如曾是世界棋王的鮑比．費雪（Bobby Fischer, 1943-2008）曾說過這段話：「你知道美國完全被猶太人控制了嗎？瞧他們在南斯拉夫做了什麼！」而且他的母親還是猶太人。

接著，我懷著自討苦吃的好奇心詢問米列沙南斯拉夫分裂的原因，準備聆聽另一個有趣的陰謀論。他的故事確實有趣，但毫無創意，我從斯洛維尼亞到北馬其頓早就聽過太多次，這個理論很簡單：都是美國的錯。米列沙的總結是：「南斯拉夫有個成功的共產制度，人們可以自由旅行，我們過得不錯。我們證明共產主義是可行的，美國不喜歡這點，所以他們要毀掉南斯拉夫。」

杜尚（我的斯洛維尼亞好友）提過一個相關的陰謀論，跟狄托分身論有異曲同工之妙：塞爾維亞領導人米洛塞維奇曾經去紐約很多次，對外宣稱是跟一些銀行談生意，但其實是去跟中情局密會。中情局教他如何引爆族群紛爭，摧毀南斯拉夫，經過他們的祕密訓練後，米洛塞維奇就回國執行這個邪惡計畫。

第三個相關的陰謀論是我聽過最多次的，那就是美國想要毀滅南斯拉夫國民軍，因為它號稱是歐洲第四大的軍隊。一九九一年三月十二日，南斯拉夫國民軍將領韋利科．卡迪耶維奇（Veljko Kadijević）要求政府宣布進入戰爭狀態，並影射某個陰謀的存在：「有人暗中策劃毀滅南斯拉夫，此計畫的第一階段就是內戰，第二階段是外力干預，然後他們就會在南斯拉夫各地成立傀儡政權。」

雖然我只是個被洗腦的美國佬，在前南斯拉夫的傀儡地盤只待了十八個月，不過我們暫且就來檢視這些陰謀故事究竟有幾分屬實。先從最後一個開始，雖然南斯拉夫國民軍在一九五〇年曾經是歐洲第四大的軍隊，但此盛況並未持久。多數國家在和平時期都會把國內生產總額的百分之一到五投資於戰力，由於西歐的資本經濟體系很快就超越了南斯拉夫，因此南斯拉夫的國防預算（以及整體戰力）也相對之下衰減。到了一九八〇年代初期，南斯拉夫的經濟跌入谷底、負債累累，迫使他們大砍國防預算，南斯拉夫國民軍已幾乎不具威脅，士氣低落的軍隊連斯洛維尼亞（歐洲最小的國家之一）都無法征服，另一個更好的例子是武科瓦爾，一支裝備短缺的步兵旅竟能跟「強大的」南斯拉夫國民軍鏖戰數個月。簡言之，南斯拉夫的軍力並不會讓美國五角大廈徹夜難眠。

接下來，我們要搞清楚美國人到底有多重視南斯拉夫。塞爾維亞人經常告訴我，當他們在美國對一般人提到自己的國名時，對方通常都會這樣回答：「哪邊？西伯利亞？」當然這些只是無知的普通人，那些精明詭譎的美國政客肯定對南斯拉夫很有興趣，搞不好還知道索科溫泉村在哪裡。一九九一年，美國國務卿貝克正在為中東戰爭、蘇聯的瓦解、東歐國家的崛起。以及自己的高爾夫球技忙得焦頭爛額，儘管如此，他還是試圖幫助南斯拉夫維持團結，話也說得很白：「雖然我們自知成功機會渺茫，但我們已經仁至義盡。」

假如美國真的是南斯拉夫分裂的幕後主使，貝克不可能不知情。當時蒙特內哥羅的總統莫米爾・布拉托維奇（Momir Bulatović）質問他：「你到底希望我做什麼？」貝克一臉茫然，翻遍整本簡報才找到蒙特內哥羅的資料。布拉托維奇後來憶起：「我曾偷看那份簡報是如何描述蒙特內哥羅，裡面只有兩句話：一、南斯拉夫最小的共和國，二、他們可以給梅西奇[6]（Stjepan Mesić）第五張選票。」原本南斯拉夫的總統是由六個共和國輪流推出，當時照順位應該輪到梅西奇，但中央政府已在六週之前崩盤，貝克誤認為只要讓梅西奇掌權就能化解危機。即使情勢正瀕臨沸騰，貝克卻完全在狀況外，他基本上只會複誦：「各位可否平心靜氣，以禮相待？」這是明智的建議，但實在不像一個陰險奸詐的邪惡帝國會展現出來的權謀。

陰謀論者應該會愛上聯絡小組（Contact Group），一個由五個強國組成的非正式集團，目的是解決南斯拉夫內戰。它符合民間神話——五大強權協力合作，瓜分並控制南斯拉夫。讓我們瞧瞧這些世界首腦到底有多會精打細算。波士尼亞的政府代表艾約普・蓋尼奇（Ejup Ganić）曾陪同聯絡小組成員看一張地圖，他憶起：「有些人想在羅馬尼亞的地圖上尋找巴尼亞盧卡（Banja Luka），但它其實位於波士尼亞。他們根本就是從零開始，一竅不通，連誰住在哪裡都不曉得。」[7]

我最喜歡這個故事：美國國安顧問布倫特・斯考克羅夫特（Brent Scowcroft）當時很關注南斯拉夫，但他說：「布希總統和貝克都躲在最遙遠的彼端，貝克曾說『我們不需要去蹚那灘渾水』，總統每隔一週都要我從頭開始解釋『那邊到底是什麼狀況』。」這顯然可以證明南斯拉夫是美國的全球霸業中的一個關鍵環節。

此外美國還流行一則笑話，據說柯林頓總統轟炸塞爾維亞之後，蒙特內哥羅的將軍氣急敗壞地朝美國發射了一枚飛彈。過了好幾天，對方都沒有回應。他又發射了兩次，但還是沒人理他。將軍打電話給柯林頓，說蒙特內哥羅已經對美國發射了三枚飛彈，他想知道他們為何都沒反應。沒想到柯林頓回答：「等我們找到蒙特內哥羅的位置，就會立刻反擊！」

如果美國的冷漠或無知還不足以說服人，讓我們再來看看它對南斯拉夫的支持。一九五〇年代，南斯拉夫的經濟外援有百分之七十二是來自美國，當狄托在一九八一年去世後，美國創立了「南斯拉夫之友」的聯營組織，鼓勵西方各國政府給他們更多資助。[8] 如果美國真的希望南斯拉夫滅亡，何必提供這些經濟支援？

當初斯洛維尼亞和克羅埃西亞率先獨立時，德國希望給予承認，美國卻反對。一九九〇年十月一日，布希總統宣示美國會全力支持南斯拉夫。陰謀論者會說：「他表面上當然會這樣講，但他其實是在玩兩面手法。」這個可能性不大，因為布希（以及在他之前的雷根）對

6 譯者注：克羅埃西亞政治人物，一九九一年短暫當過南斯拉夫總統，後來於二〇〇〇至二〇一〇年擔任克羅埃西亞總統。

7 Laura Silber and Allan Little, *Yugoslavia: The Death of a Nation* (Penguin Books, 1997) p. 337.

8 John R. Lampe, *Yugoslavia as History: Twice there was a Country* (Cambridge University Press, 1997) p. 318.

多數其他東歐國家的政策都與此不同，歷屆美國總統都曾表態支持其他東歐國家脫離蘇聯的控制，既然美國對那些國家的政策都這麼透明化，他們對南斯拉夫有什麼好隱瞞的？

事實是，美國希望南斯拉夫能跟隨其他東歐國家的腳步，轉型為自由市場的民主體制，但過程必須是團結和平的，不能破壞整個區域的穩固結構。南斯拉夫到了一九八〇年代後期已開始朝民主政治與資本主義發展，但西方世界擔心的是他們會走暴力途徑。斯洛維尼亞的經濟史學家聶文・柏拉克告訴我：「美國並不希望南斯拉夫解體，相反的，國務卿貝克還特地跑了一趟貝爾格勒，以示支持。美國希望南斯拉夫能維持穩定，繼續與他們保持友好關係，我相信蘇聯也不希望南斯拉夫垮台。」

有些巴爾幹人則反駁：「可是中情局預言了南斯拉夫的分裂！」他們說的沒錯，根據《紐約時報》在一九九〇年十一月二十八日的報導，中情局確實預測南斯拉夫會在近期內解體，戰爭將在十八個月內爆發。[9]這也沒錯，七個月後戰爭就開始了。問題是巴爾幹人把預測和因果混為一談，有個波士尼亞人曾告訴我：「中情局預測我們會分裂，然後那就發生了。」但只因為中情局準確預測了天氣，那並不表示天氣變化是它造成的。許多分析師都預測南斯拉夫會解體，這不是什麼博大精深的科學：一九九〇年十一月當下，南斯拉夫是極少數舊政府還沒被推翻的東歐國家，就像連鎖反應中的最後一張骨牌，中情局預測的只不過是個必然的結局。

就算中情局真的想要毀滅南斯拉夫，它做得到嗎？雖然它曾經執行過幾次成功的祕密任務，它光是在古巴就一敗塗地。古巴的國力遠弱於南斯拉夫，共產制度更加封閉，而且離美國近很多，這些因素應該都會驅使中情局採取強硬手段。如果中情局連古巴都扳不倒，它怎可能掌控南斯拉夫？況且美國和南斯拉夫的關係很友好，何必推翻一個盟友？南斯拉夫會垮台只能怪自己，因為它不是建構於可以永續發展的經濟體系。

總之，前南斯拉夫人必須吞下這顆戳破大頭症的苦藥：世界多數國家根本沒有把巴爾幹地區放在眼裡。南斯拉夫的人口只有世界總人口的千分之三，它的國內生產總值和陸地面積只占全球不到千分之五，而且這些數字自從狄托的輝煌年代之後都沒什麼變化，從未超過全世界的百分之一。南斯拉夫的國內生產總值大約等於堪薩斯和內布拉斯加兩州的總和，面積比內華達州還小，至於塞爾維亞則比南卡羅來納還小。如果今天南卡州消失了，這個星球上大概只有北卡州的居民會稍微關注一下，而且他們會關心的唯一理由就是可以把自己的州名改成卡羅來納。

簡言之，與其說南斯拉夫是個列強喜歡玩弄的玩具，不如說它是個被藏在櫥櫃裡的玩具，已幾乎被遺忘。把生活中的每件鳥事都怪罪在美國政府頭上固然好玩，但這回南斯拉夫

9 David Binder, "Yugoslavia Seen Breaking Up Soon," *The New York Times*, November 28, 1990.

不僅是完全自取其咎，而且還是在美國已伸出援手的情況下選擇自我毀滅。

底下我再做個比喻。假如有個男人跟梅根．福克斯同時被困在孤島上，過了一段時間，他們發覺自己這輩子不可能獲救，於是就開始求歡。經過幾個星期的瘋狂性愛，男人叫梅根戴上假鬍鬚繞島走一圈，他自己則朝反方向走。當他們終於在彼端相遇，男人看到梅根就興奮地說：「老兄！你不會相信我在跟誰睡！我跟梅根．福克斯上過床！」

這個笑話完美地刻劃了人性：每當我們有個勁爆辛辣的故事，就總是忍不住要與別人分享，至少會跟最親近的朋友說。如果沒說出來，那就好像從未發生過，樂趣就沒了。人們通常都不想帶著勁爆的祕密離世，例如一九三三年著名的尼斯湖水怪照片其實只是浴缸裡的玩具潛艇，攝影師自覺時日無多時透露了事實真相；同樣的，馬克．費爾特（Mark Felt）在九十一歲終於忍不住昭告天下，他就是揭發水門陰謀案的深喉；哥白尼等到晚年才與大眾分享他對行星軌道的發現；牛頓創造了微積分，解開無數難題，多年來都懶得告訴任何人，但他終究還是洩了底。

但這並不代表世上所有的陰謀都已經被揭露，你我兩人可以共謀搶劫我們的老闆，而且我們或許永遠不會被發現，然而如果這個陰謀牽扯到數十或數百人，紙終究包不住火，因為人們只要有個好祕密就無法閉嘴一輩子。無論保持緘默可以獲得多大獎勵，人類天生就愛散布流言蜚語，這個傾向不可能持續被壓制。如果有十個人知道五十一區的飛碟祕密，其中很可能至少有一人會告訴他的妻子或朋友，然後一傳十、十傳百，直到整個祕密爆發，而且傳開的都是實際證據，不再只是空穴來風。若要執行一個龐大的陰謀（例如拆解南斯拉夫，一個人口兩千兩百萬的國家），他們勢必得牽涉到很多人，某個吹哨人遲早都會釋出致命的強力證據。

這也不表示大規模的陰謀從未發生過，例如十八世紀末期，俄羅斯、奧地利和普魯士成功共謀將波蘭撕裂；一九一五年，義大利在倫敦與盟軍達成祕密協議轉換陣營；希特勒和史達林聯手瓜分東歐；米洛塞維奇和圖季曼（克羅埃西亞總統）否認私下密謀瓜分波士尼亞，但一些曾經輔佐過他們的人士都可以指證這件事。所以這類大規模的複雜陰謀確實發生過，然而它們也很快就被揭穿了。

如此巨大的邪惡陰謀可以蒙騙一整個世代嗎？不可能，除非你相信數百名涉案者都毫無道德良知，絕對不會與任何人分享自己手上的證據。讓我們看看史上這些錯綜複雜的陰謀分別是在幾年之內因罪證確鑿而曝光：思想控制計畫（MKUltra，二十年）、反諜計畫（COINTELPRO，十五年）、屈里弗斯醜聞（Dreyfus Affair，十二年）、模仿鳥行動（Operation Mockingbird，十年）、水門案（兩年）、加州水權陰謀（十年）、一九一九黑襪醜聞（一年）、通用汽車電車陰謀（GM Streetcar Conspiracy，五年）、豬玀灣事件（Bay of Pigs Invasion，兩年）、柬埔寨祕密轟炸行動（兩個月）、感染行動（Operation INFEKTION，五年）、伊朗軍售醜聞（Iran-Contra Affair，兩年）、拉馮事件（Lavon Affair，一年）、伊拉克購鈾假情報（一年）、阿布拉莫夫遊說印第安部落的醜聞（Abramoff Indian lobbying scandal，九年）、安隆與安達信會計詐騙案（Enron and Arthur Andersen conspiracy，三年）、威尼斯人酒店的賭場弊案（兩年）、中情局的祕密監獄（兩年）、動態隨機記憶體（DRAM）價格操縱（兩年）、伯納德．埃伯斯（Bernard Ebbers）詐騙案（兩年）、伯納德．麥道夫（Bernard Madoff）的金字塔式騙局（兩年），以及米洛塞維奇和圖季曼在卡拉歐萊沃（Karađorđevo）的私下協議（五年）。

如今南斯拉夫走入歷史已接近三十年，既然世人可以揭發這麼多大型陰謀，史學家為何沒有發現這個已經隱藏了一個世代的惡毒計畫？雖然史學家偶爾也會挖出古代的祕密，但那些情況涉及的人數都不多（例如凱撒遇刺），祕密本質並不邪惡（例如十九世紀早期的地下鐵路），或是兼具此兩項特徵（例如成吉思汗之墓）。他們曾幾何時發現過一個規模龐大、險惡詭譎又能隱藏超過一個世代的陰謀？三項條件同時出現的機率可說是微乎其微，在現實世界是不可能發生的。

因此，製藥產業有無可能密謀製造疾病，好讓自己賣藥賺大錢？當然可能，但當愈多人參與這個機密計畫，防止真相外流的困難度就會呈現指數增長。就此陰謀的複雜度而言，它實際上不可能維持隱密多久。

美國人當然也可以像巴爾幹人一樣編出各種瘋狂的陰謀論，但有兩點重要差異。第一，巴爾幹人使用陰謀論的頻率遠比美國人高，每件事情背後都有陰謀，無論是選舉或你家的烤麵包機。第二，陰謀論者在美國只是邊緣族群，在巴爾幹地區則是主流。

為何巴爾幹人那麼喜歡陰謀論

巴爾幹人之所以這麼容易相信陰謀論，主因是他們曾在共產制度和戰爭下生活。東歐人對陰謀論的接受度普遍都較高，由於共產政府對資訊的管控，導致一整個世代從小就認定媒體和政府說的任何事都是謊言。他們會這麼想是有理可循的，共產政府在政治宣傳和阻斷資訊等方面可說是惡名昭彰，例如西方世界在二次大戰結束時早已取得蘇德互不侵犯條約的明確證據（距簽訂才過六年），此事經過官方證實後也迅速在東歐各國傳開，但依然被共產黨否認了五十年，直到最後戈巴契夫才公開承認。這些經驗強化了東歐人民對媒體和政府的不信任感。

而且巴爾幹人還遭受過二度傷害：共產時代過後，取而代之的是戰爭時期。政府在戰爭時期都會嚴密控管媒體，人民自然也更加多疑。即使是長年支持媒體自由和言論自由的政府在此緊張時刻也會封鎖媒體。因此直到二十一世紀之前，巴爾幹人都持續生活在資訊錯誤的社會中，巴爾幹也就流行一句諺語：「新聞反覆檢查兩次還不夠，需要三次。」

問題是現在共產時代和戰爭都已成為過去式，巴爾幹人卻還沒調整自己的心態，他們還是習於懷疑每件事，寧可相信一群醉漢在烤肉聚會時興起的幻想。弗拉迪告訴我：「巴爾幹地區是滋生偏見的完美溫床，因為正確資訊總是無法有效傳達。墨西哥人和美國人對彼此的了解遠勝過塞爾維亞人和他們的鄰居，我們的資訊結構很糟糕，鄉民只會道聽塗說，雖然全世界都有這種現象，但它在巴爾幹地區比西方社會顯著。」

除了共產主義和戰爭之外，陰謀論會受歡迎的原因還有兩個。第一，這對懶得動腦的人是個很方便的藉口，他們最喜歡把因果性跟相關性混為一談，任意把兩件同時存在卻不見得相關的事情綁在一起。另外，每當巴爾幹地區出現動亂，而你的女兒又要求你解釋原因時，把所有問題牽拖給床邊的妖魔鬼怪總是最簡單的。這些無腦捷徑可以讓你不必費神去分析一個複雜的情況。第二，陰謀論可以使人自我感覺良好，自以為能獨立思考而沾沾自喜：「我不天真，我很聰明，能看穿媒體的謊言，我知道事實真相。」

例如安德烈就告訴我：「只有過度天真的理想主義者才會用『陰謀論』否定別人對某件事的質疑，因為如果我們要就現實面來討論各國政府和強權之間的鬥爭，就不能單純認定所有事情只是隨機發生。由於人們都傾向於天真看待世事，許多人都誤以為小布希是走了狗屎運當上總統，美國是因為他的愚蠢才介入伊拉克戰事，而不是因為他特別精明狡猾。有趣的是人們還真的相信這種說法，所謂世界第一強國只不過是三個臭皮匠，憑著低俗幽默和白癡錯誤，莫名其妙地跟伊拉克與阿富汗扯上關係。難道我必須相信這些才不會被視為陰謀論者？我應該相信這些涉及整個國家和大筆巨款的政治事件都是隨機發生的？當這些金額高達數兆。

陰謀論的危險

陰謀論固然令人嗤之以鼻，但它們也有黑暗面。其中一項隱憂就是這會使人無法理性討論任何事情，如果有個塞爾維亞人根本不相信斯雷布雷尼察大屠殺（Srebrenica massacre）曾經發生過，你要如何跟他討論此事件的成因？如果有個克羅埃西亞人認定官方的經濟數據都是假的，你要如何跟他討論南斯拉夫的經濟狀況？當一個巴爾幹人選擇相信某件事，他並不需要任何證據；當他選擇不相信某件事，無論多強的證據都不會改變他的想法。

研究員曾做過四項實驗，先給受試者讀假新聞（例如「美軍暗中造成了南斯拉夫的解體」），然後給他們看報社後續發布的「道歉聲明」，承認前一篇報導是假的。結果顯示如果受試者原本就已經有特定的政治傾向，這些文章並不會改變他們的想法，有時甚至反而使他們的固有信念更堅定。[10]當偏見持續附著，選民就會做出不理智的選擇。

10 Bredan Nyhan et al, “When Corrections Fail: The persistance of political misperceptions.” University of Michigan.

陰謀論的影響力有時也不容小覷，例如一次大戰之後不久，少數德國人開始散播「背刺傳說」（Dolchstoßlegende），指控布爾什維克黨、猶太人和社會主義者共謀破壞德軍的一次大戰計畫，若不是被這些走狗「背叛」，德國早就戰勝了。後來希特勒就把這個陰謀論和《錫安長老會紀要》（*Protocols of the Elders of Zion*）奉為圭臬。恐怖分子蒂莫西·麥克維（Timothy McVeigh）在奧克拉荷馬市爆炸案中殺害了一百六十八人，因為他堅信政府正在策劃各種詭計。人如果單純聽信坊間流傳的幻影陰謀，後果可能會很危險，然而合理的懷疑又能協助我們揪出真正的陰謀。我們要如何從中取得平衡？底下我會指出幾個方法。

一、**走三步**。若要查明事實真相，整個過程至少需要三個步驟，但那些熱愛陰謀論的傻瓜往往只走兩步就不耐煩了。第一步是評估官方的故事版本，第二步是考慮另類觀點，因為它們可以點出官方說詞中的明顯漏洞，提供另一個解釋（但通常缺乏具體證據），第三步則是尋找這些另類觀點的反論證。多數陰謀論者都是錯在關鍵的第三步，那些相信九一一事件是美國自導自演、奧斯華沒有射殺甘迺迪、或是羅斯福原本就知道日本要偷襲珍珠港的人，很少會花時間去審視別人對這些陰謀論提出的質疑，他們對自己最愛的陰謀論可以倒背如流，卻拒絕接受任何反向思考。

二、**別把謠言與現實混淆**。通常一個真陰謀即將被揭發之前，周圍的謠言都會瞬間暴增，所以人們自然會以為只要有謠言出現，就表示有心人士正在洩露內幕。然而這種流言蜚語通常都不準確，若要證實一個陰謀，你就需要強力證據，不能只靠傳聞或假說。因此除非有人能具體證明五角大廈內有五位矮小的猶太人在控制整個地球，我們最好還是學聰明些，把它視為無稽之談。

三、**記住梅根・福克斯的笑話**。人們喜歡分享辛辣的祕密，當任何黑箱作業牽扯的人數逐漸增加，強迫大家封口的困難度就會加倍增長。計畫主導者的野心愈大，他就需要愈大的團隊，所以當你想要追求一個黑暗而強大的目標，事實上這種計畫是不可能守密超過一個世代。

四、**陰謀遠比以前更難執行**。在這個世紀想要暗藏任何祕密都是不切實際的，更遑論大規模的陰謀。吹哨人很輕易就能用手機錄下證據，與大眾分享，而且現在多數文件都電子化，很容易複製並傳遍全世界，數位檔案也很難永久刪除。如同CNN的一位國安分析師所說：「情報世界的骯髒小祕密就是，你真正需要知道的多數事情其實並不是祕密。」

反過來看，這個時代要散播各種街譚巷議和民間傳說更是比以前容易，任何瘋子都可以藉由網路把他的半吊子理論發揚光大。所以別過於天真，只因為某些陰謀論聽起來很精采就相信它們。除了這個以外，這本書將塞爾維亞列在第十三章，其背後含有深遠的哲理，預言著一群企圖毀滅塞爾維亞的人正在共組邪惡聯盟。事實上，如果你挑出每一頁的第一個字母，就能拼出一道只有光明會才能解密的訊息。（以上都是鬼扯）

告別索科溫泉村

我在索科溫泉村的最後一夜坐在喧鬧的酒吧裡，跟尼曼亞．佩科維奇（Nemanja Petković）交談，他是一位冷靜沉著的物理治療師，曾在波士頓待過半年。他說：「美國令我最驚訝的就是，你只要在那邊住一個月就是美國人了，這點跟歐洲不同。」塞爾維亞導演塞登．德拉戈耶維奇（Srdjan Dragojević）也曾經說：「美國人不在乎你從哪來，只在乎你有沒有能力賺錢。」

這使我想起自己在斯洛維尼亞跟米勒．祖基奇（Mile Zukić）的一段對話，他說：「我出生於斯洛維尼亞，一輩子都住在這裡，能講標準的斯洛維尼亞語，但有些人還是不把我當作斯洛維尼亞人，只因為我的母親是一位出生在武科瓦爾的塞爾維亞人。他們稱我為čefur，意思就是巴爾幹移民。我的一位教授說他不會把任何人視為斯洛維尼亞人，除非他的父母、祖父母和曾祖父母都是純正的斯洛維尼亞人。因為這點，我在自己的國家反而被視為次等公民。」

當我請米列沙指出塞爾維亞人和美國人有何不同，他回答：「塞爾維亞人重視自己的根源。」尼曼亞回應了這點，但他也指出其缺點，「我們的問題就是花太多時間緬懷歷史，不是活在當下就是沉浸於過去，但我們都不會思考未來。」

儘管如此，我還是請米列沙分享自己對未來的顧慮，他說：「以前人們在南斯拉夫可以共享財產，我們都說『這是我們的』，不會說『這是我的』，我擔心現在大家會失去這種團結向心力。我也擔心我們會為了工作而生活，而非為了生活而工作，或是追求自己不需要的物質。」

即將離開索科之際，吉卡和尼曼亞在巴士站向賈絲明和我殷勤道別，我們接下來要去尼什，那邊的沙發衝浪主是二十七歲的尼可拉・崔弗諾維奇（Nikola Trifunović）。尼可拉請另一位愛好旅遊的朋友尼奈德・史托諾維奇（Nenad Stojanović）先跟我們會面，他帶我們到一間酒吧，尼可拉晚上十一點會加入我們。雖然那是個週日夜晚，但酒吧還是人聲鼎沸。尼奈德對著我的耳朵尖叫：「那是因為塞爾維亞的失業率有四成！在尼什是七成！至於年輕人嘛，它更接近九成！」

我們等到半夜一點，尼可拉還是沒出現。尼奈德大笑：「他跟塞爾維亞人一樣準時啊！」到了兩點，我們終於放棄而回到尼可拉的公寓，尼奈德則幫我們開門。尼可拉在凌晨四點左右回家，但我睡著了，沒聽到他進門。週一早上十點，失業又宿醉的尼奈德又來了，他向我介紹寶拉（Paola），一位二十歲的克羅埃西亞人，她將要去保加利亞的一間農場工作，途中暫時寄宿在他家。在幾杯超濃咖啡醒酒之後，尼奈德帶領我們參觀市區。尼什是個不錯的城市，不過沒有特別耀眼的景點，最顯著的是土耳其人在數世紀前用塞爾維亞人的頭骨建造的骷髏塔。

尼可拉昏睡到下午才起床，他很快就邀約了十個朋友，我們像一支原住民部落般沿著摩拉維察河散步，在公園歇息喝咖啡。有時候，塞爾維亞人之間的友情和忠誠似乎比血還濃，當他們的朋友需要任何協助時，他們會丟下手中一切東西（包括懷抱中的嬰兒），立刻跑去幫忙。雖然重視友誼本來就是人性的表徵，然而塞爾維亞人真是把這點發揮到極致。米莉安娜（Mirjana）是一位來自尼什的英文教師，她的希臘丈夫告訴我：「跟希臘人相比，塞爾維亞人跟朋友的關係比家庭更親密。」

憤怒的塞爾維亞人

我雖然在巴爾幹地區待了十八個月，卻從未遇過傳說中的「塞爾維亞暴徒」。我遇過的每個塞爾維亞人都很友善好客，而且都頗有風趣。他們有一種黑色幽默，對他們而言，世界上沒有什麼事物是絕對神聖的，尤其是他們自己。

令我驚訝的是，當他們發覺我是美國人時，態度非但完全沒變，反而更加友善。我遇過的偏激分子都是來自美國，其中一個就是安德烈，我們前面已經提過他，另一個是伊凡・索柯洛夫（Ivan Sokolov），他在二〇〇六年首次寫信給我，開門見山就說：「我出生於貝爾格勒，在一九八八年搬到密西根州的霍頓（Houghton），當時十歲。我恨透那段時期的每一刻，身為一位住在美國的塞裔移民，尤其是在一個小鎮，這實在不是輕而易舉之事。他們的政治渲染做得很成功，剩下的則要感謝柯林頓和他的那群白人垃圾親信。」

他開始哀號對西方世界的不滿：「讓我們從該死的英國人開始。英國人是全人類史上最邪惡的民族，從他們過去對愛爾蘭人和蘇格蘭人的凶殘暴行，到近代對印度人民的迫害，都是永無止境的苦難折磨……我從未遇過任何英國人願意承認他們那些長達千年的罪行，所以啊，法蘭西斯，我要問你的是，塞爾維亞人憑什麼得承認自己的過錯？況且塞爾維亞人在一九九〇年代犯下的所有暴行都是在反擊別人對他們所做的類似行為，英國沒有那種藉口，法國也沒有，還有荷蘭人也別想為他們在西印度群島、蘇利南和南非的暴行找理由脫罪。」

他在我的網頁看到我稱讚土耳其人都很友善，於是他就這樣寫：「我不喜歡土耳其人，我不在乎他們對你有多好，而且我必須強調土耳其人就像阿爾巴尼亞人，在歐洲各國都極端不受歡迎。如果你好奇想知道我為何討厭土耳其人，我就告訴你。首先，他們曾經奴役巴爾幹地區的居民將近六百年。法蘭西斯，我知道你一定會說：『嘿，伊凡，那是很久以前的事，土耳其對巴爾幹地區的統治已經結束超過一百年了。』而我要回應的是：『那些暴行在此之前也持續了超過六百年。』」

我不確定此番話是什麼意思，但他繼續謾罵：「最令我作嘔的是土耳其人從未對這整個巴爾幹亂象展現任何道德義務，這實在很可悲，想當年土耳其人創造了阿爾巴尼亞人，用伊斯蘭教玷汙了巴爾幹文化，如今卻被當作和平使者，真是令人齒冷。話說回來，法蘭西斯，我們都應當不念舊惡，但我要等土耳其人先道歉，不只是為了過去，還要為現在道歉。」

他以一個瘋狂的迷思結束了這篇幹譙文：「法蘭西斯，請你千萬別忘記古蘭經中有一段重大宣示，那就是任何基督徒或猶太人都應被判處死刑。這究竟是我自己太敏感，還是整個伊斯蘭教都建立於仇恨？」

我們透過電郵進行了幾次辯論，四年之後，伊凡再度與我聯繫，但他完全變了。他在二〇一〇年寫信說：「我一直都對艾米爾．庫斯杜力卡（Emir Kusturica）很感興趣，如果有朝一日我能理解他的憤怒和人生選擇，或許我就能理解自己心中的怨恨。話說回來，那個瘋狂而情緒化的老伊凡已逐漸緩慢死去，取而代之的是一個平靜而理性的改良版。誰會料到這種事會發生？法蘭西斯，感謝你帶給我的正面能量，你總是在尋找人們內在的光明面。」

庫斯杜力卡可以說是南斯拉夫的史蒂芬．史匹柏，他出生於波士尼亞塞拉耶佛的一個世俗伊斯蘭教家庭，這也是為何他的名字聽起來很像穆斯林。他五十歲時在一間塞爾維亞的東正教堂受洗，表達自己對塞爾維亞的強烈支持。

或許以上這三人的心中怒火是源自於不斷聽到西方世界媒體對他們祖國的錯誤解讀，當你聽多了那些片面之詞，就會站在反面極端激情抗辯，即使你內心知道事實應該落在中間某個點。最後你的言論聽起來就像個思想封閉的民族主義者，而當你習慣成自然，就會開始相信自己的片面之詞，成為另一個只會揮舞拳頭的沙文主義者。我可以理解這種挫折感，特別是當一些從未去過美國的歐洲人嘲笑美國人都是肥胖的蠢蛋；我最氣的是他們沒提到我們也長得很醜。

火爆伊凡曾提到另一個造成塞爾維亞人如此氣憤的因素，「我覺得這真是好笑，這些西方國家在歷史上做過那麼多壞事也沒被懲罰過，現在他們卻突然變成偽君子，想把塞爾維亞人刻劃成邪惡的反派角色。依我看來，那完全是鬼扯。我由衷相信全世界應該閉嘴，別再騷擾塞爾維亞，如果他們真的希望塞爾維亞人坦承自己的罪過，那我只有一句話可以送給那些英國人、法國人、荷蘭人，尤其是土耳其人，那就是『你們先認錯再說！』」

我們確實是偽君子，為了阻止塞爾維亞人清除他們的邊境族群，我們介入了南斯拉夫的內戰，卻沒有防止塞爾維亞人在其他地方遭受相同的凌虐。例如在風暴行動（Operation Storm）期間，克羅埃西亞的軍隊除了趕走塞爾維亞的軍隊，同時也驅逐了超過十五萬名平民，歐盟特使稱之為「我們在巴爾幹地區見過最有效率的種族清洗」，其中有一半的塞爾維亞人再也沒有重返家園。類似的種族清洗也曾發生在科索沃和波士尼亞，北約當時也只會袖手旁觀。安德烈說：「要求塞爾維亞認錯就像一隻驢子笑兔子的耳朵大。」

另一件事是內戰落幕後，海牙國際刑事法庭提出的起訴有大約百分之七十五是針對塞爾維亞。安德烈對此也憤恨不平：「如果塞爾維亞的戰爭罪犯要去歐盟法庭接受審判，那麼歐盟的戰爭罪犯是否也應該去塞爾維亞的法庭？海牙不應當讓參戰國主導一切，應該把決定權交給一些沒有利害衝突的中立國，例如牙買加、印度或史瓦濟蘭。」

我說：「說到牙買加就有趣了，法庭主席和上訴法院的審判長就是來自牙買加。」

安德烈反駁：「那個牙買加法官是被刻意植入的，因為他們心虛想假裝表示公正，他仍舊是參戰國挑選出來的傀儡。」

我說：「首先，你自己要求一位牙買加法官，你不但得到了兩位，整個法庭還有來自蓋亞那、馬爾他、中國、塞內加爾、南韓、瑞典、瑞士、剛果、巴基斯坦和保加利亞的陪審團。結果你非但不心存感激，還如此踐踏對方的善意：『算了吧！他們都是同個鼻孔出氣！整個體制都爛透了！反正邪惡的歐盟已掌控全局！』」

雖然國際法庭已盡力維持客觀立場，但塞爾維亞受到的指控之多確實不成比例，這是不爭的事實。話說回來，英國在二次大戰期間犯下的戰爭罪是否跟納粹一樣多？誰在十九世紀初期犯過較多戰爭罪：美國人？還是北美原住民？任何戰爭的雙方都一定有錯，但有時其中一方的確表現得特別離譜。我相信多數戰爭罪都是五五波，然而每到秋後算帳時刻，勝方又總是占盡地主優勢，無從證明這點。

換言之，塞爾維亞人犯過的罪行固然有可能特別多，但他們遭受重罰的真正原因很簡單，那就是他們輸了。德國在二次大戰後受到的懲罰遠比同盟國嚴重，即使蘇聯和美國也犯過許多戰爭罪。史達林有被處罰嗎？假如今天贏的人是希特勒，史達林和許多俄羅斯人肯定早已被處決，而德國也可以逃過任何刑責。歡迎學習戰爭的基本之道：勝者為王，敗者為寇。這當然不公平，但現實就是如此。

由此可以衍生一個道德難題。假設一個塞爾維亞人殺了一位無辜的克羅埃西亞女人，然後一個克羅埃西亞人又殺了一個無辜的塞爾維亞人，但最後被處罰的只有那個克羅埃西亞人。假如大家都沒被處罰，難道就會比較好？半吊子的正義是否勝過毫無正義？

最後，塞爾維亞人應該讀讀這本書的東德和匈牙利章節，了解兩種不同的戰後態度可以造成何等不同的結果。塞爾維亞人已經為自己發明太多迷思和藉口，就像匈牙利人至今對特里亞農條約依然耿耿於懷，這種極端的自憐思維只會使他們繼續自我麻痺，無法爬出壕溝、翻越山脊。但願塞爾維亞能學習德國在紐倫堡大審之後的作為：不念舊惡，瞻望未來，盡其所能步上軌道。

前往弗拉迪欽漢

索科溫泉村和尼什都很適合初訪者感受塞爾維亞的南部生活，但賈絲明和我還想體驗更多。我寫信給二十六歲的尼曼亞·米洛薩列維奇（Nemanja Milosavljević），一位零經驗的沙發衝浪主。他有建築工程學位，同時也是一名實習牧師，現居於科索沃邊界附近的弗拉迪欽漢（Vladičin Han）。我很期待與他相遇，心想他一定滿腔怨恨，可以聽他暢談阿爾巴尼亞人如何搶奪科索沃和那些輝煌的東正教修道院。正如往常，我又錯了。

尼曼亞在車站迎接我們時，我最先注意到的就是他的濃黑落腮鬍——東正教牧師的標準造型。他把一頭烏黑的長髮紮成整齊的馬尾，穿著黑色騎士皮夾克，看起來有點像地獄天使的成員，不過以他的職業看來他應該比較親近天使。他的聲音溫柔平靜，幾乎可以催眠人。我們走了五分鐘就到達他家，弗拉迪欽漢不是鬼城，但這裡的時間顯然運轉得很緩慢，街上人煙非常稀少，一樓是他們家自己開的餐廳，裡面空無一人。「這幾年來生意一直都很清淡。」尼曼亞安靜地說。

我們上樓跟他母親斯拉蒂卡（Zlatica）見面。她身材嬌小，不會講英語，但她的溫情招待使我們立刻感到自在。她面帶笑容邀請我們坐下，端出茶點。我心想這裡跟科索沃的距離那麼近，他們卻如此殷勤款待一對德國人和美國人，或許北約長達七十八天的轟炸對他們的影響並沒有那麼大。當我向尼曼亞提出此疑問時，他指著一百多公尺外的一座橋說：「看到那座橋了嗎？一枚炸彈擊中它，爆炸震碎了我們所有的窗戶，掀掉了我們的屋頂。」

在這種時候道歉似乎是枉然的，但我還是向他致歉，並詢問是否有人受傷。「我的家人都沒事，但有個女孩和她弟弟在街上被流彈擊傷，雖然男孩的傷勢較重，但女孩卻因為自責而傷心過度去世。他存活了，她沒有。」

斯拉蒂卡可能以為我們只是在聊天氣，她笑著問我們要不要在餐廳用餐。我們下樓，侍者為我們盛上熱湯、沙拉、烤牛排和波倫塔（polenta）。餐廳可說是門口羅雀，除了我們之外只有兩個人在角落抽菸喝啤酒。當我們吃著美食，我再次丟給尼曼亞一道難題：依照我在塞爾維亞各地見到的溫情與幽默，巴爾幹地區為何會有那麼多戰亂？尼曼亞若有所思的淺笑了一下，「巴爾幹人的思維就是我們可以給外地人很多愛，卻無法愛自己的兄弟。」

「舉個例子吧。」我追問。

「人們隨時都在跟親戚爭奪財產，我認識一些家庭，他們的老祖母只能在房子的部分區域走動，因為某些遲未化解的糾紛。」

「那真是瘋狂，」我說，「不過我在其他巴爾幹國家也聽過類似的故事，感覺上你們都滿相似的。」

「我們是啊！」他說，「我們就像兄弟，『家人』是個很貼切的比喻，這些兄弟對彼此又愛又恨，有時會分裂，但到最後總是再度復合。我們就是無法長期相處。那就是巴爾幹人的思維。」

晚餐後，我們跟尼曼亞的兩位好友一起閒逛弗拉迪欽漢。他們都沒固定職業，但有空就會兼差，年齡大約在二十五歲以上，從小經濟狀況就很差。他們說弗拉迪欽漢這種小鎮也很難找到約會對象，因為多數人都認識彼此。我建議他們跨國去科索沃找阿爾巴尼亞女人約會，他們立刻大笑，不過尼曼亞接著說：「其實有些塞爾維亞人會去阿爾巴尼亞的斯庫台（Shkodër）找老婆，真的有這種事。」

我請他們想一個塞爾維亞人的專屬特色。其中一人劈口就回答：「Inat!」這個字的意思就是惡意傷人，許多東歐人（尤其是巴爾幹地區）都曾向我提過這種玉石俱焚的心態——如果你的乳牛死亡，你希望鄰居的牛也死掉，這樣才算扯平。尼曼亞說：「可是在塞爾維亞，如果鄰居的牛死亡，你會希望自己的牛也死掉。」

「為什麼？」

「這樣你就不用把自家的牛奶賣給鄰居。」

「那太瘋狂了！」我說。

「是啊，但那就是inat的精髓。」

說到inat，我就想起小說家莫莫・卡普爾的著作《塞爾維亞思維的導引》。他列舉了一長串你想成為塞爾維亞人之前必須做的事。當然世界上有很多例外，但這位廣受歡迎的作家描述自己國人的手法實在很有趣。我挑出以下一些精華：

(1)吃大量肉食、(2)住在酒館、(3)惡意傷人、(4)像喝水般狂飲拉基亞酒（rakija）、(5)只聽民間音樂、(6)晚上十一點以後才出門、(7)跟你的父母同居至少三十年、(8)跟你的鄰居打架、(9)多看足球賽，少看舞台劇、(10)存一整年的錢，只為了夏天去海邊玩、(11)開銷比收入更多、

(12)賴床、(13)為朋友赴湯蹈火、(14)專門逃避警察、(15)經常咒罵。

第二天，尼曼亞開車帶我們參觀巨大的弗拉西納湖（Vlasina Lake），它位於保加利亞邊界附近的山區，四周環繞著雪山，不過湖面沒有結冰。塞爾維亞南部的美麗山景遠比佛伊弗迪納的無聊平原具有吸引力。對於尼曼亞開了那麼遠的山路，賈絲明和我很想付油錢給他，但他堅決拒收。他也不肯收我們的餐費，無論我們是多麼堅持。不管我走到何處，塞爾維亞人總是展現溫情；瑪利亞的哥哥曾把自己的外套送給我，因為三月還在下雪，而我當時穿得不夠多；尼可拉和吉卡都曾邀請我去他們家作客；一位牙醫甚至幫我免費洗牙。

塞爾維亞的自尊固然受損，然而一時的羞辱往往可以使國家更加強韌。美國曾在越戰和伊拉克戰爭踢到鐵板，但這些創傷還是隨著時間癒合了。塞爾維亞人已經學到，活在過去不會使你有任何進展，單憑政治口號是買不到食物的。他們預計將在二〇二七年加入歐盟，現在很難預測塞爾維亞在二〇三七年會是何等光景，但我敢打賭他們不會再是歐洲的賤民。

在塞爾維亞南部跟修女共飲烈酒

我們離開弗拉迪欽漢之前，尼曼亞帶我們到莫特維察（Mrtvica）小鎮，拜訪山丘上的聖母升天修道院。尼曼亞的四輪驅動吉普車奮力爬上了泥濘山路。當我們踏入修道院時，我以為自己走入了修女會：只有一位年輕男士，其餘十人都是女的。最年長的修女瑪柯琳娜

（Makrina）穿著傳統服裝，和藹地招呼我們坐在桌子旁的長板凳上，幾分鐘後，其他修女也端上了茶和（出乎我意料的）拉基亞酒——塞爾維亞的國民飲料。這是一種水果製的蒸餾酒，通常都是在自家釀造，它有很多種品牌，最受歡迎的是šljivovica（李子白蘭地），你在生日、婚禮和喪禮都會看到它。很難理解塞爾維亞人為何能在酒精濃度如此高的情況下分辨出不同口味。

修女不會說英語，所以我請尼曼亞幫忙翻譯。通常年輕人不像老一輩對宗教信仰那麼關注，我問瑪柯琳娜這在塞爾維亞是否也很常見，她微笑著說：「不盡然，現在對宗教有興趣的年輕人比以前更多。民主社會給予人們更多宗教自由，這很好。話說回來，他們對宗教並不是很熱忱，很多人都會去教堂，但有多少人確實執行東正教信仰？沒有很多。」

此刻已有十幾位女士聚集在桌子周圍或坐在板凳上，仔細聆聽這位資深修女跟好奇的美國人交談。我問她：「你認為塞爾維亞和西方世界有差異嗎？」

「是的，我認為塞爾維亞的宗教靈性比較深，塞爾維亞人的生活帶有較多情感，他們不像西方人那麼理性。可是我們很重視精神生活，上帝住在塞爾維亞南部。」

「戰爭對你本身和你們的信仰有何影響？」

「我們從戰爭學到很多，戰爭是來自上帝，祂透過這場戰爭教導我們，使我們記取教訓。這是上帝的旨意。」

最後我打破沉寂，問到了這本書的主題，這個問題也是我每次訪談的慣例。「世人能從塞爾維亞學到什麼？」

修女豪不猶豫的舉杯吶喊：「如何做拉基亞酒！」歡笑頓時響徹整個房間。

塞爾維亞能教我們什麼

✣ **花兩個小時跟朋友一起喝咖啡。**兩成的失業率固然對此有幫助，但即使失業率只有百分之二，塞爾維亞人還是會挪出幾個小時在咖啡館社交。有時塞爾維亞人似乎都把友情放在家庭之前，他們可以跟任何人一起喝咖啡。

✣ **顧好身體。**這不僅是關於穿著，雖然塞爾維亞人對那方面也很注重。更重要的是維持健康的體能，塞爾維亞人普遍都比一般美國人健美苗條。

✣ **吃當季食物。**塞爾維亞人不會在冬天買番茄，雖然這點已逐漸改變，他們還是崇尚傳統，偏好新鮮蔬果。

✣ **不要將自己對某國政府的觀點套用在它的人民上。**我走遍塞爾維亞，不曾拿自己的法國和智利血統當擋箭牌，反而勇敢地承認自己是美國人，試探對方的反應。我來自一個曾經轟炸過塞爾維亞的國家，然而當他們知道我是美國人時，他們從未退縮或給我任何異樣眼光。他們的瞬間反應都是正面而友善的，而且那也不是虛偽的表面善意——他們甚至隆重歡迎我進入家門，奉上最熱情的款待。有些人對美國確實有負面觀感，但他們從未把國家跟個人混淆。我們不應讓自己對某些國家的主觀感受影響個人之間的互動。

✣ **嘲笑自己的不幸。**儘管他們還沒放下受害主義的思維，塞爾維亞人依然保有他們的幽默感。那是一種獨特而充滿嘲諷的黑色幽默，但由此可見多數人都懂得笑看人生，這表示他們的心態很健全。

✣ **每個月賺五百元，卻過著預算一千元的生活。**而他們不靠信用卡或貸款也能做到這點，這實在是個謎。

在檢視過克羅埃西亞和塞爾維亞之後，我們或許已準備踏入一個更複雜的國家：波士尼亞與赫塞哥維納。當初離開武科瓦爾之前，我曾經向塞裔衝浪主斯拉維沙提到我會去波士尼亞，他給了我一個擁抱後說：「祝你好運，波士尼亞是個瘋狂的國家，沒有人了解它。」

第十四章

波士尼亞——三「族」鼎立的複雜國度

波士尼亞小資料

位置：巴爾幹半島國家，全名是波士尼亞與赫塞哥維納，可簡稱波赫或波士尼亞。

面積：約5.1萬平方公里（台灣的1.42倍）

人口：約340萬（台灣的0.15倍）

首都：塞拉耶佛

主要族群：波士尼亞人、塞爾維亞人、克羅埃西亞人

人均國內生產毛額：6,726美元（2022年資料）

- Bosna i Hercegovina -

波士尼亞與赫塞哥維納是歐洲最複雜的國家，說來也很諷刺，因為這片土地上面住的是歐洲最單純的民族。

它究竟有多複雜？我們可以先試圖了解這些：波赫的面積比西維吉尼亞州略小，可分為三個宗教和三個文化族群，語言卻都相同（有些人說那是三種不同語言）。奇怪的是整個國家不是分成三個區域，而是兩個，它們的定義也不太明確，有人把它分成波士尼亞和赫塞哥維納兩個地區，也有人把它分成塞族共和國（Republika Srpska）和波赫聯邦。對了，另外還有小小的布爾奇科（Brčko）自治區，或許也可以稱為第三區域。三大族群每隔四年會各選出一位總統，每人輪流執政八個月，總共輪替六次，然而這都不重要，因為更上頭還有一位歐盟指派的高級代表，他擁有國王的權力。

> 巴爾幹地區沒有任何事情是單純的。——英國政治家大衛．歐文（David Owen）在著作《巴爾幹的漫長旅程》中描述波士尼亞和平會談的失敗

為了簡化此章節，首先讓我們釐清一些定義。波赫是在一三二六年取得這個又臭又長的名字，當時波士尼亞征服了赫塞哥維納，雖然「波士尼亞」這個字沒有明確來源，「赫塞哥維納」是來自一位名叫斯捷潘．武克契齊（Stjepan Vukčić）的公爵（Herceg），他很謙虛的

用職位命名了自己的地盤，所以赫塞哥維納的意思就是「公爵之地」。今日赫塞哥維納位於國家南部山區，面積只有波士尼亞的四分之一，因此我們就以簡單為原則，把整個國家通稱為「波士尼亞」。

接下來再定義一些人口學的術語。就像墨西哥裔美國人（住在美國的墨西哥人後裔），這裡也有波士尼亞塞族。但巴爾幹人的用詞習慣跟美國人相反，第一個字表示護照上的國名，第二個字則表示民族，所以一位波士尼亞塞族人就是擁有波士尼亞國籍的塞爾維亞後裔，一位波士尼亞克族人就是擁有波士尼亞國籍的克羅埃西亞後裔。請記住這些名詞，你才不會被搞混。以上兩種人有什麼差異？其實完全沒有，但千萬別這樣告訴他們。

一般人都把波士尼亞的三大族群歸類為塞族、克族和穆斯林，但這種分法缺乏平行結構，因為第三個詞是根據宗教定義，前面兩個卻不是。所以我們在此把第三個族群稱為波族（Bosniak），全國三百多萬人有百分之五十屬於波族，百分之三十一是塞族，百分之十六是克族，而他們的基因都是相同的。[1]

既然這三個族群看起來、聽起來和聞起來都一樣，他們之間的唯一差異就是宗教。一般來說，波族多數是伊斯蘭教徒，塞族是東正教徒，克族則是天主教徒。然而我們很快就會發現，真正對信仰很虔誠的人只占少數，所以他們根本就是同一個民族，問題只是他們在過去三十年都假裝不是。

貝爾格勒到塞拉耶佛的過夜巴士

我初次造訪波士尼亞時，雖然戰爭在十年前已結束，這個國家顯然還處於失調狀態。貝爾格勒的巴士售票員不小心給了我一張上午十點的車票，而不是我要的晚上十點夜車，我自己也是直到上車才發現，司機叫我退票（可以折抵一成票價）直接換現金，他將錢塞入口袋後就讓我搭上這台超售的巴士。這就是巴爾幹式的賄賂。

巴士無法直達塞拉耶佛市中心，只能停在郊區，由此更加可以看出這個國家的機能失調。這是因為塞族和波族還在爭論不休，連一個車站都無法共享，因此塞爾維亞的巴士只能開到塞族共和國邊界。波士尼亞全國領土有百分之四十九屬於塞族共和國，其餘的百分之五十一則屬於波赫聯邦。

司機告訴我們說只要搭區間公車就能穿越塞族共和國邊界到塞拉耶佛市中心，這聽起來很容易，於是我就偕同義大利人馬可・佩提納里（Marco Pettinari）和瑞典人瑪利亞・霍格

---

1 Niall Ferguson, *The War of the World* (Penguin, 2007), pp. 626–631. Marjanovic, D., et al, "The peopling of modern Bosnia-Herzegovina: Y-chromosome haplogroups in the three main ethnic groups," *Annals of Human Genetics*, issue 69, 2005, pp. 757–763.

巴克（Maria Högbacke）一起找那台公車。問題是上車只能付現金，而我們身上都沒有波赫馬克（KM）；沒問題，我們只需要找一台銀行提款機來提領波赫馬克，不幸的是銀行都沒有跟國際連線，所以三個國家的金融卡全被吐了出來。最後我們攔下一位事業心重的計程車司機，看在他願意接受歐元的份上，讓他海撈了一筆。

塞拉耶佛不像任何歐洲國家的首都，你可能每走幾條街區就會看到一間清真寺、猶太會堂或東正教堂，建築風格融合了土耳其、奧匈帝國和拜占庭帝國的色彩。羅馬人曾經從西元前三世紀到西元三九五年統治巴爾幹地區，直到帝國一分為二，而當初作為分界的德里納河（Drina）至今仍流在波士尼亞與塞爾維亞之間。我的義大利新朋友馬可無法相信羅馬人曾經統治此區域長達七百年，當他抬頭看到幾位壯碩的巴爾幹巨人時，他低聲說：「真不敢相信我們打敗過這些人。」

土耳其的陰影

下一個打敗這些人的民族是土耳其人，他們統治了波士尼亞四百年。塞爾維亞人很愛回憶那段恐怖時期，從一四六三年到一八七八年，土耳其人碾碎了斯拉夫人的民族意識，在巴爾幹地區散播殖民，誘騙基督徒皈依伊斯蘭教，把那些拒絕被同化的人貶為農奴，依據古蘭經的教律制定嚴刑峻罰，並強迫大家喝土耳其咖啡。

更甚者，非伊斯蘭教徒在土耳其的統治之下還要繳納特別人頭稅（cizye）與土地稅（haraç），不過這些加起來也不見得比過去基督教時代的稅收更高。還有，先別急著羨慕伊斯蘭教徒，他們也得交付所謂的「天課」（zakat），美其名就是「淨化財產」。有時真的搞不清楚土耳其人到底覺得哪件事比較重要：把基督徒轉化成伊斯蘭教徒，或是提高稅收。

土耳其人也招募了全世界第二大的軍隊。他們推動血稅募兵制（devşirme），從基督教臣民中挑選優秀的男孩，帶到帝國首都伊斯坦堡進行集訓，培養他們成為未來的軍隊將領、士兵或隨扈，組成禁衛軍（Janissaries），其中的佼佼者將會成為政府首長和蘇丹的強力盟友。這種募兵制度至今仍飽受爭議，諾貝爾文學獎得主伊沃．安德里奇（Ivo Andrić）就是以此景象開啟他的名著《德里納河上的橋》（*The Bridge on the Drina*）。書中描述陰森的黑衣人騎著黑馬橫掃斯拉夫村莊，劫持農家男孩，迅速消失在虛無迷霧之中，望塵莫及的母親只能無助哀號。他們就像《魔戒》中的暗黑戒靈。

這一幕乍看之下很合理，直到我在從多博伊（Doboj）前往圖茲拉（Tuzla）的途中跟波族人阿明．舒瓦利奇（Armin Šuvalić）交談，他告訴我：「事實並非如此，相反的，如果你的孩子能雀屏中選去伊斯坦堡，這是一項殊榮，就像送你的孩子去哈佛或其他頂級的寄宿學校。土耳其人只會挑選最有潛力的孩童，每四十戶家庭中只有一人會被選上。當他們光榮返鄉，這些禁衛軍都擁有領導地位，也能回饋自己的社區。」

或許吧，不過可以確定的是禁衛軍真的很強大。事實上，為了使他們維持忠誠，蘇丹還需要付給他們高薪，並允許他們結婚、在軍營外面生活。最後蘇丹終於厭倦了這些被寵壞的少爺，試圖創立一支現代化的軍隊來取代他們，禁衛軍隨即群起叛變，但他們失敗了。土耳其人在一八二六年廢止禁衛軍制度。阿明的結論是：「身為穆斯林，我們不認為土耳其時代是壞事。相反的，土耳其人為教育、基礎建設和社會組織都帶來很大的進展。」

話說回來，塞爾維亞人對那段時期還是有些反感。當我在尼什跟安娜·米羅凡諾維奇（Ana Milovanović）共飲咖啡時，她告訴我：「如果我說『土耳其咖啡』，侍者可能會皺眉頭，所以為了安全起見，我總是委婉的說『自製咖啡』。」

交換占領者

有時候，匈牙利人和巴爾幹人會宣稱他們「拯救歐洲，阻斷了土耳其的攻勢」，暗示歐洲其他國家應該感謝他們的「犧牲」。例如米洛塞維奇（塞爾維亞前總統）曾經在演說中宣示：「六個世紀之前，塞爾維亞英勇坐鎮於科索沃的戰場，同時也捍衛了全歐洲。當時塞爾維亞是歐洲文化、宗教和社會的前線堡壘。」台下群眾跟著唱和：「歐洲，別忘記我們曾經保護過你們！」

首先，任何今日還活著的人都沒資格為超過八十年前的事蹟邀功，也不應為超過八十年前的錯誤肩負罪責。沒有人能對自己的祖先有選擇權或控制他們的行為。再者，事實是匈牙利人和巴爾幹人只不過減緩了土耳其人的攻勢，真正「拯救」西歐的是奧地利人和波蘭人。對土耳其帝國而言，匈牙利和巴爾幹地區只是個減速丘，奧地利才是路障，不過奧地利確實也須仰賴匈牙利人和斯拉夫人的英勇協助才得以擊潰土耳其人，而且最後是俄羅斯人在一八七八年帶來致命一擊。

土耳其人被趕出波士尼亞之後，奧地利人和匈牙利人便乘虛而入，他們推動現代化工程，建設鐵路，發展礦坑，甚至比維也納還早裝設路燈。安德里奇在他的得獎書中總結了這個時代的特性：「這個新狀態並不會比土耳其時代更自由或有彈性，但它比較有人性，感覺較舒緩，而且那些條件與限制都是從遠端巧妙執行，所以人們比較無感。因此大家都覺得周遭空間似乎突然變寬變亮了，世界似乎變得豐富多元。由於新政府具有良好的行政機構，它得以成功且和平地向當地居民徵稅，反觀當初土耳其帝國就因不得民心，必須藉由粗暴手段逼人就範，有時索性直接搶劫。相較之下，新政府反而得到更多，過程也更順利。」[2]不過當奧匈帝國在一九〇八年正式兼併波士尼亞之後，這個外來勢力顯然已不打算離開，雙方關係急轉直下。在接下來的六年中，巴爾幹的火藥庫將持續擴張，直到一位十九歲的年輕人點

2 Ivo Andrić, *The Bridge on the Drina*, translated by Lovett F. Edwards (Beograd: Dereta, 2009), pp. 264-5.

燃火柴。

馬可、瑪利亞和我一起參觀塞拉耶佛時也發現到許多奧匈帝國的遺跡，那個時代的古典建築至今依然與土耳其建築並肩而立，電車平緩地在悠閒的首都中滑行。我們到市中心的傳統市集（Baščaršija）吃午餐，享用波士尼亞最著名的多層薄餅（burek）。這是一種油膩的糕餅，裡面可以填塞乳酪（sir）、碎肉（meso）、蘑菇（pecurke）或薯泥（krompiruša）。我們舔拭著油膩的手指，繼續走到一座我一直很想拜訪的橋。

扭轉歷史的波士尼亞人

一九一四年六月二十八日早晨，十九歲的波士尼亞塞族人加夫里洛・普林西普（Gavrilo Princip）決定犧牲生命改造世界歷史。他和五位朋友密謀暗殺奧匈帝國的皇位繼承人法蘭茲・斐迪南大公（Franz Ferdinand）。斐迪南當時正在參訪塞拉耶佛，他曾經允諾在接任後就會賦予所有斯拉夫人平等權利，並改良法律制度。「那還不夠好。」普林西普一邊想著一邊裝子彈。

其中一位同謀率先朝斐迪南的座車投擲手榴彈，但時間沒算準，炸傷了其他人。這位準刺客隨即吞下氰化物膠囊，跳入河水，不過那個膠囊已經過期（它的功效僅限於催吐），而且夏天河水太淺，所以他很快就被逮捕。其他五名共謀者（包括普林西普）則被困在人群中，眼睜睜地看著斐迪南的座車飛馳而去。半小時後，普林西普躲在拉丁橋附近尋找機會，他不敢相信自己的好運：大公剛在市政廳發表完演講，車隊沿河往醫院行駛，當他們經過拉丁橋時，座車駕駛因轉錯方向緊急煞車，普林西普立刻撲上前，撞開一名行人，從近距離射中斐迪南的頸部。斐迪南的夫人直覺地擋住他的身體，同時普林西普又開了一槍，擊中她的腹部。普林西普隨即試圖飲彈自盡，但沒有成功，他也吞下氰化物膠囊，不過就像他的同謀，他只是把它嘔吐出來。警察隨後逮捕了他，但普林西普已達成任務：大公夫婦都死了。

動物愛好者可能會認為斐迪南罪有應得。他對打獵有狂熱的興趣，宮殿裡有超過十萬隻獵物標本，根據他的日誌，他曾經獵殺超過三十萬隻動物。在當了一輩子的狩獵者之後，他自己終於成為獵物。

馬可、瑪利亞和我跨過拉丁橋，站在這個歷史轉捩點的震央。這裡原本還有一面銘牌，上面刻著普林西普的腳印，不過波士尼亞人已將它移除，他們可能是不想表揚一位塞族人士的行徑，或是不想慶祝一個導致將近百萬人喪生的事件。

這宗暗殺案確實引發了一連串不幸事件。首先，奧地利人憤而向塞爾維亞宣戰。這還真符合邏輯：如果一個波士尼亞人殺了你的領袖，就處罰所有塞爾維亞人。美國對九一一事件的回應也是套用此邏輯：十九名劫機者中有十五人是來自沙烏地阿拉伯，於是我們就攻打阿富汗。

奧地利攻打塞爾維亞之後，俄羅斯就向它的斯拉夫兄弟伸出援手。這也算合理，如果加拿大被某個國家攻擊，美國也會去支援，因為美加之間有相當程度的兄弟情誼。問題是德國對奧地利也有類似的情感，所以當俄羅斯介入時，德國也覺得自己必須參一腳；很合理。另一方面，法國曾經私下答應俄羅斯，對方若有需要就得提供協助；這也無可厚非。雖然這些決定單獨分析起來都有道理，但結果只是造就了一場毫無意義的戰爭，由於第一次世界大戰並沒有解決任何實質問題，它只是將人類帶向第二次世界大戰。簡言之，一位波士尼亞塞族人引發了史上最致命的兩場戰爭。

當然，由於沒有平行宇宙可做比對，我們永遠無從得知普林西普的那一槍究竟有多關鍵，他自己更無法預知。普林西普犯案時差一個月才滿二十歲，所以沒被判死刑，而是被判入獄二十年。他在粗劣的牢房裡度過了大部分的一次大戰，手臂因感染被迫截肢，大約四年後死於肺結核，當時體重只有四十公斤。

那一天進入尾聲時，馬可和瑪利亞陪我走到火車站，向我道別。我知道自己在五年內還會回到塞拉耶佛，但我從未料到自己即將再次見到馬可。事情就是那麼湊巧，一週之後我們又在杜布羅尼克意外碰面，接著又一起去蒙特內哥羅旅遊了好幾天，不過那段故事就留到下一章再說吧。

東歐最漂亮的橋

五年後，我拜訪了莫斯塔爾（Mostar），一座仍保有十五年戰火瘡疤的美麗古城。有些房屋還是處於廢墟狀態，許多住戶的外牆依稀可見榴彈的炸痕與彈孔。這個城市的名字可以直譯為「橋的守護者」，它也擁有全東歐最漂亮的橋。

莫斯塔爾的古橋是個迷人的世界遺產。行人專用的石橋如同一道拱門，橫跨急速流動的內雷特瓦河（Neretva）。它顯然受過伊斯蘭建築風格的影響，當你從上方走過，你將被傳送到歐洲境外的另一個紀元。當初它建於一五六六年時，兩側石塔早晚都有衛兵守候，然而到了一九九三年，此地早已人去樓空，古橋也被克羅埃西亞的坦克炸成碎片。它在二〇〇四年重建完成，如今尋求刺激者都喜歡挑戰極限，從二十公尺高的橋頂跳入河中，如果運氣不好，就一去不復返。往南走的下一座橋是渡口橋（Lučki Most），或許從那邊跳河的存活率較高。[3]

觀景餐廳林立於橋梁的一側，對面的鄂圖曼區（Ottoman Quarter）則都是咖啡館、手工藝商店和土耳其式的房屋。狹小的鵝卵石步道為古城帶來親密而安逸的氛圍，而當年的戰火

3 譯者注：雙關語，「幸運」的英文（lucky）拼法跟Lučki類似。

前線也近在咫尺，破碎的房舍可以證明克羅埃西亞人和波士尼亞人曾經在此纏鬥。克族人後來用水泥蓋了一間新的天主教堂，它的鐘樓高得離譜，彷彿在對附近的宣禮塔示威：「去你的，我們比較高。」

前南斯拉夫人或許對許多事情意見不合，但幾乎大家都同意波士尼亞人是個有趣、單純又隨和的民族，而且廚藝勝過其他人。波士尼亞的餐食比多數歐洲食物清淡，它完美融合了過去所有入侵者（土耳其、奧地利與匈牙利）的飲食文化，他們在多雪的冬天藉由佐料豐盛的白菜濃湯保暖，也常吃羊肉、小牛肉、豬肉或牛肉。雖然我平常都吃素食，不過當我身處異地時，偶爾也會嘗試一些奇特食物。如果我在莫斯塔爾的餐館菜單上看到牛腦，就必須試吃一次，但以後不會再試。

我後來結識了來自克羅埃西亞的醫學生席邁（Šime），他的成績不夠好，所以只能申請到莫斯塔爾的醫學院。學校裡大約有七成學生是波族人，三成是克族人，大家都相處得不錯。他們的語言確實也完全相同，例如：zdravo（你好）、hvala（謝謝）、molim（請）、doviđenja（再見）、da（是）、ne（不是）、nema na čemu（不客氣）、oprostite（抱歉）、koliko košta（多少錢）。

我問他：「既然沒有語言隔閡，你們的問題到底在哪？」

他嘆了口氣：「說來話長。」

尋找國族認同

若要了解二十一世紀的波士尼亞，我們必須先了解二十世紀的它。如先前所見，奧匈帝國時代雖然比為期四百年的土耳其時代略勝一籌，但也沒有多好，這可以解釋第一次世界大戰的由來。一次大戰之後，波士尼亞加入了塞爾維亞、克羅埃西亞與斯洛維尼亞的聯合王國，請注意這個國名裡面沒有波士尼亞，即使他們的人數比斯洛維尼亞人還多，那是因為塞爾維亞和克羅埃西亞不願意承認波族人（具有斯拉夫血統的穆斯林）存在，他們寧可相信這些人只是被伊斯蘭教洗腦的塞族人或克族人。這種想法一直都很普遍，直到它撕裂了南斯拉夫。

波士尼亞的國族認同一向都很難界定。二次大戰期間，有些波族人曾經凶殘對待塞族人，然而很多人也曾跟塞族並肩奮戰。唉，巴爾幹地區真是混亂。歷史學家史蒂芬・帕夫洛維奇（Stevan Pavlowitch）曾在一九四四年如此描述南斯拉夫：「無論這個政府代表的是什麼，那絕對不是統一。」[4]狄托發誓會讓每個文化族群擁有自己的共和國，但他卻強迫波士

---

4 Stevan K. Pavlowitch, "Out of Context – The Yuglosav Government in London, 1941-1945." *Journal of Contemporary History* 16, 1981, p.89-118.

尼亞人把自己歸類為天主教徒或東正教徒，直到一九七一年才創立第三個選項：穆斯林。

人口普查的數據能告訴我們很多。一項一八六〇年代的普查顯示波士尼亞的總人口中有百分之三十三是塞族人（跟今日類似），後來奧匈時期有百分之六十八是塞族或克族，百分之三十二是波族。一九七一年的全國普查顯示波族只占二成七，到了一九九一年，他們卻增加到四成四。這表示波族在南斯拉夫時期的最後三十年後來居上，成為波士尼亞的最大族群。為什麼？

首先，一九六〇年代有很多塞族人和克族人離開了波士尼亞，但不是因為族群紛爭，而是為了經濟：貝爾格勒、諾維薩德、武科瓦爾和札格雷布都能比任何波士尼亞城鎮提供更優渥的工作機會。第二，波族人的生育率也略比其他斯拉夫民族高。第三，宗教自由的開放使他們有勇氣自稱為伊斯蘭教徒，而他們以前可能不敢公開承認自己的信仰。

但還是有少數波士尼亞人不稱自己為塞族、克族或波族，他們自稱為南斯拉夫人。是啊，好偉大的愛國情操。在一九六一年的人口普查中，只有百分之二認同自己是南斯拉夫人，細分來看，其中以波士尼亞共和國的比例最高，但它境內也只有少數地區比例超過一成。一個極端的例子是塞拉耶佛：一九八一年有高達兩成的市民如此自我認定。令人匪夷所思的是，翻遍南斯拉夫五十年歷史，全國人民從未有超過百分之八點四會優先自稱為南斯拉夫人。5

這對美國人而言是很難理解的，如果你叫一位來自加州的人給自己選擇加州人或美國人的標籤，他肯定會回答美國人。即使是外來移民也會先選美國，而非他們的祖國，尤其是在第一代之後。許多巴爾幹人都告訴我：「如果我們能複製美國的這點就好了，南斯拉夫在我們心中從未占有第一順位，永遠都屈居第二。」

美國經過二十世紀初的移民熱潮，原本很有可能會步上巴爾幹的後塵。一九一五年，老羅斯福告訴愛爾蘭的天主教騎士聯盟：「這個國家無法容忍帶有連字號的族群意識……它絕對會造成這個國家的衰亡……我們不能容許眾多民族為了各種瑣碎爭執而糾纏不清，無論是德裔美國人、愛爾蘭裔美國人、英裔美國人、法裔美國人、北歐裔美國人或義大利裔美國人，他們絕對不能保有各自的國籍，因為他們對歐洲祖國的認同勢必會勝過美國……一個好的美國人絕不會為自己的身分加上連字號，他的國籍只有美國，不會有別的。」五年之後，威爾遜也附和：「任何隨身攜帶連字號的人就像攜帶著一支匕首，只要時機成熟，他就會將它插入這個國家的心臟。」

簡言之，美國和南斯拉夫都曾為了統一人民的國族認同而掙扎過。美國應當記取南斯拉

5 *Jugoslavija, 1918-1988, Statistički godišnjak.* Belgrade, Savezni zavod za statistiku, 1989, pp.160-66. "The National Composition of Yugloslavia's Population, 1991," *Yugoslav Survey 1*, 1992, pp.3-24.

夫的失敗教訓，因為由歷史可以預測美國的統一將再度遭受考驗。

南斯拉夫時期的族群關係究竟如何？

波族、塞族和克族是否經常同歡共樂？紛爭是否突然莫名爆發？還是緊張情勢早已醞釀多時？我在波士尼亞問過許多人這些問題，他們給的答案卻莫衷一是。

有些人說南斯拉夫時期的族群關係很友善，他們提出兩點證據。第一，波士尼亞戰爭爆發之前，它的族群分布圖呈現的是個完美的大熔爐，分別形成叢集，隨機散布在波士尼亞各處。這個社會若要維持正常機能，彼此勢必需要密切合作。第二，如先前所見，波士尼亞人對國家整體的認同感相對較高。他們可說是實踐了南斯拉夫的政治口號「兄弟與統一」。

阿明認為紛爭是被刻意製造出來的，他在信中提到：「那些外國政府想要瓜分並占據我們的國家，於是就從中製造對立、挑撥離間。媒體塑造了人民各自為營的假象，其實我們都心知肚明，多數人根本不在乎自己的鄰居屬於塞族或克族。外界總是以為波士尼亞的內鬥有多嚴重，其實那完全是來自政治渲染，與事實相去甚遠。」

然而反過來看，也有證據可以指出族群之間的和諧只是假象。大多數南斯拉夫人都偏好以族裔做自我辨識，這是不爭的事實，也可證明「我們對上他們」的種子早已深植於民心。當南斯拉夫人提到「國」這個字時，他們指的是各自的族群，不是南斯拉夫。伊夫・達魯瓦爾（Yves de Daruvar）在一九七〇年就精準預測：「捷克斯洛伐克和南斯拉夫的國家結構不可能長久維持穩定，因為他們只是把捷克人和斯洛伐克人硬綁在一起，塞爾維亞人和克羅埃西亞人也是。直到今日，這些民族依然無法忍受彼此，離婚只是遲早的事，此宿命已經寫在星辰之中。」[6]如果連一位法國人都能感受到人民之間的敵意，顯然情況並不像一些巴爾幹人說的那麼美好。

事實是，當經濟繁榮時，南斯拉夫人就願意把嫌隙放在一邊，但經濟一旦衰落，互相指責的宴會就開始了。責怪外界是不對的，舉美國為例：今天另一個國家可以試圖使內布拉斯加州人討厭堪薩斯州人，但這兩州必須原本就存有瑜亮情結，此招才會奏效，否則任何政治宣傳都只是對牛彈琴。總而言之，多數南斯拉夫人都口是心非，表面上呼著團結的口號，但只有少數人內心真正相信它。他們終究無法通過最關鍵的考驗：在經濟困窘時維持團結。

巴尼亞盧卡的巴士行

我第三次拜訪波士尼亞是從札格雷布搭車到巴尼亞盧卡（Banja Luka）。全車有五名老

6 Yves de Daruvar, *The Tragic Fate of Hungary: A Country Carved-up Alive at Trianon* (Nemzetor and Alpha Publications, Second Edition, 1970), p. 198.

人，但他們都不會講英語。當我們逐漸接近波士尼亞，車子在單線道路逆風顛簸而行，半成屋與農田林立於公路兩側，路上偶爾還有凹坑。當巴士開始掙扎著爬上山坡，它的引擎也飆起了高音。山路的景象使我發出會心微笑：那代表我們即將進入波士尼亞，一個群山無盡的世界。

巴士穿越邊界之前，一位二十歲的女孩上了車，坐在我前面。她穿著緊身牛仔褲和一件跟她的粉紅長指甲很相稱的粉紅毛衣，搭配假毛黑夾克。我們開始閒聊，她是波士尼亞塞族人，名叫歐亞（Olja）。我問她住在塞族共和國的感覺如何，她回答：「我討厭待在波士尼亞。我不是波士尼亞人，我是塞爾維亞人。」

我問：「當你去貝爾格勒的時候，人們會注意到你的特殊口音嗎？」

「會。」

「那波士尼亞人呢？三個族群是否有各自的獨特腔調？」

「其實沒有，我們講的話都一樣。」

諷刺的是她雖然感覺很像塞爾維亞人，但語言方面卻跟波族人更相似。她打開了一個鋁箔紙包的三明治，並展示塞族的熱情，遞給我其中一片。我們進入邊境城市格拉迪什卡（Gradiška），此時大約有二十名大學生擠上了公車。我問歐亞目前塞族和波族的關係如何，她說：「不好，我們還是經常爭鬥。」

我們後面的女生突然說話了，「那並不正確。」

我將目光轉向米賽達（Mirsada），一位頭髮和眼睛都是深色的波族學生。她繼續說：「波族和塞族的關係並不差，我是穆斯林，但我也有很多塞族朋友，我不會覺得受到歧視。」

歐亞不發一語地翻了一下白眼，米賽達補充：「波士尼亞人都長得一樣，我們喜歡強調族群之間的差異，但那些差異其實很小。我曾在德國住過很多年，土耳其人和德國人之間的差距遠比波族和塞族大，但他們相處得卻比我們更融洽。」

兩位女孩輪流表述自己的觀點之後，歐亞終於對米賽達釋出善意，至少表面上有。她們都在研讀法律，或許有一天她們會在法庭再度相遇，來一場真正的鬥智。

微小差異的自戀

米賽達的評語使我想起佛洛伊德在《文明及其不滿》（*Civilization and Its Discontents*）中提到「有些族群的地理位置相鄰，其他各方面也都有密切關係，卻為了互比高下而不斷彼此貶抑，例如西班牙人與葡萄牙人，南德人與北德人，英格蘭人與蘇格蘭人，族繁不及備載。我稱此現象為『微小差異的自戀』。」

佛洛伊德雖然沒提到巴爾幹人，不過他們的「微小差異的自戀」比他列舉的那些族群更極端。正如弗拉迪曾告訴我：「我們本是同根生，只是愛找藉口互鬥。」

比方說，有些塞爾維亞人會向我強調č和ć兩個字母的不同，例如ćevapčići這個字，對多數人類而言，它們兩個聽起來都像英語中的ch。感謝瑪利亞，一位住在諾維薩德的語言教師，我終於學會它們的正確發音。她說這雖然是塞爾維亞語的專有特徵，但有些當地人根本懶得區分。關於塞爾維亞人會特別在意這個微乎其微的差異，她只能一笑置之，「巴爾幹人總是活在放大鏡下，我們可以對任何事情小題大作、吹毛求疵，而這個世界上多數人從來都不會注意到那些事，也不會去在乎它們。」

巴爾幹人就像孿生兄弟，永遠都在爭論誰年紀最大。民族主義確實也是一種群體自戀現象，它在巴爾幹地區已達到荒謬的境界。誠如卡爾．波普爾（Karl Popper）所言：「共產主義已被這荒唐的民族主義取代，我說它荒唐，因為大家同樣都是斯拉夫人，卻能為此搞得勢不兩立。」[7]

在見識過巴爾幹人的自戀主義後，你應該更能理解狄托為何在前南斯拉夫人心中享有神級地位。只有神才能使這些人團結，並維持團結超過四十年。

因宗教而戰的迷思

巴士終於行駛到巴尼亞盧卡，當車門打開時，三月的寒風瞬間灌入了車廂。天色已黑，地上還有殘餘的融雪。我依循指示找到沙發衝浪主普列卓．波洛耶維奇（Predrag Borojević）

的公寓。多數沙發衝浪主都帶有一點嬉皮的人生觀：免費施捨，你自然會有福報。二十五歲的普列卓不僅有這種樂天性格，他還頂著一頭厚重的嬉皮捲髮。普列卓天生就骨瘦如柴，雖然他已盡力增加食量。他的室友瑞科．斯帝亞柯維奇（Rajko Stijaković）是個友善高大的排球員，他的克羅埃西亞女友葉琳娜．布加洛（Jelena Bucalo）也正好來此作客，我們聊了好幾個小時，大家想傳達的基本訊息都是：「我們已經厭倦那些政治遊戲，我們對任何人都無所偏見，我們只想和平相處，凡事向前看。」

普列卓和他的朋友們象徵著巴爾幹人正向的一面，年輕人都喜歡叛逆，他們的表現方式就是排斥父母傳授的狹隘民族主義，以及對於過去的沉迷。每個族群都有類似的年輕人，他們受不了上一代對往事依然耿耿於懷，整天只想清算舊帳，這些新生代希望把焦點轉向未來。普列卓說：「我確實是塞族人，但我不喜歡被貼標籤，我不是東正教徒，我是不可知論者，宗教對我而言毫無意義。」

話說回來，我也在同樣的年齡層遇過一些守舊派，他們會如鸚鵡般地複誦長輩的信仰和迷思，闡述那些老番癲的狹隘觀點。巴爾幹人的未來將取決於這兩個族群之間的角力。

7 Giancarlo Besetti, *The Lesson of This Century: With Two Talks on Freedom and the Democratic State* (London: Routledge, 1997), p. 53.

普列卓與我討論三大宗教在南斯拉夫戰爭中扮演的角色，他同意許多人都將問題歸咎於信仰不合，這聽起來似乎是個合理的推論，畢竟三大族群之間並沒有其他顯著差異，所以這一定是宗教的錯，對吧？

其實不然。自從二次大戰之後，南斯拉夫人已對上帝失去興趣。一九六四年某個宗教的盛行率已降至七成，到了一九八四年，它更是驟減至百分之二十五。南斯拉夫分裂之後，只有斯洛維尼亞人將民族主義的崛起怪罪於宗教或民族差異，其實多數人都認為主因是國家缺乏現代建設。[8]多數巴爾幹人並不會在乎你信什麼教，當被問及自己的社區是否適合少數宗教族群居住時，百分之七十八的塞爾維亞人和馬其頓人都回答「是」。事實上，前南斯拉夫各國幾乎都有七成以上認為適合，唯一的例外就是斯洛維尼亞（百分之五十六）。

但這不代表宗教在人民心中毫無地位。尼爾．米契爾教授曾告訴我：「塞爾維亞東正教會的牧首去世時，我們正好在貝爾格勒，街上有數十萬人列隊送葬，整個城市都暫停運作。雖然平常規則上教堂的人只占少數，但東正教會是塞爾維亞的民族靈魂，它具體表現了他們的民族主義，這對塞爾維亞是一種詛咒，也是恩賜。」

東尼．布瑞里奇（Toni Bralić）是一位克羅埃西亞的不可知論者，他告訴我：「克羅埃西亞的性教育都是由牧師講授，學校都有宗教課程，媒體也經常邀請天主教會參加電視辯論。」

另一方面，年輕伊斯蘭教徒阿明相信有四成的波族人會遵照古蘭經，每日禱告五次，他還推測大約有百分之十五在婚前沒有性經驗。其他波族人則認為這些數字都太過高估了。阿明強調波士尼亞人對伊斯蘭教的信仰態度跟聖戰者「完全相反，我們不像他們會強迫人們皈依，或是留著大鬍子，生六到十個小孩。」簡言之，多數巴爾幹人或許會自稱有宗教信仰，但很少人會徹底執行或真心關注。

巴爾幹人表面上雖宣稱宗教很重要，但他們的言行並不一致。當蓋洛普在二〇二〇年問及「宗教是否在你的日常生活扮演重要角色」，以下是各國人回答「是」的比率：科索沃百分之八十三，波士尼亞和北馬其頓都是百分之七十三，克羅埃西亞百分之六十四，蒙特內哥羅百分之五十七，塞爾維亞百分之五十二。相反的，當被問及「過去一週是否參加過宗教活動」，只有大約三分之一的人以肯定作答。話說回來，當某個族群在該地區占少數時，他們參與宗教儀式的機率就會提高，例如塞爾維亞人整體雖然在過去一週只有兩成去做禮拜，但這個比例在科索沃（那邊的塞族只占總人口大約一成）就提升到百分之四十五。相似的，塞族在波士尼亞也占少數，他們會規則上教堂的人數也有四成。阿爾巴尼亞人在馬其頓是少

8 Sabrina P. Ramet, *Balkan Babel: Politics, Culture, and Religion in Yugoslavia*. Boulder, Colorado, Westview Press, 1992, pp. 133-39, 147-57.

數族群，其中有百分之五十二有參加宗教活動的習慣，然而在阿爾巴尼亞本國卻只有百分之十七會參加。由此可見危機意識的重要性，屈居劣勢者會藉由宗教活動保持團結與凝聚力，但當他們占有多數優勢時，參與率自然會隨著安全感的增長而反向狂跌。

總歸而論，多數巴爾幹人都將宗教視為一種社交俱樂部、旗幟或象徵物，但不是一種行為紀律。它只是個用來辨別「你要跟我們同邊站，還是跟他們」的方法。在南斯拉夫內戰期間，宗教常被當作吉祥物來展示，弗拉迪總結了巴爾幹的戰爭思維：「如果民族主義沒效，我們就利用宗教徵召士兵，這很簡單，我們只需要說『嘿，他們是天主教徒，一起來打他們吧。』」

米莉安娜是一位在尼什教英文的塞爾維亞人，丈夫是希臘人。她告訴我：「希臘人跟教會的關係比塞爾維亞人密切，尼什只有四間教堂，希臘同等大小的城市就有二十五間，而且他們每週日都會上教堂，塞爾維亞人不會。」

塞多米利．米賈托維奇（Čedomil Mijatović）是一位德高望重的塞爾維亞史學家兼外交官，他在一九一一年寫的這段話即使過了一百年也能完美套用在所有巴爾幹人身上：「塞爾維亞人的宗教情懷既不深刻也沒有熱度，他們的教堂通常都空無一人，除非是在舉辦盛大的慶典或政治活動。今日的塞爾維亞人普遍將教會視為一種政治機構，而她跟國家的存亡之間又有某種神祕的連結，他們不允許任何人攻擊或損害她，然而當她沒受到攻擊時，他們就完全不予理會。」[9]

南斯拉夫分裂的七個原因

打從斯洛維尼亞的章節開始，我們就在試圖理解南斯拉夫為何會解體，同時也反駁了一些欠缺說服力的既有理論。比方說，我們已經證明斯洛維尼亞的金錢分流藉口很薄弱，也在塞爾維亞的章節中駁斥了美國陰謀論，而我們剛才又發現宗教扮演的角色其實很小。我們是否應怪罪巴爾幹的新聞媒體？絕對不行，多數前南斯拉夫人都如是說。根據蓋洛普的調查，只有波士尼亞和馬其頓有超過半數責怪媒體火上加油，造成鄰居內鬥，其餘五國均以壓倒性的數字反對這種想法。

當你詢問人們南斯拉夫解體的原因，他們通常只會給你單一答案。克羅埃西亞人可能會怪罪米洛塞維奇，塞爾維亞人可能會怪罪圖季曼，波士尼亞人可能會怪罪貧富不均，美國人可能會責怪德國太快承認斯洛維尼亞和克羅埃西亞的獨立。斯洛維尼亞的經濟史學權威聶文．柏拉克告訴我：「或許蘇聯的解體是最大因素。」這確實有道理，然而它也無法解釋南斯拉夫為何會陷入戰亂，而其他多民族共產國家卻能維持統一，或至少像捷克斯洛伐克那樣

9 Čedomil Mijatović, *Servia of the Servians*, 2nd edition. London, 1911, p. 38.

和平分離。

我個人認為造成南斯拉夫死於暴亂的因素有七點（依其重要程度排序）：

一、**不夠迅速放棄共產主義**。別傻了，關鍵就在經濟。當景氣好的時候，國家當然很團結，族群之間也沒有緊張情勢。然而到了一九八九年，當其他東歐國家都在拋棄共產主義，南斯拉夫卻把焦點放在一些愚蠢的議題上（請見第三點）。假如他們能迅速專心將經濟制度轉型，應該就能像其他多民族的國家一樣繼續生存（例如羅馬尼亞、愛沙尼亞和拉脫維亞）。由於南斯拉夫的共產制度比較開放，他們當初也起步得較早，悲哀的是他們沒有把握領先優勢，反而走了回頭路。

二、**全歐洲的共產政權瓦解**。當蘇聯和東方集團解體，南斯拉夫就失去了戰略上的存在理由，原本來自東西雙方的資金頓時化為泡影。共產制度的空洞完全曝光，展露無遺。

三、**微小差異的自戀**。許多東歐國家內都有少數族群，他們的文化差異比南斯拉夫人更大，但南斯拉夫人刻意強調並誇大自己之間的細微差異。如果他們沒那麼做，可能就不會分裂。

四、**各方都有少數狂熱偏激的民族主義者**。每當事與願違，人們都愛責怪領導人，而不是自我反省。然而一位崇尚沙文主義的好戰分子若沒有一群熱愛民族主義的觀眾力挺，他也沒機會掌權。每個國家都可能有某些小希特勒到處狂噴邪惡的排外思想，你上YouTube就能查到一大堆，然而這些企圖嶄露頭角的納粹接班人若想實際奪權，他們起碼要有一小群高分貝的擁護者作為後盾，而他們若想繼續往高層爬，支持者則至少必須過半。由此看來，南斯拉夫的瘋子顯然夠多，足以突破連鎖反應的臨界質量，所以人民亦須為國家的衰亡負起部分責任。

五、執拗不通的領導人。米洛塞維奇、圖季曼、波士尼亞的阿利雅．伊茲貝戈維奇（Alija Izetbegović）和其他巴爾幹領導人都是既固執又愚蠢，假如他們能有多點彈性，願意多讓一步，南斯拉夫今日可能還能維持統一。

六、受害主義。巴爾幹人極端沉迷於歷史傳說，他們總是警惕自己勿忘族人千百年來遭遇過的各種不公（無論是真的或憑空幻想），如此就有正當理由以殘暴手段尋仇。

七、宗教。雖然我們不應高估宗教的角色，但它確實能提振士氣。宗教能將殉道者的悲壯形象編織在受害主義的故事中，激勵族群意識。

當一位科索沃的電視台採訪者詢問塞爾維亞的和平使節伊凡．維沃達（Ivan Vejvoda）為何南斯拉夫會分裂，維沃達把我列舉的頭兩項原因總結得很好：「南斯拉夫原本占有特殊的國際地位，但蘇聯垮台之後，它就失去此優勢；突然之間，它不再是東西交界處的經濟過渡區。它的主要缺陷就是身為一個共產國家，沒有政治或言論自由，也沒有集會結社的自由，那是最終的致命傷。」

數字可以說明一切，在一九五〇年代，南斯拉夫的外貿對象大多是西方世界的國家，到了一九八〇年，西方國家只占不到一半，而他們對蘇聯的輸出則在三十年內從零提升到兩成以上。[10]當這個保護傘隨著蘇聯消失後，經濟就受到重挫。在此之前，年度債務曾經在一九六八至一九七二年成長一倍，到了一九八〇年代又在連續四年內增加一倍，實際收入從一九八三到一九八八年跌了百分之二十五，二十五歲以下的年輕人有大約六成處於失業狀態，然而許多經營不佳的企業並未因此去蕪存菁，同時罷工對產能也毫無助益。話說回來，所有東歐國家都經歷過相似的經濟崩潰，南斯拉夫會走向暴力路線還是應歸咎於後面五項因素。我們可以繼續爭論七個原因的先後順序，但它們已針對南斯拉夫為何會爆炸做出總括解釋。

波士尼亞的自然奇景

巴尼亞盧卡有三十萬名居民，它的主要行人步道戈斯波德卡街（Gospodska ulica）不算特別，許多歐洲城鎮都有類似的徒步區，比較有趣的是卡斯特爾城堡（Fortress Kastel），距離市中心大約五分鐘腳程。雖然冬天的城堡只有一片死寂，但它每到夏天就變成露天音樂會和大型活動的場地。假如中古世紀的城主知道自己的軍事堡壘如今竟沉淪至此，他們肯定會很錯愕。

波士尼亞不是個熱門的歐洲觀光勝地，於是我就去巴尼亞盧卡的遊客服務中心，聽聽他們對自己國家的旅遊評價。塞族接待員名叫德拉任（Dražen），他英語講得很好，當他得知我是來自美國，便露出友善的笑容，邀請我在沙發上坐著喝杯茶，並解釋說這是他們的傳統待客之道。雖然塞拉耶佛和莫斯塔爾都有它們獨特之處，他說許多遊客都錯過了波士尼亞的自然奇景，例如你可以去弗爾巴斯河（Vrbas）泛舟或划船，這條河正好流經巴尼亞盧卡；你也可以在利西納山（Lisina）或羅加蒂察（Rogatica）附近的草原牧場騎馬；或是拜訪亞霍里納山（Jahorina），一九八四年的冬季奧運曾在那裡舉行。若想要更豪華，就到泰斯利奇（Teslić）享受全國最大的弗爾奇察溫泉浴場（Banja Vrućica），它有一千間客房、保齡球館、桑拿浴和各式各樣的運動場地，由於它已長達數十年沒有大型翻修，所以價格都很合理，還可以讓人穿越時空重返一九七〇年代。

波士尼亞人相信溫泉有神奇療效，例如基塞爾雅克（Kiseljak）的九處礦泉都是由一位名叫鄧亞（Dunja）的老婦人在維護，根據她的說法，每個礦泉都有其專屬的治療性質：這是針對高血壓，這是針對糖尿病，這可以保養心臟，這有助於神經系統，以此類推。德拉任說有些人還聲稱他們在德沃羅維水療鎮（Banja Dvorovi）喝了六天的溫泉水之後，體內的腎結石就消失了。不過他們沒提到的是即使沒有靈藥加持，腎結石通常都會自動排出。

---

10 John R. Lampe, *Yugoslavia as History: Twice there was a country* (Cambridge University Press, 1997), p.273.

聊了三十分鐘之後，我問德拉任目前塞族與國內其他族群的關係如何，他說：「勉強還可以，現在去塞拉耶佛的感覺有點奇怪，那裡已經沒有塞族人了，他們的心並不在此地。在體育賽事中，波士尼亞的塞族人總是替塞爾維亞的國家隊加油，即便對手是波士尼亞。」

用兩分鐘介紹波士尼亞戰爭

當我問德拉任波士尼亞戰爭是誰發動的，他說那是個無解的問題。電影《三不管地帶》（*No Man's Land*）中有個搞笑片段可以說明一切：一位波士尼亞塞族人拿槍指著他的波族戰俘逼問：「誰發動了戰爭？」波族人很沒誠意地回答「我們。」後來經過一陣扭打，波族人搶到了手槍，用相同的問題脅迫塞族人：「誰發動了戰爭？」這回輪到塞族人無奈地嘀咕：「是我們。」

想查明誰在南斯拉夫戰爭開了第一槍，就像在問「阿拉伯—以色列衝突中誰最先被殺」。有些人懶得思考，直接將一切都歸因於「古代仇恨」。岱頓協定（Dayton Accords）的主要協調者李察．霍爾布魯克（Richard Holbrooke）坦承「古代仇恨」這個詞是個「定義模糊但很好用的藉口，可以套用在任何對外界人士而言太複雜或繁瑣的歷史。既然局外人搞不清楚狀況，他們更不可能阻止衝突，任何嘗試也都是枉然。」

顯而易見的是，米洛塞維奇和圖季曼（南斯拉夫的兩大部族之首）打從一開始就密謀瓜分波士尼亞。一年之後，塞爾維亞軍隊已掌控波士尼亞的七成領土，如今它仍有百分之四十九是由塞族控制，這整件事的始末就是波士尼亞戰爭。戰前的波士尼亞可說是亂中有序，這也是人們喜愛它的原因。波族、塞族和克族無論在何處都能和平共存，很少有單一族群獨霸某個區域，即使有也是發生在相對較小的地區。波士尼亞是最完美的民族熔爐。

當斯洛維尼亞和克羅埃西亞宣布獨立之後，波士尼亞就面臨抉擇：(1)宣布獨立，追隨克羅埃西亞，(2)或是留在一個由塞爾維亞人主宰的南斯拉夫。斯洛維尼亞和克羅埃西亞的退出導致南斯拉夫的族群比例發生劇變，塞爾維亞人從原本的四成瞬間膨脹到七成。波士尼亞的塞族人自然會想留在南斯拉夫，但波族人並不這麼想，他們希望完全獨立；克族人則不喜歡上述任何選項，他們寧願加入克羅埃西亞。突然之間，美麗的混沌變成了醜陋的混沌。巴爾幹人有一句格言：ko će kome pomoci ako ne svoj svome（除了自家人之外，你還能幫助誰），此刻卻變成ko će kome uvalit ako ne svoj svome（除了自家人之外，還有誰會陷害你）。

接下來的三年半中，三個族群盡其所能互搶地盤，這涉及各種型態的民族清洗，包括騷擾那些你看不順眼的人，強姦他們，逼迫他們逃亡，燒他們的房屋；如果以上均未奏效，就殺光他們。三個族群都對彼此做過這些事，他們也都成功了，這就是為何現今波士尼亞的族群版圖看起來很「乾淨」：塞族集中在塞族共和國，克族都在南方，波族則包下其餘地區。另一個結果就是：大約十五萬人死亡，國家陷入癱瘓狀態，大家都說戰前的生活較好。

只要假借高階利益之名，遵循既定法則，並針對某些具有特異信仰的少數族群，燒殺擄掠通常是被默許的，這在人類史上已屢見不鮮。——安德里奇，《德里納河上的橋》[11]

在玩遍全國大風吹，被北約猛烈轟炸之後，三個血氣方剛的屁孩終於學乖，準備表現出成年人的樣子。他們去俄亥俄州的岱頓待了十七天，進行和平協議。其中令人印象最深的就是這段對話：美國大使霍爾布魯克正在與米洛塞維奇和布拉托維奇（蒙特內哥羅總統）協商如何平分波士尼亞的領土，他用一個工具程式拉近衛星照片（類似今日的Google地圖，但全世界要等十年後才能免費使用它）中的一片陸地，語重心長地說：「那裡什麼都沒有，只有高山，沒有房屋或村莊。」

布拉托維奇同意霍爾布魯克用的是正確地圖，他說：「沒錯，但那是波士尼亞。」霍爾布魯克抱頭哀求：「這會毀了我的婚姻和生活，各位看看自己在為何而戰，那裡什麼都沒有。」[12]

各位看倌，那就是波士尼亞戰爭的精華摘要。波士尼亞確實只有百分之八的高度在一百五十公尺以下，因此放眼望去皆是丘陵和山脈。碧綠的河流從四面八方劃過山群，不過多數都在北方與薩瓦河（多瑙河的分支）匯合。它是個漂亮但人口稀疏的國家，令人費解的是居然有這麼多人為它平白犧牲。

岱頓協定製造了一個令人困惑的政治系統，既然塞族人不想待在波士尼亞，何必勉為其難？還不如斷得乾脆一點，把塞族共和國以合理價格賣給塞爾維亞。另一個更乾脆的方法就是不要創造塞族共和國，直接告訴大家：「抱歉，世界上只有一個波士尼亞，你們得學會如何相處。你們幾百年來都過得好好的，所以麻煩去翻一下自己的史書，向祖先學習。」

相反的，波士尼亞的官僚體制是如此繁文縟節，蘇聯政府相較之下簡直比瑞士火車更有效率。政府支出占了國內生產總值的將近一半，更糟的是那些繁雜的政府層級根本無關緊要，因為更上頭還有個高級代表部門（Office of High Representative），歐盟會定期指派高級代表駐守波士尼亞，確保那些政客遵守規矩。

就某方面而言，高級代表部門是有存在的必要，根據二〇一〇年的蓋洛普民調，每十名波士尼亞人就有九人相信國內政客對區間合作會形成「一些障礙」或「重大障礙」。另一方面，只有百分之十五的塞族人和百分之五十五的波赫聯邦人民認為，波士尼亞需要高級代表部門才能正常運作。塞族人希望有更多自治權，波族人則希望加強中央集權和統一化。當然這些願望都不可能實現，除非高級代表部門和歐盟相信波士尼亞人真能好自為之，不需要大

11 Ivo Andrić, *The Bridge on the Drina*, translated by Lovett F. Edwards (Beograd: Dereta, 2009), p. 426.

12 Laura Silber and Allan Little, *Yugoslavia: The Death of a Nation*. Penguin Books, 1997, p. 373.

人看管。

前往多博伊和圖茲拉

與普列卓共處的經驗相當特別，我在那三天結識了他的許多朋友。我遇過的每個波士尼亞塞族人都極端友善好客，現在我想了解波族人的觀點，普列卓推薦我先去多博伊，再去圖茲拉。在相互道別之後，我就動身前往多博伊。

多博伊的十三世紀古堡是它的精華，裡面裝滿中古世紀的武器，俯瞰波士尼亞河（Bosna）。多博伊位於塞族共和國邊界，但它還是有塞利米耶清真寺（Selimija Mosque）和猶太會堂（Bejt Šalom）。我不想在這種中規中矩的城市花太多時間，於是就直接搭上時間最近的一班公車前往圖茲拉。全車只剩一個座位，但我很幸運，鄰座乘客是一位主修英文的二十歲大學生，他就是前文提到的那位阿明。他正在閱讀杜波依斯（W. Du Bois）和一些我在少年時期忽略的英語文學。純粹為了消遣，我故意問他戰爭是誰發動的，他回答：「可能有三分之一的波族人相信是美國發動的。」

「當然是囉，」我俏皮地笑著說，「你當時大概才五歲，還記得什麼嗎？」

他說：「賽爾維亞人攻打過來時，我正在外面玩耍。突然間，我感覺到不對勁，部隊轉眼之間已湧入村莊。我們拚命跑過農田，一顆子彈還從我面前飛過，真的！當我們躲進房子後，我終於覺得比較安全，但一顆子彈射穿了窗子，擊中牆壁。」

「你家裡有人死嗎？」

「沒有，不過我還記得在中學時，有一次老師問全班有沒有人曾在戰爭期間失去任何親屬，每五位同學就有一人舉手。」

「說到學校，你們有共同版本的國家歷史書嗎？」

他苦笑了一聲，「大約十年前，政府曾試圖將史書標準化，但那是不可能的，沒有人能同意哪個才是真確版本。所以各族群都有自己的史書。」

根據二〇一〇年的巴爾幹監測調查，波族有將近三分之二相信國史值得統一化，因為可以「維繫和平並促進發展」，至於其他巴爾幹人則只有三分之一同意。歷史總是反覆重演，一九五〇年代的南斯拉夫史學家就曾嘗試撰寫一本長達四冊的曠世巨作，一切原本都進行得很順利，直到他們寫到第三和第四冊，進入十九和二十世紀之後，史學家就無法對任何事達成共識，因此那些書冊從未得以完成。可悲的是各個族群都無法客觀檢視自己的歷史，這就是巴爾幹人的詛咒。

我們抵達圖茲拉後，阿明邀請我去旁聽他的英文課，跟來自明尼蘇達州的美國教授見面。美國資料中心（American Corner）主辦了一個跨文化教學計畫，大學很樂意為學生提供來自美國的老師。教授很好心地給我二十分鐘跟她的二十五名學生互動，其中多數都是波族人。圖茲拉和布爾奇科是波士尼亞現今難得一見的文化熔爐，這裡的族群仍像古早時期一樣相處融洽。我問學生：「雖然你們沒去過美國，你們認為波士尼亞人能教美國人什麼？」

「待客之道。」其中一人回答。

另一人補充：「對，我們是個熱情好客的民族。而且我們的烤肉聚會可以持續十二小時！人們會花很多時間與朋友同樂，不過好客絕對是我們的最大強項。」

這時有一位遲到的學生走入教室，她沒聽到先前的對話，而她碰巧就坐在我旁邊（唯一僅剩的空位）。我還沒等她安頓好就問了相同的問題。

她一臉狐疑地看著我，彷彿我剛對她的內衣發表了評論，接著就貿然脫口而出：「待客之道。」

全班都笑了。波士尼亞人並非嫌美國人不好客，他們只是覺得自己特別強。當我請瑞科舉出波士尼亞的優勢，他回答：「我們擅長社交，很友善。」波士尼亞人確實滿殷勤的，不過這也是巴爾幹人的共同特質，所以我不確定他們這點是否真的勝過塞爾維亞、蒙特內哥羅、阿爾巴尼亞或馬其頓。很明顯的是，巴爾幹南部地區是歐洲最熱情好客的角落。

找工作還要貼錢？

圖茲拉是個舒適宜人的城鎮，有個可愛的行人專用街區。我在路上跟一位名叫胡賽里奇・米爾薩（Huseljić Mirza）的年輕人閒聊，並問他這裡的實際生活情況，他說：「我們的社會很貪汙腐敗，連學校都是。」

「此話怎說？」我問。

「教授會建議你買他們寫的書，因為他們能賺利潤。」

「如果你不買呢？」

「那就拿不到好成績。」

「書寫得好嗎？」

「不，通常都滿爛的。」

「學校外面的生活如何？」

「更糟，人們在應徵面試時會問你一堆不相關的問題，例如你喜歡哪支足球隊或哪些食物。只有願意付三千元的人才能得到工作。」

「什麼？你們要付錢才能找到工作？」

「當然，這很常見。你看，我正在攻讀心理學學位，但以後不可能找得到工作，除非至少拿出八千元。」

「這太瘋狂了！在美國，有些雇主還會付你八千元的簽約金，這裡卻是相反！那些錢會落入誰的口袋？」

「通常都是你的未來主管，不過有時也會被更高層級的人收走。這很艱困，因為我們有四成的失業率。有一句俗諺：『我有博士學位、工商管理碩士、法律博士和醫學學位，卻沒有J—O—B（工作）。』」

不幸的是，這種有悖常理的社會型態在巴爾幹南部地區很普遍。例如塞爾維亞也有將近一半的人需為工作交出五千至一萬五千元，此陋習在塞爾維亞南部最常見。平均而言，每小時十元算是不錯的工資，而你必須付一萬元才能得到這種工作；你若想當醫生，就要付一萬五千元。如果你因為經濟不景氣而被解雇，這些錢也拿不回來。

就工資等級而言，這些都是巨額賄賂。在波士尼亞每小時賺五元已經夠難生存，很少人在銀行裡有上千元存款，所以他們必須借錢才能行賄。等到他們拿微薄的薪水還債後，就只能祈禱自己還能付得起食物和住宿。這也是為何多數年輕人都跟父母共居，直到他們媳婦熬成婆，再繼續向下一代收賄。

但令人不解的是，大家都沒利用那些黑錢創立企業。有些人認為創業反而需要賄賂更多人，其他人則將此歸因於波士尼亞的民族性不夠積極，缺乏創業精神。瑞科告訴我：「共產主義把我們養壞了。人們不會思考，只會仰賴政府解決所有問題，不懂得自己處理。」

有些人說賄賂文化是在南斯拉夫滅亡後興起的，因為人們被逼到絕境，開始為了賺錢而不擇手段。安娜．米羅凡諾維奇是尼什的一位中學老師，每天工作三小時，一年上班一百八十天，每週可以賺五百元，那在尼什算是中上水準。她說一般人要得到這種工作需要付大約七千五百元，她是因為有人脈才不用付錢。這讓我想起一九八六年的塞爾維亞備忘錄裡的一句話：「裙帶關係無所不在，這種任人唯親的行為模式儼然已成為社會之習慣法則。」

由此可見賄賂文化並非近年才崛起。塞爾維亞人安娜．西尼克告訴我：「你還是要給醫生大約兩百元的紅包才能得到好的治療，他們都會預期你這麼做，否則就無法保證他們是否會認真治療你，或能否拿到需要的藥物。警察也很貪汙，我曾經被一位警察攔下來問，『罰款是七十五元，對你來說會不會太多？』」

貪汙文化可以解釋為何只有百分之十六的波士尼亞人信任自己的選舉制度，根據二〇二〇年的蓋洛普訪查，此比率跟阿富汗平手，僅略勝安哥拉（百分之十五）和敘利亞（百分之十一）。

外界的觀點

安德烈．赫瑞柏（Andrej Hrabar）是一位三十三歲的斯洛維尼亞人，在特拉夫尼克（Travnik）附近的新比拉村（Nova Bila）經營一間彈丸製造廠。他告訴我：「沒有人在乎波士尼亞，它一直都是被外界統治，直到現在都是。他們的政府太鬆散、太缺錢、太倚賴外界協助。我們雖然有一間工廠，但基本上沒有產業。」

「族群之間的關係還會緊張嗎？」

「還是一樣，巴爾幹地區很容易爆炸起火，沒有人能了解這些人和他們的文化。當我為前來應徵的克族人面試時，他們就說：『我寧可沒工作，也不要替穆斯林做事。』」

安德烈說有些人甚至會為「咖啡」這個字的三種略微不同拼音大做文章：kahva（波士尼亞語），kafa（塞爾維亞語），kava（克羅埃西亞語）。波士尼亞的所有方言中有九成九以上的字是完全相同的。這位勤勞的斯洛維尼亞人最後感嘆：「波士尼亞人無所不知，但當你希望他們做某件事時，他們卻什麼都不願意做。」

我在貝爾格勒結識了瑞奎爾．凱基洛斯（Raquel Caquillos），一位三十歲的西班牙籍教師。她二十三歲就熱愛尋求刺激，搬到西伯利亞的貝加爾湖教西班牙語，而她不會講任何俄語。在那邊度過四個漫長的寒冬之後，她又到莫斯科教了兩年，最後終於搬到貝爾格勒。現在她的父母已經習慣女兒總是去一些「奇怪的斯拉夫國家」。

當我問她對巴爾幹人的看法，以及我們能從他們身上學到什麼時，她說：「這裡跟西方世界不同，因為他們的經濟發展還處於落後階段。他們的年輕人不愛結婚生子，但那並不是因為他們是塞爾維亞人，而是因為他們的經濟等同於二十年前的西班牙。二十年前，西班牙人也不會在乎你有沒有繫安全帶，或是執迷於食物隱藏的危險，擔心小孩在哪裡玩，為少數族群、女性和同志爭取權利。巴爾幹人今天會如此，並非因為他們本質使然，而是因為他們的經濟還在發展。等到經濟發展成熟，他們的信念和價值觀自然就會變得比較像我們。」

我說：「所以他們無法教我們任何事？」

「還是有，但那些是來自我們的過去。巴爾幹人現在過日子的方式就像西方人在超過二十年前的生活模式，我們固然可以從中學到一些智慧和哲理，但我不確定我們在追隨古人智慧的同時不會走回頭路。一個社會的價值觀與行為跟經濟發展的關係實在太密切，很難將兩者分開。」

我提到這段對話，因為它跟另一段對話相關。對方是二十八歲的波族人狄諾（Dino），我當時正從圖茲拉坐車前往比耶利納（Bijeljina），整台車幾乎全空，由於他獨自坐在最後面，我心想通常最幽默健談的人都喜歡坐那個位子，於是就問他波族女人大約有多少比率是處女。此問題可以評估一個社會對宗教信仰的遵從程度，因為多數宗教都禁止婚前性行為。他回答：「大約有五成在二十歲出頭是處女，不過當她們準備結婚時，可能只剩兩成還是處女。」

我猜你可能要回到一九五〇年代的美國才能找到相似比率。那已經遠超過二十年，但瑞奎爾說的確實是「超過二十年前」。我問狄諾：「對你這樣的單身漢有影響嗎？」

「很困難啊，當你想要做愛，此刻卻發現交往對象要把處女身留給洞房花燭夜，你就只好告訴她：『抱歉，我得去其他地方滿足我的需求了。』」

恐同問題

麗貝卡・韋斯特曾在一九三〇年代觀察三位巴爾幹男性之後語重心長地說：「經過幾番浪跡天涯，我來到一個男人仍是男人、女人仍是女人的世界，這真是令人心碎。」[13]瑪利亞・托多羅娃（Maria Todorava）也提到「在古今文學中，傳統巴爾幹男性通常都被刻劃為粗俗殘暴的原始野蠻人，而且總是衣衫不整。」[14]簡言之，波士尼亞男人很陽剛，但也不是鄉紳合唱團（Village People）的名曲中的「精壯大猛男」（Macho Man）。

當蓋洛普詢問受訪者：「你居住的地區是否適合同志族群居住？」只有百分之五的波士尼亞人回答「是」，在全歐洲敬陪末座。除了芬蘭以外，所有東歐國家以肯定作答的人數都低於百分之五十三；相反的，所有西歐國家都超過百分之六十九。昔日的鐵幕如今已成為同志屏幕。

我在一間酒吧對幾位彪形大漢說：「你們真白癡啊，如果我是你們，就會為那些同志喝采，到處發傳單宣揚同性戀者能享受的福利，嘗試改變異性戀男人的性取向。」他們以詭異的眼神看著我，心中可能正在忖度該先打斷我身上的哪一根骨頭，然後我又補充：「如果我想海扁某人，就會去找些漂亮的女同志打架！」

這個笑話終於突破了他們的硬腦殼，使他們露出笑容。後來我又跟兩位漂亮的女同志珊亞（Sanja）和葉琳娜（Jelena）聊天，她們對巴爾幹的恐同症深感挫折。當我問珊亞認為塞爾維亞人能教美國人什麼時，她回答：「三件事，如何無中生有，如何靠四百元存活一個月，還有如何離開購物中心。」

我把問題轉向葉琳娜：「你對巴爾幹地區的未來感到樂觀嗎？」

「不樂觀，共產時代的教育至今影響甚巨，他們教我們不要工作，很多人因此一輩子都跟父母同住，逃避工作。」

大屠殺事件的否認者

巴士沿著德里納河行駛大約一小時後抵達比耶利納。那裡能做的事很少，我順便買了離開波士尼亞的車票。我的下一站是塞爾維亞的諾維薩德，之後預計在半年內重返波士尼亞，完成最後兩個願望：拜訪西北端的比哈奇（Bihać），並在一個伊斯蘭教家庭中作客。不過我首先要談談這趟離境旅程中結識的一位塞族人。

他名叫狄根（Degan），年約三十歲，穿著輕便服裝，戴著棒球帽。他坐在我對面，於

---

13 Rebecca West, *Black Lamb and Grey Falcon: A Journey through Yugoslavia* (London: Penguin Books, 1994), p. 208.

14 Maria Todorova, *Imagining the Balkans* (Oxford: Oxford University Press, 1997), p. 14.

是我就問他會不會講英語，他說「會」，但臉上沒有波士尼亞人典型的友善笑容，感覺有點冷漠。他是在塞拉耶佛出生並長大，但現在居住於諾維薩德。當我告訴他說我是出生於舊金山，但有法國和智利血統時，他冷笑了一下，「噢，標準的美國人。」

狄根慢慢放下了戒心。他用筆記型電腦給我看了一些自己的畫作，其中有幾幅是被委託的肖像畫，包括一位塞爾維亞戰爭英雄和一位東正教牧師，他很失望我沒有認出他們的臉。他闔上螢幕，目光尖銳地質問我：「老實說吧，你來這裡之前對塞爾維亞人有何看法？你難道不曾認為我們是壞人？來吧，說實話就好。」

我回答：「這完全是實話，我來塞爾維亞之前其實對你們毫無個人主見，雖然我聽過南斯拉夫戰爭，但我對於誰是好人或壞人完全沒概念，所以我來的時候腦子是一片空白，只想聽聽大家的故事和意見。這很有趣，少數塞爾維亞人也問過我相同的問題。事實真相是，世界上多數人根本不知道塞爾維亞存在，所以壞消息是塞爾維亞並沒有你想像中那麼重要，好消息是塞爾維亞人不須背負反派形象，因為多數美國人都沒任何意見。」

他懷疑地看著我，於是我又說：「好吧，胡圖族（Hutu）和圖西族（Tutsi）哪個是好人？哪個是壞人？多數塞爾維亞人根本無法指出這兩個非洲族群在地圖上的位置，就算有人知道，大概也記不得誰是盧安達大屠殺的元凶（假設這種事真的有標準答案）。」

他終於有點相信我了，所以我就問他當年戰爭爆發時，少年時期在塞拉耶佛是如何度過。他說：「我記得隔壁的穆斯林命令我的家人離開。『去你的，』我心想，『離開我的家？聽好，我是在塞拉耶佛出生的，這是我的家鄉，你沒資格說我不屬於此地。』」

「所以你們有留下來嗎？」

「沒有，我的父母受到的壓力太大，我們必須離開。於是我們離開了我的家園，我的故鄉。」他的聲音破了一下。

我問：「現在拜訪塞拉耶佛的感覺如何？」

「我討厭塞拉耶佛，它已經不是我的城市了。你去過嗎？有沒有看過那些到處走來走去的伊斯蘭教聖戰士，留著大鬍子又穿著傳統服裝？有沒有看過那些全身包得像肉粽的女人？我在那裡長大時從來都沒有那些玩意，他們改變了那個城市，我在那裡已經無法感到自在。它已經屬於他們了，就由它去吧，我不在乎，我現在是住在諾維薩德。他們要毀掉塞拉耶佛就讓他們去，干我屁事。」他目光銳利地望著我，「記住，榮譽勝過土地。」

當巴士經過塞爾維亞的美麗山脈弗魯什格拉（Fruška Gora），我們的話題卻轉到斯雷布雷尼察（Srebrenica）。那個波士尼亞城鎮的主要景點是古柏水療場（Banja Guber）的四處溫泉，光是聽到其中三個魔法礦泉的名字就能猜到它們的療效：Očna Voda（眼水），Sinusna Voda（鼻竇水），Voda Ljepotica（美容水）。最著名的是含有高量二價鐵的黑古柏（Crni Guber），據說可以治癒貧血、血管硬化、風濕疾病和其他很難拼的病症。

不過狄根和我並不是在聊旅遊景點，而是談論那裡曾經發生過的一場屠殺。根據最客觀的觀察者，那是二次大戰之後歐洲規模最大的屠殺行動，塞族部隊總共處決了大約八千名男人與男童，國際刑事法庭（以及後來的國際法院）將此事件貼上種族滅絕的標籤。狄根冷酷地說：「沒有任何屠殺或種族滅絕，那完全是謊言和政治宣傳。那些人之所以會『失蹤』是因為他們被迫遷離，不是被殺。這才是事實。」

「他們去哪了？」

狄根的畫家之手因氣憤而顫抖，但他仍保持平靜的語氣，「他們搬到圖茲拉、塞拉耶佛、莫斯塔爾以及其他村莊。沒有人被殺，這是事實。」

一個月後，貝爾格勒人道法律中心的創始人納塔薩．坎迪奇（Nataša Kandić）發表了聲明：「塞爾維亞仍在否認過去的戰爭罪行，我們必須採取行動，必須堅持建立實證。等到證據確鑿，我們就必須督促政府機構接受它們，那將會對塞爾維亞的政府形成足夠壓力，他們將無法再否認戰爭罪行。」[15]

二〇一〇年三月，塞爾維亞的國會以些微差距通過決議，公開譴責斯雷布雷尼察事件，並為當時沒有盡力阻止它的發生表示遺憾。如今已經很少有塞爾維亞人否認斯雷布雷尼察曾發生過大屠殺，不過有些人依然拒絕對它貼上「種族滅絕」的標籤，除非被殺的是塞爾維亞平民——這時就可以稱之為種族滅絕了。我們在諾維薩德下車時，狄根告訴我：「別忘記這點，巴爾幹人或許已放下武器，但他們並未放下憤怒。」

前南斯拉夫人的聲音

狄根不是唯一對戰爭結果懷恨在心的人。走完塞爾維亞的行程之後，我又回到克羅埃西亞，前往伊斯特里亞的維什尼安村莊（Višnjan），拜訪索倫（Zoran）和斯奈札娜（Snežana）這對夫婦。他們正在蓋自己的養老之家，種植橄欖、馬鈴薯和奇異果，同時也在培養對波士尼亞戰爭的扭曲觀點。

索倫是波族人，從小在波士尼亞的澤尼察（Zenica）長大，本身沒有宗教信仰。戰爭爆發後，他和一位塞族好友聯手偽造文書逃難，那位塞族人冒充為波族人，索倫則假裝是克族人。更複雜的是，索倫的十二歲女兒也跟他們同行。他們在各個檢查哨出示假文件，宣稱要去斯洛維尼亞主辦一場重要的藝術展覽；此招騙術非常成功，他後來在斯洛維尼亞認識了斯奈札娜，與她結婚。斯奈札娜是一位篤信陰謀論的悲觀主義者，她認定「菁英分子都在幕後操縱一切，所以我從來都不看報紙，那裡面寫的都不是事實。」人們常用這種自作聰明的態度掩飾自己認知上的惰性。

15 National consultation with artists, Priština, Kosovo, May 10, 2009.

她抱怨「美國在戰爭頭三年都沒插手，直到最後才介入，還故意拖延戰局，然後又硬要推行那個愚蠢的岱頓協定。」

我反問：「可是如果美國沒介入，克羅埃西亞和波士尼亞的下場不會很慘嗎？」

「不會，克羅埃西亞人在那之前就已經把塞爾維亞人打得節節敗退，我們即使沒有北約支援也能贏，我們不需要他們。」

「可是南斯拉夫的多數武器和軍事產業都在塞爾維亞，克羅埃西亞人的武器是從哪來的？從樹上掉下來的嗎？」

這下她沒話可說了，因為她發覺北約曾為克羅埃西亞的軍隊提供武器，若沒有此外援，克羅埃西亞可能就會被塞爾維亞擊潰，他們也不可能在一九九五年發動風暴作戰行動，取得關鍵勝利。另一方面，塞爾維亞人則在乞求俄羅斯給予協助，但他們挑錯了時間：蘇聯本身也瀕臨崩潰。塞爾維亞就像個朝著一艘沉船求助的溺水者。

我後來在克羅埃西亞遇到史坦卡（Stanka），一位六十歲的塞爾維亞人。她曾在南斯拉夫各地居住過，丈夫是一位波士尼亞塞族人，他們在波士尼亞原本有一棟大房子，但它在種族清洗戰役中被燒掉了。如今她心中已無怨恨，只是充滿挫折，她希望有朝一日能回去，卻又擔心現在時機還嫌太早。她說：「即使過了十五年，族群關係還是很糟。」

跨越德里納河的橋

我第四次拜訪波士尼亞是與女友安娜同行，讀者在斯洛維尼亞和克羅埃西亞的章節已經見過她。我們當時在蒙特內哥羅，計畫開車穿越波士尼亞，終點站是比哈奇。這趟旅程一開始有點耍寶：我們不小心走錯方向，進入了塞爾維亞。邊境的守衛聽到我們以為這裡是波士尼亞就哈哈大笑，我們也不以為意，就在普里波耶（Priboj）附近找了一條砂石道路停車紮營。第二天，我們趁機把握這個陰錯陽差，順路拜訪了一座令我很嚮往的橋。

每當某人獲得諾貝爾獎，大家就爭先沾光，宣稱他是來自某一族群。當安德里奇因為《德里納河上的橋》榮獲諾貝爾獎時，波士尼亞人說他是波族人，因為他是出生於特拉夫尼克。

「但他是來自天主教家庭，所以他是克族人！」克羅埃西亞人爭論。

「或許吧，」塞爾維亞人說，「可是他大半輩子都住在貝爾格勒，而且他曾兩度自稱為塞族。」

無論安德里奇屬於哪個族群，他都寫了一本很棒的書。該小說是關於維舍格勒（Višegrad）的一座古橋的起源與歷史，以及所有周邊事件。故事起始於一位名叫索庫魯（Mehmed Pasha Sokolović）的斯拉夫男孩，他從小被帶到伊斯坦堡接受特訓，長大後回到維舍格勒的故鄉，建造了一道橫跨九墩的橋梁。故事涵蓋五百年歷史，這座橋是唯一恆定不變的角色。當我親眼看見它時，全身頓時因感動而起了雞皮疙瘩。

索庫魯橋的單純結構融合了力與美，中間拓寬的部分稱為石門，還有石製沙發可供行人休息。當安娜與我坐在上面時，我想起了安德里奇的文章：「人類的每個世代都會幻想己身在文明發展中的定位，有些人相信自己正在參與它的興盛，也有人相信自己正在見證它的滅絕。事實上，烈焰熄滅之後，餘燼仍會繼續悶燒，不同的只是個人立足點和視角。這個世代現在雖然坐在星空與河水之間的橋上，談論哲學、社會與政治議題，然而所謂的太平盛世只是假象，就其他方面而言，他們跟歷史上的任何世代並無差異。」16

自從狄根向我訴說塞拉耶佛的轉變之後，我就想再去一次，看看它是否真的已被穆斯林的基本教義派占據。這是安娜初次拜訪塞拉耶佛，距離我上次來訪也過了六年。我們坐在市集觀察人群，同時各自吃了三片薄餅；我最喜歡菠菜口味，安娜則喜歡塞滿碎肉和淋上酸奶油。有少數幾名婦女用披肩包著頭，但這種景象在巴黎或倫敦可能更常見。我在清真寺旁邊看到一位留著落腮鬍的男士，模樣確實有點像聖戰者，但除此之外塞拉耶佛感覺並不像麥加（伊斯蘭教聖城）。

我們離開塞拉耶佛後，安娜打開汽車音響，高聲播放前南斯拉夫到處都能聽見的波士尼亞音樂。它聽起來有點像土耳其音樂加上阿根廷探戈舞曲的歌詞，傾訴著令人心碎的單戀之苦，同時韻律卻又充滿活力。這種調子如果讓我聽一個小時就會厭煩，但波士尼亞人一輩子都愛它。

道路隨著山坡上下迴繞，偶爾沿著河谷行走，接著又爬過下一個山丘。日落時分，我們在亞伊采（Jajce）附近重複了一貫的旅行模式：在無人之處找一條砂石小徑停車，在附近的森林紮營。由於位置很偏僻，沒有人會在晚上打擾我們或偷我們的車。我們在天亮之前就會離開，行蹤就像周圍的鹿群一樣隱密。

與穆斯林家庭共處一室

我們隔日開車到奧托卡（Otoka），跟二十四歲的波族衝浪主尼扎德・奧斯曼里奇（Nedžad Osmanlić）共處了四天。不過我們在那之前先去了一趟比哈奇，一個環境舒適、機能方便的城市。當安娜向一位警察詢問方向，他友善地說：「盡情享受波士尼亞的新鮮空氣吧！」他大笑著補充了一句：「很乾淨，因為工廠都關了，沒有人工作！」

奧托卡跟比哈奇一樣，位於波士尼亞的西北角落，接近克羅埃西亞邊境，烏納河（Una）從中流過，居民以波族占大多數。尼扎德的個人資料顯示他是一位固定從事宗教行為的穆斯

16 Ivo Andrić, *The Bridge on the Drina*, translated by Lovett F. Edwards (Beograd: Dereta, 2009), p. 353.

林，這也是我想寄宿他家的原因。跟整個家族共居是最完美的，因為你可以認識不同世代的人，深入了解一個文化。東歐人若超過五十歲就很少會說英語，但你還是能透過子女的翻譯聽到許多有趣的故事。人年紀愈大，他們的故事就愈好玩。

尼扎德戴著方正的眼鏡，留著褐金色的蓬鬆捲髮，擁有運動員的瘦長身材。他的最大嗜好是跑酷（parkour），主要就是利用城市設施當障礙物作特技表演，直到某日毀了膝蓋或扭斷腳踝。尼扎德向我們介紹他那壯碩的父親哈桑（Hasan）、慈祥的母親梅蒂哈（Mediha）和漂亮的妹妹伊明娜（Emina）。他們平常靠養雞賺錢，再加上哈桑是退伍軍人，可以領到不錯的撫恤金。他憑藉著口碑將牠們以高價賣出，因為人們覺得這種自產自銷的雞肉比較健康。我不是農夫，但他們目前正在養的五十隻雞看來過得並不好，牠們吃的都是混合玉米，一輩子都住在同個房間裡，只能透過窗戶瞥見一個自己永遠無法踏入的世界。

尼扎德完成當日第三次禱告後，就陪我們一起探索奧托卡。我們走到山下欣賞柔和的山群和兩間清真寺的尖塔，來到烏納河畔，付給船夫一塊錢，搭乘著手搖式木筏行駛到寧靜的河中之島。當天空開始飄雨，我們就打道回府。我問尼扎德能否帶我們參觀他常去的那間清真寺，因為它離他家只有兩分鐘腳程。伊瑪目已經將清真寺的鑰匙託付給尼扎德，所以他隨時都能進去禱告。尼扎德解釋禱告地點的重要性：在清真寺內禱告會比在其他地方更能受到阿拉關注。他向我示範百粒念珠的用法：每念一段禱詞就換下一顆珠子，重複三十三遍，再加上一段額外的符咒。他坦承許多當地人雖然會參加週五的晚禮拜，但很少人認真看待伊斯蘭教。

我們第二天去烏納河泛舟。那段路線是個五級的急流，除了一個二十公尺深的瀑布之外（我們從旁繞道而行，讓小艇獨自落下再去撿），我可以說是全程參與。另外還有個四公尺的小瀑布，只有導遊和我敢嘗試，其他人則在下游等著替我們收屍。

一位波士尼亞軍人對戰爭的觀點

尼扎德的家人邀請我們共進晚餐，我趁機問他們對戰爭前後生活的看法。哈桑雖然外表雄壯威嚴，態度卻非常溫和謙卑，他說南斯拉夫時期的生活很單純，但大家都很滿足。「沒有人有電視，所以我們必須善待唯一有電視的那個人，即使它只能收到一個頻道。」

「你兒子的那一代當時會比你過得更好嗎？」

他回答：「他們現在過得比較好。」

當我問他戰爭是誰發起的，他並沒有指責那些常見的嫌犯（塞爾維亞、克羅埃西亞或美國），而且他的答案令我驚訝：「斯洛維尼亞是始作俑者，他們想要獨立，率先為了獨立而戰。那對他們而言很容易，因為他們是單一民族。」

對於住在奧托卡和比哈奇附近的波族人而言，波士尼亞戰爭特別複雜又危險。這個區域被稱為「穆斯林口袋」，因為四周都被強敵環繞。其中一邊是塞爾維亞人，他們覬覦併吞波士尼亞的這個角落；另一邊是克羅埃西亞人，他們也想兼併波士尼亞百分之三十的國土，包括比哈奇的周邊區域。我問哈桑：「戰爭的最低點是什麼時候？」

他說：「費科瑞特．阿布迪奇（Fikret Abdic）出賣我們的時候。他原本是比哈奇地區頗受歡迎的波族領袖，結果他同意加入塞族陣營，交換條件就是讓他在此區域執政。他犯了叛國罪，只因為他很氣沒選上波士尼亞的總統，加上他覺得波士尼亞政府威脅到他的一些商業利益。那是最低點——我們被三面夾攻，連波族人都在自相殘殺。」

我問梅蒂哈，戰爭對她有無切身影響。她受創最嚴重的一次是在自家門口被狙擊手射傷，子彈削掉了頸部的一塊肉。說到此處，她便帶領我到門外，指出自己倒地的位置；所幸當時她的丈夫和子女立即上前搶救，才撿回性命。

哈桑也曾與死神擦肩而過。他擔任過掃雷部隊的連長，全連三十人中有兩名士兵死亡，多人受傷。在一次掃雷行動之後，他的下屬說道路已經清空；為了展現自己對團隊的信任，他率先走過道路。當他踩到地雷時，幾乎沒聽到那喀嚓一聲。幸好他只踩到地雷邊緣，所以腳只有一小部分被炸掉。

雖然尼扎德的父母不算是真誠的穆斯林，哈桑還是鼓勵兒子研讀伊斯蘭教。他很高興尼扎德對信仰如此虔誠。我問尼扎德有無可能跟非穆斯林結婚，他說：「不可能，伊斯蘭教對我的人生太重要。這年頭要找到合適的女孩是很困難的，多數波士尼亞人都說自己是穆斯林，但只有百分之十是認真的。」

伊明娜就屬於那九成有名無實的穆斯林，她不想跟過度虔誠的教徒約會。她也說自己對克羅埃西亞人或塞爾維亞人沒有任何成見，於是我就問她有無可能跟一位塞族人結婚。「喔，那可不行，」她說，「我不能那樣對待父親。」

翌日早晨，我們跟大家相擁道別，除了尼扎德以外。他要跟我們一起去克羅埃西亞的十六湖國家公園，而他從未去過那裡，也沒有任何露營經驗。我用衛星地圖找到公園的一個後門小徑，雖然必須多走十公里路，但這樣就能趁著閉園時間享受這個夢幻世界。我把自己的睡袋借給尼扎德，安娜和我則共用她的睡袋，把它攤開來當棉被使用。日落之後，尼扎德在樹林中找到一個私密的地方禱告，他說穆斯林在旅行時可以選擇使用簡化版的制式禱詞。他在日出時分再度禱告，然後我們就花了一整天探索美麗的公園。我們開車送他到波士尼亞的邊界，之後就得轉向返回斯洛維尼亞，他自己會再搭便車回家。尼扎德的招待真是完美無瑕，我們滿懷感傷地向他和波士尼亞揮手告別。

波士尼亞的未來

當我在巴尼亞盧卡跟普列卓和瑞科共處時，我曾經問他們是否對波士尼亞的未來感到樂觀。普列卓說：「勉強還可以，我只希望我們拿出一點專業的態度，加強守時、組織化和整潔的價值觀。這裡的每樣東西總是一團亂，服務態度真是糟透了。」

我告訴他：「許願要謹慎啊，我小時候第一次去智利時，它的社會風氣就像今日的波士尼亞一樣悠閒。他們後來採用了自由市場政策和資本主義的精神，職場態度固然變得比較專業，但他們也不再那麼有趣或隨和。」

瑞科大笑著說：「我寧可當個快樂的窮人。」

波士尼亞的未來依然不明朗。在二〇一〇年，波士尼亞仍有一成人民認為武力衝突將在五年內再度爆發，此外也有四成相信國家會分裂。話說回來，多數人選擇樂觀其成還是正確的，波士尼亞在二〇二一年依舊維持了和平。正義的訴求固然很重要，但它也阻礙了社會發展。巴爾幹人對歷史的執迷確實是他們的最大枷鎖。

波士尼亞是東歐最奇特的國家之一，它是希望的泉源，因為天主教徒、東正教徒、穆斯林和猶太人都曾經在此和平相處了好幾個世紀；但它也是個恐怖世界，因為它可以證明當人們專注於區隔而非共通點時會發生什麼事。倘若這本書是在五十年前寫的，我可能會說波士尼亞可以教我們如何與多元民族共存。他們曾經是多元文化的典範，加入歐盟將能加速創傷癒合，但願當他們面對歐盟國家之間的龐雜差異，巴爾幹式的自戀主義終將隨之消退。

我請圖茲拉的一位波族人賈絲明卡（Jasminka）舉出美國人和波士尼亞人有何不同，她在回信中說：「第一，波士尼亞人對於人生比較隨遇而安，他們或許看起來太隨意，但美國人或許可以學習這點。第二，他們對食物的態度有很大不同，因為波士尼亞人不是那麼在乎食物的攝取量，也不會那麼計較熱量，但波士尼亞的肥胖人口比例反而沒有美國高。第三，波士尼亞人不太會以自我為中心，他們總是擔心別人的問題，美國人也可以學習這點。」

我挑戰阿明，請他寫一段文字來總結他認為波士尼亞人能教導美國人的事情。他展現了卓越的語文能力：「美國人應當去體驗最單純的事物能帶來的精神滿足，用另類觀點看待世界。波士尼亞最能引以為傲的就是它融合了不同文化、宗教和族群，這個國家的每樣東西都是三位一體，從三位總統到最低階層的事物，三個不同的文化族群可以共享同一塊土地，共同生活，不需介意鄰居跟自己是否有所歧異。事實是，無論這個國家是多麼微不足道，距離歐洲和世界的聯盟群體有多遙遠，它的人民永遠都懂得如何享受人生。他們知道如何分享最後一分錢，如何為客人帶來歡樂。他們永遠都曉得如何製造正面氛圍，如何享受眾人共處的時光，如何互相扶持，無論情況有多痛苦或惡劣，這些人總是懂得如何歡笑。這些都是美國人可以效法之處，而且它們已經深植於波士尼亞的民族性格，可以代表這個國家最好的一面，也能為他人樹立典範，證明如何謹守本分與享受人生。」

波士尼亞能教我們什麼

待客之道。波士尼亞人態度很謙卑，但心胸很寬廣。我們應學習對陌生人敞開家門，邀請陌生人同歡共樂，為客人鋪上紅毯，奉上最隆重的款待。

保持歡樂，無論命運多坎坷。就各項經濟指標來看，斯洛維尼亞、克羅埃西亞和塞爾維亞都表現得比波士尼亞好，然而當你問前南斯拉夫人誰最快樂，多數都會回答波士尼亞人。訓練自己享受人生最單純的事物，從中獲取歡樂。

先恭喜你畢業了，如果你有辦法了解過去這三個章節（克羅埃西亞、塞爾維亞、波士尼亞）的百分之十，你就能理解電漿物理學了。經過我的荼毒之後，你將會覺得這本書剩下的部分很好讀。如果你在半途就投降而直接跳到這邊，我可以送你一句摘要：波士尼亞是個單純的謎。

每當有人問我：「假如你可以在東歐選一個地方定居，你會住在哪裡？」

我總是回答：「蒙特內哥羅。」

讓我們來看看它究竟有何過人之處。

人類的困境是雙重的。他無法學習太複雜的事情，又會忘記太單純的事情。——作家麗貝卡·韋斯特，曾於一九三〇年代走遍南斯拉夫

第十五章

蒙特內哥羅——亞得里亞海畔的黑山

蒙特內哥羅小資料

位置：巴爾幹半島國家，位於亞得里亞海畔，「蒙特內哥羅」的意思就是「黑色的山」。

面積：約1.4萬平方公里（台灣的0.39倍）

人口：約62萬（台灣的0.026倍）

首都：波德里查

主要族群：蒙特內哥羅人、塞爾維亞人

人均國內生產毛額：9,673美元（2022年資料）

- Crna Gora -

你能給一個地方最高的評價就是「我想在這裡買棟房子」，這比「我想住在這裡」更有意義，因為買房子遠比租房子需要投注更多心力。當我走過科托的浪漫街道，心裡就浮現此念頭。

蒙特內哥羅比康乃狄克州還小，但它的景觀真是包羅萬象，有阿爾卑斯的山景、深邃的峽谷、陡峭的峽灣、古雅的威尼斯式城鎮，以及植被稀疏的石灰岩山脈，筆直落入碧藍的亞得里亞海。蒙特內哥羅擁有一切，但最終擄獲我心的是科托，一個坐落於南歐最大峽灣的城市。

港都科托

人生的巧合使我與馬可在杜布羅尼克再度相遇，我們決定結伴探索蒙特內哥羅。當時戰爭才結束不到十年，克羅埃西亞和蒙特內哥羅之間還沒有直達車，巴士在邊界放乘客下車後，我們背著背包走到對側，再轉搭另一台車前往新海爾采格，一座漂亮的濱海城鎮，那裡也有棕櫚樹、沙灘和雅致的古城，是個值得停留的地點。我們閒晃幾個小時後就買了科托的公車票，然後我才見識到真正的魔法。

當我們逐漸接近科托，我的心跳也跟著加速。巴士沿著海岸線曲折而行，我們很快就經過了科托灣的開口。我無法掩飾臉上的震驚：壯麗陡直的山壁衝出海面，高聳入雲，彷彿在呼喚你去攀爬；即使不敢接受挑戰，你也必須對之行注目禮。我像個孩子般地將手和臉緊貼著車窗，閃耀的海灣中有兩個可愛小島，上面分別有一座景色如畫的教堂。我們好像進入了一個藏在峽灣與高山深處的神祕王國。我對馬可說：「這個地方簡直是奇幻世界。」

巴士抵達終點站後，我們走到舊城區。此地會被聯合國列為世界遺產的原因非常明顯。我們從主城門進入城牆環繞的古城，在十月革命廣場欣賞它的石磚鐘樓，接著就開始找可供出租的民宿。舊城禁止汽車或自行車行駛，所以氣氛很祥和，我們放任自己迷失在狹窄巷道之間，完全不擔心會否迷路，因為每條街的盡頭都能看到更多美麗的廣場。最後，我們找到一位以每晚十五元低價出租房間的善心女士，放下背包之後，便決定去挑戰城牆外的高山。

科托最令人著迷的一項特徵就是那座盤踞在後山的堡壘，一道中古石牆從山腳往上蛇行，繞過陡斜的山坡，終止於這座堅固的要塞。馬可和我打算上去看一眼，我們走了一百三十七層階梯，來到石牆的起點。入口附近的一棟房屋引起了我的注意，那並不是個漂亮的房子，它還需要大盤翻修，但由於它是全城位置最高的房屋，因此景觀無懈可擊，可以俯瞰舊城區眾多建築的屋頂，包括兩座主要教堂，以及科托灣的湛藍海水。馬可已經迫不及待想要繼續往上爬，於是我就記下這棟房子的位置，繼續前進。

我們不到十分鐘就來到健康聖母的教堂，東正教的聖像從柵門內側凝視著我們。在徹底吸收科托灣的耀眼色彩之後，我們繼續爬了十五分鐘便抵達堡壘，像小孩般地探索廢墟，窺視每個通道，攀登每個石階。我們在堡壘後方發現了一間隱密的禮拜堂，這從科托是不可能看得到的，我們決定探索它，並尋找通往更高處的路徑。

我們從一個曾經是祕密後門的窗孔離開堡壘，五分鐘後就到達那個低調而開放的禮拜堂，也找到一條往上的步道。它的結構不太牢固，但我們還是頂著九月的烈日，循著小徑前進了數小時，有時甚至必須徒手攀爬。當我們正感到自己即將進入未知領域，此刻面前卻突然出現一條柏油路。每當你費盡九牛二虎之力征服某座山，卻發現一群肥胖的觀光客坐在車上欣賞相同的景觀，這時總是會覺得被潑了一頭冷水。

我們詢問一對肥胖的奧地利人能否讓我們搭順風車回科托，但他們拒絕了。經過二十分鐘的嘗試後，一位四十五歲的當地人終於答應了我們的請求，他的名字是亞歷山大．德拉戈耶維奇（Aleksandar Dragojević），不過他習慣自稱亞力士。當初內戰爆發時，他曾搬去英國，「閃避南斯拉夫的狗屎。」

我問他蒙特內哥羅是何時開始使用歐元，亞力士說：「從第一天就開始用啦！我們已經厭倦塞爾維亞老是拿該死的第納爾惡整我們，米洛塞維奇當權時的通膨狂飆得誇張，於是我們就拍拍屁股說：『去你的，我們要用德國馬克了。』當歐元出來，我們就立刻轉成歐元。少來那套狗屎。」

為了比較美國的物價差距，我問他的吉普休旅車要多少錢，他大笑：「它很便宜，因為它大概是贓車。蒙特內哥羅人都是這樣弄到名牌車的。」

我的夢幻之屋

我告訴亞力士說我有興趣購買科托古城後山的那棟房子，希望他能幫忙。他氣喘吁吁地爬上一百三十七層階梯（亞力士很大隻），按下門鈴。開門的是一位精瘦的老婦人，她說自己確實有在考慮把房子賣掉，再為三位孫女各買一間公寓。她邀請我們進去參觀。

它是個奇怪的房子，有兩間臥室、一層大閣樓和一間袖珍型廚房，裡面只能容納一人。由於位置很高，所以它跟舊城區的水源不相通，換言之：沒有管路系統。老婦人每天從雜草叢生的花園汲取井水，外面有一間廁所，而且她即使在寒冬也是在戶外沖澡。

她極端憎恨「都市生活」，這輩子都是在山上度過。若不是女兒們特地為她找到這棟房子，她絕不會答應搬來科托。因為她喜愛這種與世隔絕的感覺，所以一百三十七層階梯和管路的匱乏都有加分作用。

儘管房子很古怪，我還是愛上了它。我幻想自己在這裡寫書，欣賞群山、海灣和山下的古城，清楚看見遠方的聖特里豐（St. Tryphon）主教座堂和聖尼古拉教堂。這是作家夢寐以求的理想境界。當我外出旅遊時，也可以把它租給遊客。它確實需要整修，但任何老舊房屋都需要，而且等到南斯拉夫戰爭的殘留印象完全消散，蒙特內哥羅的房地價肯定會水漲船高。我完全被說服了。

數週之後，亞力士再次拜訪老婦人，替我協商了一個價碼：十二萬歐元（大約等於十四萬美元）。我對當地行情完全沒概念，不確定這個價位是否合理，但我猜想巴爾幹人應該懂得如何殺價，於是就向她開價十萬歐元。她的回應是：十二萬。啥？固執的老婦人竟然沒讓步。好吧，老奶奶，十一萬如何？她在幾天之後回應了：十二萬。哇咧，還真強硬。亞力士解釋說一間標準公寓的價位是四萬歐元，所以她需要十二萬元才能為三位孫女各買一間。我不必再浪費時間嘗試殺價到十一萬五千，要麼就接受十二萬，要麼就放棄。

我開始考量現實因素，改裝這棟房子大約要花五萬元，再加上我是美國人，他們每做一件工程勢必都會對我索取高價，包括廚房的流理台。承包商可以用那一百三十七層階梯名正言順額外收費，我也很難責怪他們；想像搬一台冰箱上來要花多少人力，而且你也沒辦法開車到階梯底部，因為舊城區禁止汽車行駛。我還得考慮這棟房屋是落在聯合國教科文組織的保護範圍內，申請施工許可將會是一大夢魘。另外，當我去非洲旅行的時候，還必須雇用一位可信的業務經理來幫我收房租，況且我真的有可能把它租出去嗎？誰會願意搬行李爬一百三十七層階梯？只有年輕人會，但他們應該寧願每晚花十五元住青年旅舍。接下來還有進出科托的交通問題，最近的機場位於杜布羅尼克，但搭乘巴士也需要兩小時，它沒有跟廉價航空合作，而且它是在另一個國家（想逃關稅還得闖關兩次）。我也得學習巴爾幹語。科托固然可愛，但你只需花一個小時就能走遍所有街道，我會不會待了一個月就感到無聊？萬一戰爭再度爆發，新政府沒收所有外國居民的房地產，或掀起反美情結？假設我平常多數時間都在旅行，我實際待在房子裡的時間究竟會占多少？我會不會只是在給自己買這輩子最大的煩惱？

我放棄了。不過我五年之後會再度拜訪此地，我們稍後會延續這個故事。

註定將死的人和註定失敗的生意

我們向老婦人道謝後就回城繼續閒逛。亞力士向我們介紹全城最大的一棵樹，它是如此巨大，據說壽命跟這座城市一樣長，自從西元六世紀就屹立於此，樹蔭可以籠罩整片廣場。亞力士在戰爭結束後就回到蒙特內哥羅，將自己在英國賺的錢投資經營一間遊客餐館。奧地利的觀光人潮總是搭乘巴士路過他的山村，參觀王子主教涅戈什（Petar II Petrović-Njegoš）的陵墓，而他就專門賣香腸給這些飢餓的奧地利遊客。當時亞力士並不知道他的生意註定會失敗。

後來亞力士介紹我認識了一個註定會死的人。我們先到主廣場的摩卡咖啡館小喝一杯，亞力士看我有興趣在科托置產，所以他問我想不想了解一個他聽過的賭場酒店建案，我回答：「當然想。」亞力士撥了一通電話，不到二十分鐘後，德拉根・杜迪奇（Dragan Dudić）

就出現了。他的小名是弗里茲（Fric），需要籌資兩百萬元來完成他的麥希穆斯（Maximus）建案，原本這個計畫已經完成了七成，但一場戰爭把它凍結了十幾年。他半開玩笑地說：也許我有些讀哈佛的同學會對此有興趣，或是我認識川普。好笑的是，我的同學潘・戴伊（Pam Day）曾參加過《誰是接班人》的競賽，所以我確實認識一位見過川普的人。可惜潘在該季中間就被淘汰了，所以我還不如去問那些斯洛維尼亞的朋友是否認識川普的老婆。

我告訴弗里茲說我無法做任何保證，但我很樂意進一步了解他的麥希穆斯建案。沒過多久，一位戴著墨鏡、身穿暗紅Polo衫的中年男士就現身了。他是科托市議會的前任議長布朗科・尼多維奇（Branko Nedović），模樣有點像一位被《黑道家族》（*The Sopranos*）拒於門外的黑手黨。布朗科將會帶我們去參觀飯店設施，當我們準備起身時，弗里茲揮手叫侍者離開——他會幫我們買單，因為他就是這間咖啡館的老闆。當我與他握手道謝時，沒有人料到弗里茲最後會死在他此刻坐的椅子上。

六年後，弗里茲如同往常地坐在摩卡咖啡館裡，喝著他的早晨咖啡。當一群路人經過門口，伊凡・弗瑞查爾（Ivan Vracar）突然掏槍將弗里茲射殺，隨即逃逸。弗里茲的隨扈一路緊追，最後在城門外逮到刺客，差點把他活活打死，附近的遊客則被嚇得呆立不動。

凶手的動機並不明朗，不過弗里茲的死亡揭露了這個國家光鮮外表下的詭譎黑幕。弗里茲擁有麥希穆斯飯店，在政府內有廣泛人脈，跟大毒梟達科・薩瑞奇（Darko Šarić）也頗有交情。據說他曾在馬紹爾群島設立公司進行洗錢，這從其中兩家的名字即可看出端倪：花山（Monteflowery）、麥希穆斯物流（Maximus Shipping）。他被殺的原因不太明確，可能是單純個人恩怨，但也可能有高層人士想使他噤聲，避免他透露對薩瑞奇不利的證詞。國際知名記者塔迪奇（Milka Tadić）說這件命案「顯然印證了蒙特內哥羅的運作模式……我們竟有這種國家，可以讓你同時跟毒販和民選的政府代表合作？」[1]

編織科托的美夢

麥希穆斯的位置很理想，在科托的西北角。我們走過蓋到一半的飯店，可以明顯看出它將會是一間五星級的遊樂場所。賭場格局不大，但很優雅，我們玩了一下轉盤，也探索了空曠的迪斯可舞廳。設計師很聰明地保留了中古世紀的石牆與拱門，只要加上適當燈光和一間時髦的酒吧，這顯然就能成為科托灣最酷的地方。我們最後走到屋頂，上面還有露天酒吧，甚至可以搭設纜車，讓偷懶的觀光客直接登上堡壘。麥希穆斯這個名字取得很好。

雖然我沒有兩百萬元能投資，這個科托夢真是誘人。我幻想自己將老婦人的房子改裝成一間酷炫的單身公寓，寫書賺錢為麥希穆斯籌集資金。我頂多只能當一個小股東，但至少這輩子終於可以從貴賓入口走進一間夜總會，裡面會有一間專為「美國小鮮肉」預留的包廂，我一坐下就會被穿戴迷你裙和高跟鞋的蒙特內哥羅辣妹包圍。我會隨著鼓動的音樂輕微點頭，但動作不致於大到像個土包子。戴著凡賽斯墨鏡的我將會為所有美女點飲料，而且完全不必付帳。我每晚都會邀請最火辣的那位小姐（也許再加她的兩位淫蕩朋友）回家共享露天風呂，八卦雜誌會稱我為「亞得里亞海的休．海夫納」（Hugh Hefner）。[2]

幾週之後，現實的冷水將會澆熄我自滿的笑容。那些酒醉的拜金女拎著高跟鞋爬到第五十層階梯就會望之卻步，對我哀怨：「你沒有電梯？」況且我根本不喜歡迪斯可舞廳，待在那瀰漫的煙霧和震耳欲聾的音樂中，就像給一位盲眼牙醫治療牙齒一樣有趣，而且在那麼暗的地方戴墨鏡也很蠢。

馬可和我在科托共享了最後一頓早餐，然後他就回義大利，我則繼續朝南前往阿爾巴尼亞。途中我在布德瓦（Budva）過了一夜，它是蒙特內哥羅最著名的濱海度假村，跟科托類似，它也有個城牆環繞的古城，曾在一九七九年的兩次地震中受損又重建。不同的是布德瓦已經被徹底重塑，科托則還很原始，而且布德瓦有個漂亮的沙灘，科托的海灣還處於汙染狀態。話說回來，布德瓦沒有科托的峽灣和那難以解釋的魅力。由布德瓦可以看出科托的投資潛能，科托附近有兩個城市近年內經歷過整容：北邊有杜布羅尼克，南邊則有布德瓦。兩者

1 http://economist.com/blogs/newsbook/2010/05/montenegrin_murder

2 譯者注：美國花花公子企業的創始人。

顯然都是當紅的觀光勝地，科托還沒走到那個階段，然而精明的投資者很快就會發掘它，資金將會湧入麥希穆斯，開啟一個成長循環。不過蒙特內哥羅還是有其懷疑者。

巴爾幹西區的哪個國家最慵懶？

當你請前南斯拉夫人用一個字形容各個共和國的民族，你會得到許多不同答案，除了蒙特內哥羅以外，大家（包括蒙特內哥羅人本身）都會說他們很懶惰。例如巴爾幹當地就流傳一個笑話：「蒙特內哥羅人的床旁邊為何有一張椅子？讓他們起床後休息。」

這個名聲的來源並不明確，不過在一七八〇年，義大利旅行家卡洛・戈齊（Carlo Gozzi）曾在書中記錄到這點。該書的標題《無用的回憶錄》（*Memorie Inutili*）或許可以解釋他為何花了十七年才找到出版商。他在其中最無用的一段文字中描述了莫拉基人（Morlacchi），一個居住於達爾馬提亞山區的民族，包括波士尼亞和蒙特內哥羅。戈齊在兩百三十年前觀察到：「我問過這裡教育程度最高的居民，達爾馬提亞為何都盛行著懶散的鄉土風氣。他們說除非拿性命做威脅，否則你是不可能強迫莫拉基人去做多餘的事，或是引介任何能改良他們農耕效率的新技術，無論那些變革是多麼微小……據說許多富商都曾試圖從義大利引進一些勤勞的農夫，但他們才來沒幾天就被殺光了，也沒有人能抓到凶手……而這些富商給我此資訊時居然還會大笑，沒有掉淚，這真是離奇。」[3]

莫拉基人後來逐漸被其他巴爾幹民族同化，如今已經消失，然而「懶惰牧羊人」的名聲似乎選擇性地緊跟著蒙特內哥羅人。亞力士同意這個刻板印象確實存在，當我問他蒙特內哥羅人為何會這麼慵懶，他說：「蒙特內哥羅的高山地形不適合培育植物，所以他們只會養動物，例如山羊和綿羊。如果種植物就得每天工作，但牧羊人可以整天坐著發呆。」

根據我在巴爾幹地區待了十八個月的觀察，蒙特內哥羅人並沒有特別懶惰。唯一可以辨別的趨勢就是南方人（塞爾維亞南部、波士尼亞、蒙特內哥羅、科索沃和馬其頓）整體來說都比北方人（斯洛維尼亞、克羅埃西亞、佛伊弗迪納）懶散和悠閒，不過這畢竟只是根據個人觀察和訪談做出的推測。讓我們用個比較科學的方法來尋找懶惰之王。

二〇一〇年的巴爾幹監測問卷中有一道問題：「如果有人給你一個工作機會，條件是每週要工作三十小時以上，而那也是你有興趣的工作，你會接受嗎？」只有百分之六十三的蒙特內哥羅人以肯定作答。這個比率在前南斯拉夫國家中確實最低，但也沒有比其他巴爾幹人低多少。

波士尼亞可能是個更好的候選人，首先應納入考量的是，波士尼亞過去十年的失業率都

3 Carlo Gozzi, *Memorie Inutili,* ed. Domenico Bulferetti, volume I, in *Collezione di Classici Italiani,* ed. Gustavo Balsamo-Crivelli (Turin: Unione Tipografico-Editrice Torinese, 1928), pp. 71-72.

維持在百分之四十三左右，然而二〇一〇年的訪查卻顯示他們只有百分之十二點五說自己有在主動找工作——那是巴爾幹西區最低的比率。這些人到底在搞什麼？有兩項因素可以解釋。第一，由於波士尼亞的地下經濟規模龐大，中情局預估他們的真正失業率大約是百分之二十八，不是百分之四十三；第二，假如你花費多年找工作卻依然兩手空空，即使是最勤奮不懈的人也會放棄。失業人口中有九成回答自己上次擁有正規工作是「超過一年之前」或「我從未有過」。

這些都是好藉口，但讓我們面對事實：波士尼亞人喜歡休息。他們很少趕時間去任何地方，而且他們通常都面帶笑容。巴爾幹監測問卷曾如此問：「如果有人在過去四週內曾給你工作機會，你有辦法立刻開始工作嗎？」只有百分之十三的波士尼亞人回答「可以」，這在巴爾幹西區也是最低。以他們的失業率而言，這種回答暗示他們可能比蒙特內哥羅人還懶惰。這裡我又想到另一個巴爾幹流行笑話：「蒙特內哥羅人最想當蛇，因為蛇整天只需要躺著，不必走路。」

或許波士尼亞人對工作毫無熱忱的一個原因是不想繳稅。大約有一半的人認為自己繳出去的錢都不見了，另一半則相信繳稅對民眾所需的社會福利可有所貢獻，例如教育、醫療與交通。反觀蒙特內哥羅人只有四分之一有類似的消極觀念，而他們對此議題的看法在整個巴爾幹西區也是最正面的。結論是，當巴爾幹人嘲笑蒙特內哥羅人有多懶惰時，真正該被嘲笑的或許是波士尼亞人；然而話說回來，在斯洛維尼亞、克羅埃西亞和塞爾維亞這些國家工作最賣力的卻是來自波士尼亞的移民，他們包辦了所有苦力。

一座蓋了五百年的人造島嶼

打從離開蒙特內哥羅之後，我就盼望舊地重遊，尤其是科托，一個令我心靈悸動的地方。雖然我目前已去過一百二十三個國家，但我只有瘋狂愛過三個城市：舊金山（那是我的故鄉，所以我有偏見）、威尼斯和科托。由於我在科托只待了三天，所以不確定自己對它的愛有多深。科托就像個曾經與你短暫熱戀的美女，你渴望再次與她見面，證明她真的如同記憶中那麼迷人，當初你究竟是遇到真愛，或是群星恰好相連？魔法是否依然存在？我必須釐清這些疑問。

我再次從杜布羅尼克搭乘巴士進入蒙特內哥羅。當我們被科托的峽灣包圍，我不禁露出笑容。這種感覺就像奧德賽與潘妮洛碧久別重逢，而奧德賽並未立刻投入潘妮洛碧的懷抱，所以我也刻意暫緩了自己的腳步，先拜訪與科托相距十八公里的岸邊小鎮佩拉斯特（Perast）。這是觀賞科托灣的兩座島嶼的最佳位置，一個島是天然的，另一個是人造的，它堪稱建築工程的奇蹟。

聖母岩的典故起源於一四五二年七月二十二日，當地漁夫在海上打撈到一座聖母像之後，每次航行歸來就會在該處放一塊石頭，直到他們決定將八十七艘船全部載滿石頭沉入海底，這座島的雛型終於誕生。後來居民持續在每年七月二十二日重複丟入石頭，整個工程總共費時五百多年，然而早在運土設備問世之前，人類就已開始在此處建造這座島嶼。

我在佩拉斯特結識了普列卓・貝格維奇（Predrag Begović）與提雅娜・塔吉奇（Tijana Tajić）這對俊男美女。普列卓是一位來自首都波德里查（Podgorica）的商貿顧問，提雅娜是一位來自塞爾維亞的圖像設計師，這對穿著講究的情侶正在佩拉斯特共度一個浪漫週末。我問他們的國家為何會分裂，南斯拉夫戰爭結束後，塞爾維亞和蒙特內哥羅仍維持統一，直到二〇〇六年，蒙特內哥羅人才以過半票數（百分之五十五）表決脫離塞爾維亞。普列卓說：「我是蒙特內哥羅人，但我並不希望分離，塞爾維亞就像家人，我們應該繼續待在一起，可是許多國人都急著想把蒙特內哥羅變成蒙地卡羅。」

提雅娜說：「是啊，蒙特內哥羅覺得塞爾維亞會拖累他們。因為塞爾維亞還得面對國際法庭的軍事審判，很多人怕這會使他們無法在二〇二五年之前加入歐盟，而他們想加入歐盟的主因就是可以自由旅行。」

我問：「蒙特內哥羅人能教美國人什麼？」

普列卓回答：「我們不像美國人那麼熱愛工作，我們懂得如何在生活和娛樂之間取得平衡。」

普列卓和提雅娜回家前會路過科托，於是他們就邀我搭便車。我們一起合照，相互道別後，我就面帶燦爛的笑容走入科托。

美夢變成噩夢

闊別五年之後，再次遊走於科托的感覺就像重返故鄉。我無法相信自己竟然還能認出每一條巷道，一切感覺都是如此熟悉。最大的不同是，麥希穆斯賭場酒店已開始營業，我像個驕傲的父親踏入它的大門，很高興能看到那精湛的裝潢設計。我點了一杯飲料，不過夢中美女如雲的幻象並未現形。

這回我要圓一個更崇高的夢想：在山上的堡壘露宿。我在晚上九點懷著識途老馬的自信摸黑登上石階，選了一座沒有遮蔽物的古建築，開始紮營。我沒有帶防水帳篷（之前不小心把它留在愛沙尼亞了，後來會在羅馬尼亞拿到它），逐漸凝聚的烏雲讓我有點緊張，但我還是睡著了。午夜時分，一陣雷聲使我驚醒。

雖然還沒開始下雨，但我立刻收拾行囊，前往更高處執行B計畫：去聖母教堂尋求庇護。往上坡走了十分鐘後，我來到教堂的門廊，將睡袋鋪在石板地上。疾風開始咆哮，這絕不是好現象，因為屋簷無法抵擋斜向的雨勢，但我懶得再尋找更好的地點，於是就待在原地，祈禱天氣好轉。結果它只是變本加厲，傾盆大雨挾帶著近乎水平的暴風，對我展開無情轟炸。如同那劃破天空的閃電，我迅速打包行李。

接著只好執行C計畫：沿路找個古老的哨站。這些石磚構造相當於小山洞，我頂著暴風爬行十分鐘後找到了一個合適的崗位。它的地面雖不平坦，但四周是完全封閉的，所以橫向的風雨不會掃進來。我在一個潮濕的角落鋪下帳布和睡袋，試圖入睡。這時不可思議的事情發生了：我居然聽到雨滴打在睡袋上的聲音。為什麼？因為石灰岩會漏水，蒙特內哥羅到處都是石灰岩，如果我再不移動，我的睡袋不到一小時就會溼透。現在是半夜一點十五分，我再度收拾衣物，繼續在風雨中往上攀爬。

接著是D計畫：在堡壘的主建築內紮營。然而我一抵達目的地即可明顯看出，它比我待過最爛的青年旅舍還會漏水。最好只好輪到E計畫：馬可和我五年前發現的那間密室。它在半夜兩點會開嗎？我在黑暗和雨水中踉蹌前進，掙扎著尋找那個祕密通道，最後終於找到了。感謝上帝，禮拜堂還開著，最重要的是它可以防水。我心懷喜悅安然入睡，沒有再淋到一滴雨。

探索蒙特內哥羅國父的出生地

三月十日是我的生日。我睡到早上七點，因為我知道沒有人會在週二早晨連續走四十分鐘的山路來此禱告，不過我還是把現場清理乾淨，沒留下任何痕跡。我走回舊城區，到麥希穆斯飯店收電郵。亞力士已經回信告知他的新手機號碼。雖然我們當年只共處了一天，但我們就像久別重逢的老友般熱情相擁；他變胖了，而我的頭也更禿了。

我們聊到了那間夢幻之屋，他說：「去年有人想拿五十萬歐元買下它，老婦人竟然拒絕！現在房地產貴死了！老弟，你五年前實在應該花那十二萬歐元。」

「完全同意，不過五十萬歐元對一間沒有管路系統、還要爬一百三十七層階梯的山腰小屋來說也未免太貴了，有什麼特殊原因嗎？」

「老婦人還想為孫女買房子，但現在一間公寓已經不止四萬歐元了，平均大概要二十萬，所以她必須提高價碼。」

亞力士開車帶我去認識蒙特內哥羅的華盛頓。科托通往涅古什（Njeguši）的路途非常壯觀，共有大約三十個髮夾彎，迂迴轉折爬向天堂。亞力士解釋：「奧地利人統治我們時蓋了這條路，讓我再給你看他們蓋的另外兩樣東西。」

路面變平後，亞力士把車停好，我們走到懸崖邊。他指出一個古老的纜車軌道，奧地利人曾經用它傳輸材料上山，道路蓋好後就把它拆了。我們繼續開車去參觀他們的第二項發明：一座建造於一九三〇年代的儲水廠廢墟。雖然山上積雪很多，但大部分的水都會從石灰岩流失，所以蒙特內哥羅一直都有缺水的問題。亞力士說：「這個設施原本運作得很好，但二次大戰之後，蒙特內哥羅人一氣之下就把奧地利人和德國人全部趕走。他們也毀掉了這個儲水系統，只因為它是奧地利人蓋的。真是愚蠢！如今過了六十五年之後，我們終於開始重建這個古早設施。」

亞力士與我分享了蒙特內哥羅的國父涅戈什的故事。他在一八一三年出生於涅古什，現在他的出生地已被改為博物館。他寫過許多詩歌、劇本和書籍，奠定了蒙特內哥羅的文化基礎。雖然他是一位東正教牧師，他卻推動宗教改革，將蒙特內哥羅從一個神權體制改成世俗國家。他在三十八歲死於肺結核。亞力士指向洛夫琴山（Lovćen）被雪覆蓋的峰頂，「他被埋在那。來吧，咱們去看看他的陵墓。」

雖然我很高興能開車攻頂（洛夫琴山的高度是一七四九公尺），然而山路都被冰雪包覆，而且我們開的是南斯拉夫的國民車 Yugo。傑森・維奇（Jason Vuić）的著作《Yugo：史上最爛汽車的崛起與殞落》可以說明一切。雖然它並非真的是人類史上最爛的車，但它跟其他共產時代的四輪災難確實有得拚。Yugo 會如此惡名昭彰的原因是美國人曾經用不到四千元買了十萬多台，當他們發覺它是水貨後就不再買它了。其他的東歐四輪悲劇包括羅馬尼亞的 Dacia、東德的 Wartburg、波蘭的 Poloneze 和俄羅斯的 Volga。我最愛的是烏克蘭的 Zaporozhet，它的引擎不但容易著火，甚至引擎爛到連台自行車都跑不動。

我問亞力士為何沒再開吉普車，他說：「我的餐廳燒掉了，所以只好把它賣了！」

「發生了什麼事？」

「不明原因的火災。我們曾嘗試重建，但我的兩名鄰居也開了自己的餐館，他們暗中塞錢給客運公司，確保觀光巴士會停在他們家，所以我的生意已變成狗屎。我必須另起爐灶。」

「真是不幸，」我說，「可是你為什麼要買Yugo？何不再買一台賊車？」

「老弟，那套已經行不通了。政府很想加入歐盟，所以他們都會跟歐盟合作搜尋贓車，因此我只能開這台爛貨。」

亞力士用力踩下油門，開始爬坡。當時是三月，我們正處於海拔一千公尺的高度，到處都是厚重的積雪，道路還沒被剷過，而這台爛車還得再爬七百四十九公尺。我盯著手錶上的測高計，亞力士則戴著玫瑰色的太陽眼鏡繼續開車，一〇〇五公尺……一〇一〇公尺……一〇一五公尺……然後亞力士突然尖叫：「媽的！慘了！」

我們卡住了。換個角度來看，我們至少往上推進了十五公尺，再過七百三十四公尺就能攻頂成功。亞力士和我花了四十分鐘挖雪、原地空轉，直到我們終於找到正確的組合：我開車，他在後面推。在一個髮夾彎迴轉之後，我們無奈地將這台被操死的可憐Yugo開下山。

遇見一位山地人

蒙特內哥羅雖然很小，但它其實包含三個世界：海岸、高山和谷地。真正的強者是住在山上，那些住在波德里查（山谷區）和科托的都是弱者。蒙特內哥羅的民族靈魂和獨立意識一向都集中在群山之間，正如你必須去內布拉斯加州才能找到真正的美國人，你也必須去這些山村才能找到真正的蒙特內哥羅人。拜訪陵墓的計畫失敗之後，亞力士就帶我去涅古什拜訪一位正宗山地人。

伊利亞・波波維奇（Ilija Popović）是一位五十八歲、體格健壯的中年人，他跟五十歲的太太瑞米拉（Radmila）和十歲的兒子馬可（Marko）住在一起。他們的家與一間小教堂相鄰，人口稀少的村莊坐落於洛夫琴山和另一座山之間，村民仰賴畜牧為生。伊利亞不會說英語，他揮手招呼我們進去坐，瑞米拉則端上拉基亞酒和茶。伊利亞解釋說蒙特內哥羅有大約一百個山地原住民部落，人們的姓氏代表其所屬部落，各部族都會在特定日期舉辦週年慶。家族總是會不計代價保護族中的獨子，比方說，他們可能會剁掉他的手指，讓他無法從軍；即使他必須服役，也不會分派到危險任務，目的就是確保部族的血緣能永續相傳。每個部落都有獨特的聲望，如果你是出生在「愚蠢部落」，我只能說你實在太倒楣了。

蒙特內哥羅的最大榮耀就是它是巴爾幹地區唯一不曾被土耳其帝國征服的國家，但話說回來，當時蒙特內哥羅跟郵票一樣渺小，它的「王國」集中於策提涅（Cetinje）和其鄰近山區，土耳其人則控制了四周一切。儘管如此，蒙特內哥羅人還是擁有剽悍的狂熱鬥志。民族學家波吉達爾・葉澤尼克（Božidar Jezernik）曾在其著作《狂野歐洲》（*Wild Europe*）中描述蒙特內哥羅人喜歡收藏敵人頭顱，藉此耀武揚威；誰砍的頭最多，誰就最帥氣。直到二十世紀，人們依然還會吹噓自己家裡有幾顆頭。我開玩笑問伊利亞在穀倉裡暗藏了幾顆，幸好亞力士沒有替我翻譯。

伊利亞讓我參觀了他的穀倉，裡面掛著大量風乾豬肉和牛肉，他也向我展示自己的左輪手槍和步槍——身為山地原住民必備的珍藏物品。但並非所有蒙特內哥羅人都有如此堅毅的獨立精神，二〇〇六年的獨立公投僅以兩千三百票的些微差距通過，因為只有百分之四十三的國民認為自己屬於蒙特內哥羅這個民族，另外有百分之三十二是塞族人，百分之十六是穆斯林（亦即波士尼亞人和阿爾巴尼亞人）。話說回來，蒙特內哥羅人跟塞爾維亞人的差異就像加拿大人跟美國人一樣微不足道；換言之，全世界百分之九十九的人種（包括美國人和塞爾維亞人）都認為兩個族群基本上是相同的，只有某些驕傲的蒙特內哥羅人（還有加拿大人）會不同意。當我問他們究竟有何差異時，伊利亞引述了一段古諺：「塞爾維亞人會說『別碰我的錢或我的豬』，蒙特內哥羅人會說『別碰我的榮譽、我的自尊或我的家族。』」

在波德里查跟俄羅斯人和查德人交流

亞力士邀請我回家跟他的太太和兩位小孩一起慶生，他們都非常熱情好客。我在他們家的沙發睡了一夜後，隔日一早亞力士就飛車載我衝到巴士總站，他還違規開進停車場去攔下一台即將開走的巴士。我隨即搭上這台前往首都的車，隔窗與他揮手道別。

波德里查在南斯拉夫時期的名字是狄托格勒（Titograd），意思就是「狄托的城市」。南斯拉夫解體後，他們就恢復了它的原名，意思是「丘陵之下」。現今大約有十七萬人居住於此，占全國總人口的三分之一。你可能會認為蒙特內哥羅的國民生產毛額大多是來自海岸和山區的觀光業，然而波德里查附近的鋁工廠仍是主要經濟來源（占整體大約四成）。在陶醉於壯闊的山海美景之後，波德里查真是令人大失所望。兩條主要購物街Slobode和Hercegovačka的生活機能還算便利，但很乏味；舊城區的土耳其鐘樓並不難看，但整個城市還是缺乏蒙特內哥羅其餘地區的魅力與美感。它有充分理由作為一個醜陋的水泥森林：它在二戰期間被轟炸過七十多次，而他們很快就把它拼湊重建。

我走入一間咖啡館，看到一位穿著西裝的男士在獨自用餐，於是就問他能否讓我坐同桌。他名叫亞洛斯拉夫（Yaroslav），是一位來自海參崴的俄羅斯人，平常在莫斯科工作，最近因業務需求會在蒙特內哥羅暫待幾個星期。我問他覺得蒙特內哥羅有無勝過俄羅斯之處，他回答：「這裡的空氣和水質很乾淨，不像莫斯科的雪都是灰色或泛黃的，蒙特內哥羅的滑雪場很美麗，雪地會呈現明亮的天藍色。而且這裡交通不像莫斯科那麼混亂。」

我問：「你不喜歡哪些事物？」

「醫療體系似乎很差，例如我找遍各大藥局都買不到抗生素，不過除此之外這是個好國家。波德里查的蒙特內哥羅人遠比莫斯科的俄羅斯人開放友善，而且俄羅斯人在這裡感覺很受歡迎，因為大家都是斯拉夫民族。」

當初我考慮在蒙特內哥羅定居時，有些人告訴我說「很多俄羅斯人都住在這」，然而根據當時的人口普查，全國六十二萬人只有兩百四十名俄羅斯人，那是千分之三。即使那個數字在後續十年成長了三倍，比例還是非常低。儘管如此，俄羅斯人確實在此地購買了許多夏日豪宅，進行巨額投資，因此他們的影響力仍不容小覷。跟亞洛斯拉夫閒聊完後，我看見了一個與眾不同的人。

當你在東歐旅行了三年，偶然看到一位黑人時，你就會像東歐人一樣目不轉睛地瞪著他。跟西方社會比起來，黑人在這裡是很罕見的，而且這個小夥子簡直黑得像木炭。我一定要聽聽他的故事。

他來自非洲的查德，我們用法語交談。他是職業足球中鋒，之前效力貝爾格勒的球隊，一年後被交易到這裡，目前已在波德里查居住三個月。除了年薪之外，球隊也支付他的所有日常消費。我問他住在蒙特內哥羅的感覺跟查德有何不同，他望著窗外的細雨，「我想念查德的天氣。當然那邊有時候會太熱，但這裡實在是太濕冷。不過我很喜愛蒙特內哥羅的美麗海灘和山景，它能幫助你忘記煩惱。」

我問：「你經歷過種族歧視嗎？」

他回答：「其實沒有，人們固然會因好奇而多看幾眼，但塞爾維亞和蒙特內哥羅的種族偏見並沒有我想像得嚴重。我從未遇過任何問題，這裡的人都很和善。」

我們聊了二十分鐘，相互握手之後，我就搭車前往科索沃。

與安娜重遊蒙特內哥羅

一年後，安娜很想見識我最心愛的科托。此刻的你或許也很想飛去科托（最近的機場在蒂瓦特），但你要有心理準備，實際去了之後可能會覺得：「是啊，科托還不錯，但並沒有那麼神奇。」你應該會更喜歡威尼斯或杜布羅尼克，因為它們遠比可憐的小科托更富麗堂皇，問題是我這種怪人就是特別珍惜未經雕琢的璞玉，而且我特別鍾愛那些位於宏偉山腳下的美麗濱海城鎮。

我們離開杜布羅尼克，在新海爾采格停留幾個小時後，就進入了科托灣。安娜刻意放慢車速，不時停歇瞻望沿途的美景。我指出洛夫琴山的龐大雪白身影，熟練地帶領她參觀舊城區。安娜很欣賞那些彎曲的小巷、如畫的商店、古老的紀念碑和迷人的廣場。科托就像袖裍中的威尼斯，雖然沒有運河，但或許全球暖化會改變這點。

我們考慮了一些餐點選項。蒙特內哥羅的食物融合了兩種文化，除了典型斯拉夫的肉類和馬鈴薯，同時也摻雜地中海風味的蔬果和橄欖油。海岸地區最普遍的就是海鮮、沙拉和義大利餐食。素食餐點包括 pasulj prebranac（燻肉燉豆），zeljanica（菠菜乳酪餡餅）和吉巴尼察起司派。最後我們在建於一一六六年的聖特里豐大教堂隔壁選了一家有戶外座位的披薩餐館。安娜聽過我在祕密禮拜堂中躲過暴風雨的故事之後也很想在那過夜，於是我們就在晚上九點開啟餐後的健行，登上堡壘，穿過隱密通道，進入那間孤寂的禮拜堂。安娜在那個星期已經證明她有愛好探險的精神，我正逐漸愛上她。

安娜和我離開科托後就驅車前往洛夫琴山的頂峰，完成亞力士和我去年挑戰失敗的任務。這回我們有三項優勢：現在的季節是晚春，道路已經鏟過雪，而且我們開的不是Yugo。

位於洛夫琴山頂的涅戈什陵墓對蒙特內哥羅人有深刻的象徵。涅戈什去世之後，人民將他埋葬在山頂的一間小禮拜堂內。二次大戰期間，儘管面臨義大利的無情轟炸，國軍仍舊英勇保衛了這間禮拜堂；試想今天美國的總統山如果遭到侵略，美國人是否也會奮力捍衛它——這座陵墓對蒙特內哥羅人的意義就是如此重大。諷刺的是，在為它拋頭顱灑熱血之後，共產黨卻拆毀了禮拜堂。

南斯拉夫的共產政府將禮拜堂換成今日的這座世俗陵墓，我們登上貫穿山壁的宏偉階梯，雖然頂端的小隧道可以節省一些清雪工程，這也導致它的出口完全被雪掩埋，因此最後一段路爬起來還是相當濕滑。當我們終於抵達峰頂，那種感覺彷彿站在天堂之門，只見寬廣的石徑通往盡頭的輝煌殿堂，兩座身高約莫人類三倍的深灰女性雕像矗立在入口之前，它們的頭似乎可以撐住整座建築。王子的陵墓本身並不如觀景台那麼吸引人，在此放眼望去，你會覺得自己似乎可以看遍整個國家。享受過天堂時光之後，安娜和我再度重返人世。

科托的峽灣雖然令人流連忘返，但蒙特內哥羅最具代表性的山脈是位於杜米托爾國家公園（Durmitor National Park）。安娜和我計畫在日落之前抵達該處。我們開下洛夫琴山，悠閒地探索了蒙特內哥羅的歷史舊都策提涅。它位於高原上，因此蒙特內哥羅人得以借助地形優勢，抵禦土耳其帝國的攻擊。雖然有許多史詩提到策提涅，它現在並不是個起眼的城市。我們繼續跟崎嶇顛簸的道路搏鬥了一個多小時，終於在日落前一小時來到寒冷的杜米托爾，在山上紮營休息。

我們在凌晨四點半醒來，將露營設備留在車上，開啟胸懷大志的一日健行，從黑湖（Crno Jezero）啟程，沒過多久就超越了洛夫琴山的高度（一七四九公尺）。其實我們的設備並不足以應付這種冰雪地勢，雖然我有指南針和測高儀，但我們沒有雪靴或冰斧。根據我的樂觀計畫，我們預期可以越過海拔二二八七公尺、相對較低的梅傑德峰（Meded），然而當我們爬到兩千公尺，就發現最後的上坡路段極端險峻多雪，而且山隘的對側可能更冰冷。當時是下午兩點，我們沒有露營設備，萬一在陡峭的隘口附近受困，又無法在夜幕低垂之前脫身，那肯定是凶多吉少。這是我首次帶安娜一起登山，所以我做了一件自己很少做的事：學聰明，撤退。我們一邊坐著滑下積雪的山坡，一邊興奮地嚎叫著。我回頭仰望杜米托爾的壯麗群峰，發誓有朝一日會再回來。

大祕密變成小祕密

蒙特內哥羅人擁有巴爾幹南部典型的友善天性。例如亞力士當初才剛認識我，就願意把涅古什的房子借給我住，讓我在那邊專心寫書。葛蘭卡．斯拉弗維奇（Goranka Slavujević）是一位住在義大利的塞爾維亞人，她告訴我：「蒙特內哥羅人很慷慨，我曾經在散步時跟一位男士搭訕，他邀請我去跟他的家人喝咖啡，我們只聊了三十分鐘，他就願意提供一間空房，讓我免費借住整個夏天！」

艾美．連恩（Amy Lane）是一位住在蒙特內哥羅的美國人，她告訴我：「美國人可以向蒙特內哥羅人學習如何放鬆自己，把步調放慢一點。我最愛這裡的一點就是警察沒有管得那麼嚴，不過這已經在改變。另外，因為我有兩個小女兒，所以我很喜歡這些人對小孩展現的熱情，不像在美國，人們都不敢讓陌生人擁抱或親吻自己的小孩。」

我問艾美：「有沒有令你特別驚訝的事？或是你不喜歡的事？」

「最令我驚訝的就是蒙特內哥羅人都如此高瘦！我不喜歡他們亂丟垃圾，不懂得尊重這個國家的美麗，整個地方看起來都像一片工地！」

幸好這點已經有所改善。蒙特內哥羅的政府已將國家的未來賭在觀光業上，因此它的環境已經比以前清潔許多。人必須有錢才會關心環保，當你還很貧窮時，環保主義只是一項奢侈品，你連存活都有困難。當蒙特內哥羅的觀光產業漸趨成熟，國民的財富自然就會拓展，環保意識也會隨之抬頭。

《孤獨星球》曾如是說：「科托是個大祕密。」它其實也可以說蒙特內哥羅是個大祕密。雖然現在蒙特內哥羅已不再那麼神祕，它仍然保有東歐最珍貴的璞玉，我總有一天會在那裡買一棟房子。

蒙特內哥羅能教我們什麼

✣ **放輕鬆。**蒙特內哥羅人並沒有外界謠傳的那麼懶惰，至少不會比巴爾幹南部的其他國家懶惰多少，但他們還是懂得如何放輕鬆。當你開車經過蒙特內哥羅，你會看到許多未完成的房屋，而旁邊還有人在喝拉基亞酒；如果這裡是斯洛維尼亞，他們肯定整天都在敲敲打打。當你不確定自己是否應該再多工作一下或去休息，那就暫時當個蒙特內哥羅人，放鬆一下。

✣ **保護自己。**蒙特內哥羅是東南歐唯一未曾被土耳其帝國征服的國家，儘管它很小，他們卻堅守而保住了自己的國格。

當我首度拜訪蒙特內哥羅時，我是以全國最南端的烏爾齊尼（Ulcinj）作為行程終點。它的舊城區也有許多迷人的迂迴街道，兩個大小海灘都有無盡的白沙，可以延伸直通阿爾巴尼亞。你在巴爾幹各國都能聽到各種關於阿爾巴尼亞人的恐怖故事，所以我非常好奇會在那裡看到什麼。我發現它跟自己想像中完全不同。

第十六章

阿爾巴尼亞——群山中的雙頭雄鷹

阿爾巴尼亞小資料

位置：巴爾幹半島國家，北接蒙特內哥羅，東臨北馬其頓，南面是希臘。

面積：約2.8萬平方公里（台灣的0.78倍）

人口：約300萬（台灣的0.13倍）

首都：地拉那

主要族群：阿爾巴尼亞人

人均國內生產毛額：6,260美元（2022年資料）

Achleta Christi
?

黑色喜劇片《桃色風雲搖擺狗》（*Wag the Dog*）中，一位好萊塢製片人和政治化妝師正在幫美國總統揑造一場假戰爭，轉移大眾對總統性醜聞的注意。兩位同謀必須挑選一個全世界最隱密、最不為人知的國家來栽贓，其中一人建議用阿爾巴尼亞。

「為什麼？」另一人問。

「何不呢？你知道他們的哪些事？」

「完全不知道。」

「這就是重點。」

「他們感覺有點陰險，有點高傲。我的意思是，誰了解阿爾巴尼亞？你知道什麼？誰會信任阿爾巴尼亞人？」

後來其中一人又問：「你認識任何人在阿爾巴尼亞餐廳吃過東西嗎？」

「有這種餐廳？」

「肯定有的，他們必須吃東西。」

「有可以象徵他們國家的餐點嗎？」

「沒聽說過。沒有人會知道，我們可以亂編。」

他們拍了一段假新聞短片，裡面有個「阿爾巴尼亞」的女演員逃出一個電腦動畫製造的火燒村莊。諷刺的是，這部電影上映一年後，真正的阿爾巴尼亞人也逃離了真正的火燒村莊。雖然我看過這部電影，它並沒有教我任何關於阿爾巴尼亞的事情，除了這個國家可能不存在。所以當我首度前往阿爾巴尼亞時，我對它的印象完全是來自其他巴爾幹人給我的資訊。

阿爾巴尼亞的臭名

幾乎所有巴爾幹人都不喜歡阿爾巴尼亞人。來自塞爾維亞的伊凡告訴我：「如果你認為波士尼亞的族群仇恨很嚴重，把那乘上十億倍，大家對阿爾巴尼亞人的厭惡就是那麼強烈。」根據巴爾幹人的說詞，阿爾巴尼亞人會偷東西，體味很臭，很骯髒，每家平均生八到二十個小孩，因為近親通婚，所以長得很醜。他們會戴一種奇怪的白帽子，都是狂熱的伊斯蘭教徒，只會說阿爾巴尼亞語，遵從一部名叫卡努（Kanun）的中古法典，會因為各種瑣碎理由行凶或傷人。這些還只是皮毛而已，幾杯啤酒下肚後，他們就會真的開始口出惡言，而且不光是斯拉夫人會這樣任意詆毀，幾乎所有歐洲人都對阿爾巴尼亞人頗有微詞。這年頭已經不太容易發現歐洲人同意任何事情，不過他們都同意阿爾巴尼亞人跟麥可・摩爾[1]一樣討喜。

更不可思議的是，多數拋出這些貶抑之詞的人都不會在「有些人是這樣」或「多數人是那樣」之間做區分，他們只強調「所有」阿爾巴尼亞人都是這樣，基本上沒有人願意承認這個國家的三百萬人中可能會有一或兩個特例。哇，我一定要見識這些人。你並不是每天都能遇到一整個國家的混蛋，當然啦，除了法國以外。

聽說很多阿爾巴尼亞人會在烏爾齊尼（蒙特內哥羅南端的邊境城市）興風作浪，「小心一點。」蒙特內哥羅人都警告我。於是我緊抓著錢包，戰戰兢兢地在烏爾齊尼的街上走著。我再過一小時就要搭小巴去阿爾巴尼亞，趁這個時候，我環顧四周，試圖尋找這些怪人。聽說他們有獨特的臉形結構，而且男人都會戴白帽。我走到美麗的海灘，欣賞那盤踞在岸邊的中古城堡。大家都看起來很正常，沒有奇怪的白帽子。我心想：或許阿爾巴尼亞人都躲起來了。

進入阿爾巴尼亞

我搭的是一台廂型車（furgon），旁邊坐著兩位修女。一位輕佻的阿爾巴尼亞修女教我認識了幾個基本用詞，看來他們並非都是伊斯蘭教徒，車上也沒有任何戴白帽的男人。也許他們不是阿爾巴尼亞人？問題是除此之外他們還有可能是誰？蒙特內哥羅人顯然對這個鄰國毫無興趣。

車子在布納河（Buna）穿越國界後，停靠在斯庫台（Shkodër），大家都下了車。大老粗司機似乎覺得我的每個動作都很顧人怨，不過當我說了一句 falem nderit（謝謝）之後，他就

1 編按：上冊曾出現過的一位肥胖導演。

露出開朗的笑容，並協助我轉搭下一台前往首都地拉那（Tirana）的車。這時我突然在人群中看到一位戴著白色小帽的老人。經過數百多位阿爾巴尼亞人之後，我終於找到了傳說中的白帽怪咖，當時真想奔上前去親他一下，請他簽名留念，但我得上路了。

我的第二位駕駛有銳利的碧眼和金黃的頭髮，想不到這麼低緯度的地方還能看到如此白皙的容貌。廂型車坐滿後，他打開收音機，開始大聲播放……阿拉伯音樂？這位駕駛看起來不像穆斯林，他的後照鏡下方也掛著一個基督十字架。這一切都使我摸不著頭緒。

前往首都的道路很窄，坑洞很多，有些主要道路甚至還沒鋪上柏油。這點是可以理解的，因為一般平民直到一九〇〇年後才能合法擁有汽車，以前只有共產政府的高層人士有此特權。好消息是你可以要求共產黨為你開放特例，壞消息是在四十五年的共產黨統治之下，只有兩位非政府人員獲得核准；是的，四十五年以來只有兩次特例。

因此這個跟馬里蘭州等大、總人口三百萬的國家只有兩千輛汽車。你在共產時代需要特殊許可證才能擁有汽車、打字機或冰箱。一個無車社會產生的結果就是：地拉那曾經是全歐洲最乾淨的城市。如今全國的總車數已增至五十萬輛，地拉那也成為全歐洲汙染最嚴重的首都。

小巴在市中心的斯坎德培廣場（Sheshi Skënderbej）放大家下車。從這個寬闊的廣場可以輕易想像此地在二十年前空無一車的景象，市政府尚未在民族英雄斯坎德培的銅像周圍的大圓環上劃分車道，也沒有明確的行人穿越道，所以整個廣場都是一團巴士、汽車和行人混雜的亂象，然而大家似乎都知道往哪裡走。

崇尚無神論的共產政府夷平了許多清真寺，但他們保留了十八世紀的尹伸貝清真寺（Et'hem Bey Mosque），因為它的外型格外優美。門口的穆斯林很客氣地帶領我進門參觀（在我脫掉鞋子之後），輕聲向我解釋內部的美麗彩繪代表的意義。裡面有兩位男士戴著白帽，但我目前在地拉那已經看過數千人在街頭竄動，卻幾乎沒看到任何人戴白帽。那些怪人到底躲在哪裡？或許阿爾巴尼亞的國家歷史博物館可以告訴我答案。

東歐人對歷史的迷戀

正如多數東歐人，巴爾幹人通常都亟欲向外國人介紹自己國家的歷史——他們對往事非常沉迷。在蒙特內哥羅，一位博物館導覽員曾經語帶不屑地告誡一群說英語的訪客：「對你們美國人來說，歷史只是昨天，但我們研究過數千年的歷史，而且不光是我們自己的，還有世界歷史。」

我回應：「你說的對，我連自己早上吃過什麼都忘了。」導覽員說的沒錯，巴爾幹人確實遠比美國人注重歷史，然而這也是許多族群衝突的起火點。同團的一位加拿大人說：「巴爾幹人花太多時間往回看了，北美洲人只會往前看。」

另一位紐西蘭人笑著說：「我們是從下往上看。」

我的匈牙利好友蘇莎告訴我：「東歐人有很強烈的民族認同感，我們不知何故總是傾向於強調族群之間的差異，而非相似處，更別提老是翻舊帳。」

我的大學同學安德魯・哈洛德（Andrew Harrod）在弗萊徹法律與外交關係學院（Fletcher School of Law and Diplomacy）拿過博士學位，他憶起自己在德國聯邦議院實習時，一位法國女士說的話：「美國人不像法國和德國曾經有世仇（Erbfeindschaft），因為大家當初都是移民來的，經過連續世代的融合，美國人會把注意力導向當今的社會問題，但他們沒有夠深的社會基礎，不會去盲從或追究古代的族群紛爭。新一代的移民也將美國視為明日的希望之地，他們來這裡絕不是為了緬懷過去。這種以未來為導向、持續歡迎新成員的國家勢必會有某些程度的歷史失憶症。」

對美國人而言，歷史只出現在無聊的教科書內，我們離開學校後，腦海就只剩下些許朦朧的記憶。一個世紀前，福特汽車公司的創始人曾用一段話總結今日許多美國人的歷史觀：

> 我對歷史沒什麼概念，我也不會拿五分錢去交換全世界的歷史。歷史充其量只是一堆瞎話。它是傳統，我們不需要傳統，我們要活在當下，唯一稍有價值的歷史就是我們今日創造的歷史。出自亨利・福特在《芝加哥論壇報》的訪談，一九一六年五月二十五日。

波蘭的諾貝爾獎得主切斯瓦夫・米沃什（Czeslaw Milsz）曾指出東歐和西方世界的主要不同就在「記憶與失憶」。一位塞爾維亞的斯拉夫比較文學教授說：「這種失憶導致世界強權只知短視近利，歷史對他們而言是一種威脅，一種讓眾多弱國尋求國際認同、自以為能躋身強國之林的手段。」[2]這就是為何那位蒙特內哥羅的導覽員會如此吹噓：當美國的朝聖者還在學如何切一隻萬聖節火雞，蒙特內哥羅已經擁有全球第一台印刷機。

> 歷史（名詞）是一種充滿謬誤的紀錄，它所記載的事情大多是無足輕重的，這些事件背後的統治者大多數是惡棍，士兵們則多半是傻瓜。——安布羅斯・比爾斯（Ambrose Bierce），《魔鬼辭典》（*The Devil's Dictionary*）

不幸的是，東歐人對歷史也有選擇性失憶症。他們喜歡回到祖先最光榮的時刻，宣稱自己是這片土地的元老，而且他們沒有剷除任何更早出現的文化，因為它當時還是「處女」之地。由於他們忽略了顛峰之前的成長和之後的衰落，這樣就會滯留在歷史上的某一刻。很多

2 Tomislav Z. Longinović, "Vampires Like Us," *Balkan as Metaphor: Between Globalization and Fragmentation* (The MIT Press, Cambridge, Massachusetts, 2005), p. 42.

民族都曾經擁有遠比當今龐大的權力版圖，他們也都會暗示或明示自己應當奪回那些領域；當一塊小地區中有至少八個國家在玩這個遊戲，這裡註定將會淪為永無止境的戰場，因為大家隨時都在埋怨自己不再是當年的老大哥。每個巴爾幹國家都應為此負責，包括阿爾巴尼亞。

從伊利里亞人開始說起

當你踏入阿爾巴尼亞的國家歷史博物館，就會發現他們的歷史重心跟多數斯拉夫史學家不同。斯拉夫人喜歡從西元六世紀開始計時，正如美國人喜歡從一四九二年開始，因為我們的直系祖宗就是在那時出現，開始踢走或同化北美原住民。

阿爾巴尼亞人則把時鐘倒轉的更遠，大約在西元前一二〇〇年，神祕的伊利里亞人（Illyrians）是在那時出現而霸占巴爾幹地區。伊利里亞的輝煌年代持續了一千年，直到西元前一六七年才被羅馬人終止。這些人是理想的祖宗人選，因為他們的年代很遙遠模糊，所以你可以輕易宣稱自己跟他們有血緣關係，編織跟他們相關的神話。更重要的，當你跟一個強大的古老文明建立聯繫後，就能理直氣壯地提出任何領土需求。所以阿爾巴尼亞人大方地將伊利里亞人定位為自己的祖先，儘管支持此關係的證據並不充足。

這種思想的危險之處就是人們會將遠古地圖疊放在現代地圖上，並假設沒有人搬過家。

有一位阿爾巴尼亞人就曾告訴我：「蒙特內哥羅屬於伊利里亞，所以我們對他們沒意見，因為不像塞爾維亞人，他們有伊利里亞血統。」這種草率的結論忽略了好幾件事，例如伊利里亞人曾經占領現代塞爾維亞的部分區域，而且蒙特內哥羅人是跟著塞爾維亞人同時遷徙過來的。況且阿爾巴尼亞人和伊利里亞人的連結很薄弱，有些學者還相信阿爾巴尼亞人是從羅馬尼亞或東塞爾維亞遷來的，他們的確切來源至今仍是個謎。這時我就想起伏爾泰的一句話：「理智會告訴我們，所謂的遠古歷史只是眾人同意的寓言。」

從語言推敲阿爾巴尼亞人的來歷

阿爾巴尼亞文是如此獨特，它似乎是從天上掉下來的。你有時候可能會希望阿爾巴尼亞文跟某個你認識的語言有關聯，例如 në ç'orë arrin autobusi（巴士何時會來）聽起來就有點像義大利文，而且如果你從一數到十，聽起來就像個喝醉酒的斯拉夫人（një, dy, tre, katër, pesë, gjashtë, shtatë, tetë, nëntë, dhjetë）。然而當你聽到一個稍微複雜的句子，就會完全迷失，並發覺它跟任何你學過的東西都不相干。舉「是否包含早餐」這句話為例，你必須說 a e përfshin edhe mëngjesin?，這會使你懶得詢問旅館房價是否包含早餐。

阿爾巴尼亞文很像外星語言，它有三十六個字母，包括像 dh 和 ll 這種雙字母。地名可以有兩種形式：bulevard（一條大道）或 bulevardi（那條大道）。Tirana就是地拉那，可是公車招牌都寫Tiranë，意思是「往地拉那」。連基本用語都很怪，光是打個招呼就可以讓人舌頭打結，像是tungjatjeta，幸好阿爾巴尼亞人通常不會用那個字，它太正式了，他們較常說c'kemi?，發音類似sh-kemi，意思是「你好嗎？」多數人會回答mirë（好）。其他必用語詞包括ju lutem（請），ku është（在哪裡），nuk kuptoj（我不懂，nuk就是「不」），më falni（對不起），sa kushton（多少錢），si quheni ju lutem（你叫什麼名字），lamtumirë（再見），po（是），還有我最喜歡的yo（不是）。

我們可由獨特的巴斯克語言（Basque）推測巴斯克人早在西班牙人和法國人之前就已來到兩國的邊界，而阿爾巴尼亞文也能支持相同論點。可惜我們對伊利里亞人的語言所知有限，所以無法證明阿爾巴尼亞文是從它演化來的，不過至少可以推敲他們來的時間。我們知道匈牙利人比斯拉夫人晚來歐洲，而且幾乎可以確定阿爾巴尼亞人比斯拉夫人更早來到巴爾幹地區，因為他們若是之後才來，那肯定會留下大規模遷移的紀錄，就像匈牙利人也曾留下類似紀錄。況且阿爾巴尼亞人如果是個來自斯拉夫、希臘或義大利文化的分支，他們的語言理應有更多相同元素。所以我們基本上可以確定阿爾巴尼亞人是源自伊利里亞人或達契亞人（Dacians），一個盛行於羅馬時代之前、以東塞爾維亞和羅馬尼亞為中心的古文明。奇怪的是，我們居然無法證明「阿爾巴尼亞」這個名字是從哪來的。

阿爾巴尼亞跟芬蘭有何共同點

芬蘭和阿爾巴尼亞的差異有如南轅北轍，但他們稱呼自己國家的方式都跟世界其他國家不同。我們曾在第一章提到，芬蘭人稱自己的國家為「棱密」，而全世界對它的稱呼都唸起來很像「芬蘭」。阿爾巴尼亞的狀況很相似：義大利、印尼、挪威、波蘭、葡萄牙、羅馬尼亞和西班牙都稱之為Albania，其他語言也有類似的拼音：Albanie（法語），албания（俄語、保加利亞語，轉成拉丁字母就是Albaniya），Albània（加泰隆尼亞語），Albanija（巴爾幹語、立陶宛語、斯洛維尼亞語），Albánie（捷克語），Albanien（丹麥語、瑞典語、德語），Albanië（荷蘭語），Albānija（拉脫維亞語），Albánsko（斯洛伐克語），αλβανία（希臘語），Albanya（菲律賓語）。

所以阿爾巴尼亞人如何稱呼自己的國家？他們稱自己為「施基培利亞」（Shqipëria）。是啊，我也完全沒料到。他們稱自己的語言為施基普語（Shqip）。這是怎麼發生的？沒有人知道。首先，「阿爾巴尼亞」這個詞的來源本身就是個謎。有一說是西元前二〇〇的希臘史學家波利比烏斯（Polybius）曾提到一個叫「阿爾邦」（Arbon）的部族；大約四百年後，托勒密又在地圖上標註了阿爾巴諾波利斯（Albanopolis）這個城市，位置很接近現今阿爾巴尼亞的都拉斯（Durrës）。此外還有其他假說，但都尚無定論。

其次，學者也無法同意「施基培利亞」這個名字是從哪來的。其中一個理論是它來自動詞 shqipoj，意思大致是「了解」；另一個理論是它來自 shqipojnë（老鷹），阿爾巴尼亞人用雙頭雄鷹當作國徽已至少有六百年，他們的國旗是全世界最酷的旗幟之一，它的紅底上面就有一隻黑色的雙頭雄鷹。話說回來，既然大家給你取的名字發音都很像「阿爾巴尼亞」，何必堅持自稱施基培利亞？試想如果歐洲人、非洲人、南美洲人、亞洲人對美國人的稱呼都不像「美利堅」，而是有點像「科西亞人」，時間久了之後，何不乾脆將錯就錯，把自己的名稱也改成「科西亞人」？我們也可以把國名改為科西亞合眾國。

我們會不會基於某種愚蠢的榮譽感而拒絕改國名？或許吧。問題是阿爾巴尼亞人和芬蘭人為何不試圖推廣自己的真名？施基培利亞很繞舌，但我們可以把它簡化成「施培利亞」（Shiperia）。瞧，沒有多難吧？其他語言也可以發明類似拼音的字，大家都能同步化，這樣問題不就解決了。

事與願違的是，當外國人試圖模仿他們的真名時，阿爾巴尼亞人反而會自覺受到侮辱。例如巴爾幹人有時會叫他們「施普塔」（Šiptar），跟「施基普」發音有點像，但阿爾巴尼亞人如果聽到別人這樣稱呼他們反而會生氣，就像黑人覺得「尼格羅」有種族歧視的意味。由此看來，阿爾巴尼亞人寧可維持現狀。另一方面，施基培利亞和梭密的國民對彼此並沒有同理心，芬蘭人照樣叫阿爾巴尼亞 Albania，阿爾巴尼亞人也照樣稱芬蘭為 Finlandë。

沿德林河順水而行

六年之後，我經由一道刺激而隱密的後門重返阿爾巴尼亞。我在黎明前從科索沃的賈科維察（Đakovica）搭上小巴，在普魯什（Prushi）和巴依拉姆楚里（Bajram Curri）附近穿越白雪覆蓋的邊界。高達二七五一公尺的阿爾卑斯山脈在此形成一個天然國界，它們的冰冷山峰使阿爾巴尼亞與世隔絕。我們沿著山路下行至德林河（Drin）畔的費爾澤（Fierza），在此轉乘小渡船，順水漂行兩個小時，經過一個壯觀的峽谷。我一邊欣賞美景，一邊用基本義大利語跟年輕的駕駛閒聊，他正在替父親操作渡船。當聊到族群話題時，他說：「你知道阿爾巴尼亞人跟科索沃的那些人有很大不同。」

「此話怎說？」我有點好奇，因為巴爾幹人從未區分這兩個國家中阿爾巴尼亞人的差異。

他回答：「科索沃人是動物，他們生很多小孩，還會跟表親性交。」

「Benisimo!（很好）聽起來就像我的種族，所以多數阿爾巴尼亞人都看不起科索沃人？」

「當然，我們跟自己的語言有密切聯繫，但他們不像我們這麼文明。他們比較窮，教育程度比較差。」

我們繼續交談，渡船順著下流水勢滑過白雪皚皚的筆直山峰，感覺彷彿進入一個充滿天使與惡魔的奇幻之地。數千年來，這條河持續切割這些高山，因此今日它已深達一百多公尺。水看起來很清澈，但二〇一九年對國內水質感到滿意的阿爾巴尼亞人卻不到一半，此比率在歐洲是最低的。最後我們在科曼湖（Komani）附近上岸，那邊有另一輛小巴等著接我們，它即將要挑戰的是我在東歐見過最爛的泥土路，感覺好像在一支鑿岩電鑽上面開車。

經過一個小時的猛烈車震，道路從徹底的災難變成正常災難。當小巴在某站停靠時，一群阿爾巴尼亞人湧上了車。我旁邊坐著一位戴著時髦墨鏡的高大年輕人，他的名字是阿弗林・蓋貝提（Afrim Gerbeti），曾在伊拉克當過志工，是我遇過少數有五名兄弟姐妹的阿爾巴尼亞人。他很驚訝會在這個邊陲地帶看到美國人，我請他解釋一個巴爾幹人曾經警告過我的東西：一套名叫「卡努」的戒律。

卡努是什麼？

阿爾巴尼亞文化中被誤解最深的莫過於卡努，這個字源自希臘，意思就是正史（canon）。多數人都認為卡努是中古世紀教會用來壓榨人民的道德規範。這沒錯，但你最近有讀過《利未記》嗎？阿弗林說：「卡努跟許多古老的神聖書冊類似，內容是在討論我們的義務和職業，如何集會，如何透過陪審制度進行公平審判、裁決罪責。一切都是關於榮譽。」

卡努起先是經由口頭傳承，到十五世紀才被寫成文字。阿弗林解釋它的四大基礎：Nderi（榮譽），Mikpritja（待客之道），Sjellja（正當行為）和 Fis（家族忠誠）。它聲明所有男女都有各自的平等權利（聽起來有點像某個出現於三百年後的美國文件）。你可以自由做任何事，只要不傷害別人。它提示你如何羞辱一個人：公然指控他是騙子、侮辱他的妻子、玷汙他對你的款待……不過這些都只是其次，最可惡的就是搶奪他的武器。確實如此，早在美國把這加入權利法案的數百年前，阿爾巴尼亞就明言規定人民有權利擁有武器。看來這一切都相當中規中矩，所以大家到底在怕什麼？

卡努在現今會招致批評有兩個原因。首先，有些人以為阿爾巴尼亞人至今仍堅守這套戒律。這本身或許沒有多糟，但他們還有第二點疑慮：卡努會鼓勵家族之間冤冤相報，當某人被殺害，他的家族就能要求對方「血債血償」。卡努也准許你燒毀一位罪犯的房屋、驅逐他的家人，當然也可以處決他（和他的家人）。十九世紀有一件令人毛骨悚然的連環凶殺案，起因是一位阿爾巴尼亞人指控另一人沒有履行承諾送貨，引發了一連串的謀殺和報復行動，導致一百三十二人死亡，一千兩百一十八棟房屋慘遭祝融。[3]

話說回來，復仇在許多社會都很常見。誰最容易向人尋仇？有一項研究訪查過五十三個國家的八萬九千人，結論是女性、老年人、窮人和高犯罪率地區的居民，而他們多數都來自

3 A. Dumont, *Le Balkan et l'Adriatique: les bulgares et les albanais; l'administration en Turquie; la vie des campagnes; le panslavisme et l'hellénisme,* 2nd edition. Paris, 1874, pp. 304-5.

普遍貧困、未受教育且缺乏嚴謹紀律的國家，也常出現在剛經歷過戰爭或語言繁雜的族群。[4]卡努只不過是記載了許多社會共有的道德規範。阿弗林告訴我：「卡努有兩道迷思。第一，人們以為全天下只有一套卡努。其實它有五個版本，每個都是針對阿爾巴尼亞各地區分別制定的。」

我問：「第二道迷思是什麼？」

「阿爾巴尼亞人真的在乎它。或許阿爾卑斯山區有少數老人仍會遵從卡努，但多數人，尤其是年輕人根本不把它當一回事。」

窒悶的廂型車在斯庫台戛然而止，大家都很高興終於能下車。阿弗林向我介紹他那纖瘦的妹妹愛斯梅達（Esmeralda），她穿著緊身黑牛仔褲和短毛外套，看起來一點都不像典型的穆斯林。他們帶我參觀斯庫台的天主教座堂，它在共產時代曾經被改建成排球場。我在離開前問阿弗林：「白帽的傳說到底是從哪來的？塞爾維亞人告訴我說阿爾巴尼亞人都會戴白帽。」

他大笑，「那就像阿爾巴尼亞人說塞爾維亞人都戴傳統的 šajkača 帽子一樣愚蠢，它的形狀略微不同，通常是深色，但基本概念跟阿爾巴尼亞的白帽相同。塞爾維亞的軍官在波士尼亞戰爭期間戴過 šajkača，一些村莊的老鄉民可能還會戴它，但多數塞爾維亞人都不會。這就像在說美國人都會戴牛仔帽，少數人確實會，但那只是一種時尚，背後毫無意義。我在伊拉克看過很多美國人戴棒球帽，那又怎樣？」

阿弗林協助我找到前往斯庫台附近山上的羅紮法堡（Rozafa）的公車，他臨別前祝福我順利完成橫越全國的計畫。我上車後不久，查票員就來了。最後面有個人在抽菸，我心想他應該會叫那個人不要再抽，結果他反而借了一支菸，自己跟著抽了起來，而且附近還有母親抱著哭鬧的嬰兒。我當時剛脫掉鞋子，讓腳透氣幾分鐘，查票員看到就捏住鼻子指了我的腳一下。我也捏住鼻子指著他的香菸，他很識趣地大笑之後就走開了。

阿爾巴尼亞人排出的黑煙比燃煤發電廠還多，到處都能看到人在醒目的地點堆放香菸盒，或直接在車上販售。多數人一個星期賺不到一百元，但他們照樣會把所得的大約一成用來買菸。咖啡館和餐廳總是煙霧瀰漫，通常都是來自男性。政府終於在二〇〇九年立法禁止人們在公共場所抽菸，但他們執行得很鬆散。不幸的是，這個國家多數地方都能見到凌亂的菸蒂和垃圾。

羅紮法堡位於斯庫台湖邊的山上，這個戰略位置使它註定長期處於動亂。約莫西元前五世紀，伊利里亞人就在此地建造了第一座堡壘，羅馬人耗費多時才把它攻下，之後拜占庭帝國、斯拉夫人、威尼斯人和土耳其人也輪番來襲。一九一三年，蒙特內哥羅試圖征服斯庫

4 http://www.nber.org/papers/w14131

台，但他們只拿下烏爾齊尼。如今蒙特內哥羅人會哭訴阿爾巴尼亞人「侵占」烏爾齊尼，卻選擇性地忘記烏爾齊尼曾經長期屬於阿爾巴尼亞。這就像有些加州人愛抱怨那裡到處都是西班牙族裔，卻忘記西班牙族裔是比他們更早移民來的。現在這座露天堡壘已長滿青草，北方阿爾卑斯山脈的雪景頗為振奮人心。我下山時路過了一名牽著四隻羊去散步的牧童，正如這座堡壘，阿爾巴尼亞有些事物似乎變化不大。

多數阿爾巴尼亞人都不住在阿爾巴尼亞

我接著從斯庫台搭車前往克魯亞（Krujë），沿途跟兩位年輕的英語系學生阿弗尼（Avni）和蓋茲米爾（Gazmir）交談。他們提到阿爾巴尼亞人的廣泛流散：現今義大利有七十萬人，德國有三十二萬人，瑞士與美國分別有二十萬人，再加上散居在巴爾幹各地區的族群，全世界為數七百五十萬的阿爾巴尼亞族裔只有不到四成住在阿爾巴尼亞。

流散現象仍在進行，目前國內有三成以上人民認為只要情況允許，他們能閃就閃，阿弗尼和蓋茲米爾就屬於這些人。當我問阿弗尼他們在國外過得如何，他說：「當阿爾巴尼亞人偷渡到其他國家或在國外犯法時，對方當局通常會把他們遣送回國，但希臘人和塞爾維亞人會直接把他們殺掉。他們都想消滅我們。」

這似乎言過其實，於是我就把話題轉向科索沃。蓋茲米爾的評語跟先前那位渡船駕駛完全相反：「科索沃比阿爾巴尼亞文明，因為它受過南斯拉夫的影響，阿爾巴尼亞則是長年閉關自守。」

聽起來很合理，但我們顯然得去一趟科索沃才能知道誰是對的。我繼續問他們：「女人在國外過得如何？」

蓋茲米爾開始回答：「阿爾巴尼亞人很瘋狂地保護他們的女人……」「還有他們的文化，」阿弗尼插嘴，「女人不像在美國那麼自由，我們的文化還是很保守，很傳統。」

我在下車前問起他們畢業後的就業前景，阿弗尼說：「不太好，我們的實際失業率大約是百分之二十五，平均月薪大約才三百元，現在你知道我們為何會想移民了。」

克魯亞的矛盾英雄

阿爾巴尼亞人很好搭訕，我剛抵達克魯亞就遇到兩位很熱心的年輕人，他們主動陪我走到下個車站，並在途中向我介紹了一間有趣的咖啡館，它的招牌上畫著阿爾巴尼亞和美國的國旗，店名也取得很妙：小布希酒吧咖啡館。據說小布希在二〇〇七年拜訪阿爾巴尼亞時在此喝過一杯，他是後共產時代首位來訪的美國總統，因此後來老闆就將咖啡館改名，向他致敬。雖然小布希在世界多數國家並不受歡迎，但阿爾巴尼亞人很擁戴他（還有柯林頓），因為美國政策較偏袒他們。我後來也看到兩張阿爾巴尼亞的郵票上印著自由女神像和小布希的笑臉，克魯亞的市民還為他豎立了一座高大的雕像。

小巴爬上蜿蜒的山坡，我在另一位名叫喬治[5]的雕像前方下車。出生於一四〇五年，身為九個兄弟姐妹中的么兒，喬治．卡斯特里奧蒂．斯坎德培（George Kastrioti Skanderbeg）是阿爾巴尼亞充滿魅力和矛盾的民族英雄。他在十八歲時被迫離開家鄉，加入土耳其蘇丹穆拉德二世（Murad II）的禁衛軍，當了二十年的穆斯林，為蘇丹多次征戰之後，斯坎德培終於叛逃到克魯亞自立為王。他揚棄伊斯蘭教，改信基督教，統整阿爾巴尼亞的諸多王族，集結了一萬兩千五百名士兵，並首度揭開紅底雙頭黑鷹的旗幟。

斯坎德培是一位戰略天才，二十五年以來，他不斷擊退強大的土耳其軍隊。穆拉德二世嘗試阻止他多年未果，飲恨而終之後，穆拉德的兒子也兩度挑戰失敗。即便是坐擁伊斯坦堡的大帝都無法攻下克魯亞。斯坎德培因此揚名全歐洲，因為他成功抗拒了「無人能擋」的土耳其帝國。雖然軍隊殺不了他，一隻蚊子卻可以：斯坎德培在六十二歲死於瘧疾。

斯坎德培去世十一年後，穆拉德二世的兒子終於征服了克魯亞，但斯坎德培早已名垂千古。伏爾泰在著作中讚美他的神蹟，音樂史上有三齣歌劇以他命名，包括一部韋瓦第的作品。你可以在日內瓦、布魯塞爾、義大利以及密西根州找到他的雕像。他在位那二十五年是阿爾巴尼亞的輝煌年代，他成為阿爾巴尼亞的獨立象徵，今日許多國人家裡都有他的畫像，斯坎德培博物館也頌揚他的終生成就。儘管如此，當我走出博物館，踏過克魯亞傳統市集的鵝卵石步道時，卻感到百思不解。

根據中情局調查，阿爾巴尼亞有百分之五十七是伊斯蘭教徒，只有一成是天主教徒。清真寺在阿爾巴尼亞很普遍，教堂很少見。然而斯坎德培是以砍殺穆斯林聞名，阿爾巴尼亞人卻如此崇拜他，這不是很奇怪嗎？事實上，他痛宰伊斯蘭教徒的名聲是如此顯赫，教宗還任命他為聖座統帥，並封他為基督戰士（Athleta Christi），羅馬市區自從十五世紀就有一間斯坎德培宮（他在那邊住過，現在已被改裝成酒店式豪宅）。一七三五年，英國劇作家喬治・里略（George Lillo）寫了一部關於斯坎德培的劇本，題名為《基督英雄的悲劇》（*The Christian Hero*）。假如斯坎德培今日回到阿爾巴尼亞，他是否會說：「嘿，謝謝你們為我蓋這麼多雕像啊，可是既然你們這麼愛我，你們為何不是基督徒？你們怎麼會被敵人降伏而成為穆斯林？」

假如華盛頓是一位打擊英國異教徒的穆斯林，我們還會把他印在一元鈔票上嗎？阿爾巴尼亞人似乎都把斯坎德培的基督教背景忘得一乾二淨，他們僅專注於他是首位統一全國的阿爾巴尼亞人，儘管那只維持了二十五年，而且只是現今阿爾巴尼亞的一小部分地區。之後在

5 譯者注：小布希的全名是喬治・沃克・布希。

土耳其帝國長達數世紀的統治之下，斯坎德培當年的英勇事蹟使阿爾巴尼亞的獨立之夢得以持續醞釀。一八七八年，恰好也是克魯亞淪陷的四百年後，阿爾巴尼亞人終於群起反抗，不過叛變很快就如同核桃般慘遭碾碎。他們持續不懈地嘗試，直到一九一二年終於革命成功。阿爾巴尼亞人將一八七八至一九一二年這段時期稱為民族復興（Rilindje Kombëtare），不過他們依然沒有達成斯坎德培當初的願景：將近一半的阿爾巴尼亞人都不在國界之內，多數失聯者都已移居到塞爾維亞，在一個名叫科索沃的地區。

歐洲最友善的民族

我離開克魯亞，前往地拉那跟沙發衝浪主欣蒂．亞卡尼（Sinty Jakane）會面。她是拉脫維亞人，跟兩位當地室友共居。我猜想她應該是為了享受溫暖氣候才搬來這裡，但我還是問她有沒有其他原因，她笑著回答：「有啊，因為這裡的人！拉脫維亞人都很冷漠鬱悶，我自從初訪阿爾巴尼亞就愛上了這些人的友善與溫情，他們總是滿臉笑容，不像拉脫維亞人老是板著臉。阿爾巴尼亞人真是充滿喜悅與歡樂！我希望自己周遭多一些這種正向能量，所以我就搬過來了。」

的確如此，阿爾巴尼亞人非常熱情開朗，他們無論英語講得多爛，都會樂於嘗試溝通。例如我有一次坐在路邊長凳上，數著人群中的白帽，遇到兩位母親和她們的年輕女兒，我只問了一個簡單問題，她們就開始找我搭訕。其中一位女士大概只懂二十個英文單字，但她很愉快地跟我雞同鴨講了將近三十分鐘，不時大笑，顯然很喜歡與我互動。這跟其他巴爾幹國家的差異真大，有些人雖然會說英語，卻總是擺出一副不干情願或傲慢無禮的姿態；相反的，阿爾巴尼亞人會鼓足勇氣（通常也很搞笑）嘗試用英語、義大利語或手語溝通。

阿爾巴尼亞人也喜歡肢體接觸。當我找男人問路時，他們有時會拉著我的手臂為我帶路。女人經常牽手或挽著胳膊在街上行走。最令我驚訝的是有些男人也會這樣，甚至親吻對方臉頰。話說回來，他們並不是同性戀。當蓋洛普在二〇一九年問「你的社區是否適合男同志或女同志居住」，只有百分之八回答「是」。

我在地拉那的第二天晚上迷路了，當時是晚上九點，我沒記下欣蒂的住址，她也沒接電話。在社區打轉了三十分鐘後，七位孩童說他們願意幫忙，他們的年齡介於六歲至十四歲，看來地拉那的治安很好，可以讓小孩在夜間外出。最年長的兩位英語能力還行，能把我的話轉譯給他們的隊友和路過的大人聽。我的熱血少年粉絲團花了四十分鐘跟著我在大街小巷奔走，有時還興奮地大叫：「嘿！我想我應該知道你住哪裡！跟我來！」其實他們也搞不清楚狀況，但他們的熱情似乎到處蔓延。最後我們遇到一位英語很好的學生，她帶我去找她父親，我們終於一起解開謎題。這個故事的寓意就是：阿爾巴尼亞是個迷路的好地方。

話說回來，也許我只是運氣好。例如二〇一一年蓋洛普曾訪問全世界人民，是否曾在最近一個月內幫助過陌生人，只有百分之二十四的阿爾巴尼亞人說有，這在當年是全球第三低的數字。事實上，所有巴爾幹國家的分數都接近底層。這很奇怪，因為每當我在巴爾幹地區求援，通常都能獲得協助。或許巴爾幹人本身不習慣開口求人，所以他們也不常遇到需要協助的陌生人。（美國在這方面擁有全球第二高比率，僅次於賴比瑞亞。）

當我終於回到欣蒂的家，她向我介紹第二位房客，來自波蘭的雅各．皮爾赫（Jakub Pilch）。雅各和我相處得很融洽，我們決定偕同去探索培拉特（Berat），一個距離地拉那大約兩小時車程的南部山城。雅各沒有睡袋，所以欣蒂邀請他共用一張床；這種事在沙發衝浪極端罕見，顯然雙方必須感到夠自在才能如此做。不過請別想太多，雖然阿爾巴尼亞人喜歡肢體接觸，但欣蒂並沒有因此就變成蕩婦，我也睡在床腳旁邊的地上，而且雅各表現得相當安分，當欣蒂在寒冷的深夜搶走被單時，他也完全沒抱怨。

雅各是一位很棒的旅伴，因為他的大腦似乎跟維基百科有直接鏈結。他能列舉出一次大戰期間輪流侵占過阿爾巴尼亞的國家：希臘、塞爾維亞、法國、義大利、奧匈帝國。那幾年換過的國旗還真多。他指出墨索里尼是在一九三九年四月攻打阿爾巴尼亞，也就是二次大戰正式開始的五個月前。有時雅各還會引述一些冷僻的史實，例如二次大戰開始之前，阿爾巴尼亞的國王索古（Zog，這個名字真的不是我編的）從國庫偷走大量黃金，逃遍歐洲各國，最後在倫敦的麗思飯店包租了一整層樓。阿爾巴尼亞在二次大戰後的歷史確實很瘋狂。

怪誕的獨裁者

接下來的四十多年，阿爾巴尼亞都是由恩維爾．霍查（Enver Hoxha）掌權。霍查號稱史上最瘋狂的獨裁者之一，他在二次大戰中率領過法西斯反抗軍，並創立了共產黨。阿爾巴尼亞的戰後歷史最詭異的一點就是，它是唯一在戰後比戰前擁有更多猶太人口的國家，只有一個猶太家庭被驅逐並殺害。令人玩味的是，歐洲最伊斯蘭化的國家居然把自己的猶太子民保護得最好，或許霍查是無神論者也有些幫助。

我們很難確定霍查是否是個缺乏安全感的偏執狂，或只是個一般的偏執狂。狄托曾試圖吸收阿爾巴尼亞，把它變成南斯拉夫的第七個共和國，但霍查對狄托豎起中指，切斷所有跟南斯拉夫的交際。美國和英國都曾試圖逼霍查下台，卻也被他閃過，他也切斷了所有英語系國家的合作關係。一九四八年，阿爾巴尼亞開始跟史達林的蘇聯眉來眼去，施行了五年的標準白癡計畫，蓋了典型的醜陋建築，然而當赫魯雪夫在一九六一年要求霍查讓蘇聯在夫羅勒（Vlorë）建造潛艇基地，霍查就立刻翻臉：「老兄，你沒看到我的名片上的封號嗎？它寫的是『最高同志』。滾回莫斯科吧，俄羅斯男孩！」

在與蘇聯斷絕往來兩年之後，霍查轉而投靠中國的毛澤東，將中國共產黨的文化引入國內。他將農業改為集體耕作，禁止西方文學和所有宗教。阿爾巴尼亞成為全球唯一正式支持無神論的國家。當蘇聯在一九六八年派軍鎮壓布拉格之春，弱小的阿爾巴尼亞決定退出華沙公約組織，並在全國各處建造七十五萬座冰屋造型的地堡，以作為防禦。當毛澤東在一九七六年去世後，霍查不喜歡新的中國領導人，所以——你猜對了，他也跟中國斷絕了所有關係。還剩誰可以當盟友？沒人了。阿爾巴尼亞在三十年內拒絕了南斯拉夫、英國、美國、蘇聯、華約和中國，它已經完全自我孤立，沒有交易對象，沒有朋友，很快也沒了錢。

霍查在一九八五年去世，阿爾巴尼亞當時已是歐洲最貧窮的國家，再過不久又會變更窮。集體耕作的農夫停止了工作，因為他們拿不到錢，城市居民也跟著挨餓。產業無法再支付薪水給勞工，於是大家都集體罷工；備用零件耗盡後，機器就停止運作。正如近代哲學家艾茵・蘭德（Ayn Rand）的小說《阿特拉斯聳肩》（*Atlas Shrugged*）所預測，國家機器就這樣停轉了。

一九〇〇年，成千上萬的阿爾巴尼亞人湧入西方國家的大使館，希望能逃離牢籠。兩萬人紛紛跳上單薄的木筏，划向義大利。數十年來，一座十公尺高的霍查金雕像曾經睥睨地拉那的中央廣場，就像海珊雕像被暴民扯下，霍查的雕像也在一九九一年被推倒。霍查在附近原本還有一座巨大的水泥金字塔陵墓，但阿爾巴尼亞人在一九九二年後拖出他的遺體，把它扔進一個位於市郊的普通墳墓。當我拜訪這座殘破的金字塔時，孩童正在周圍溜滑板。政府原本決定將它完全夷平，換成嶄新的國會大廈，但後來又因為群眾抗議而作罷。

當我問阿爾巴尼亞人認為共產時代最好的事情是什麼，多數人給的答案都跟阿弗尼說的類似：「治安非常好，女人即使半夜獨自外出也不會有任何危險。」這就是一個警察國家的好處，根據國家歷史博物館的紀錄，總共有三萬零三百八十三位政治犯被驅逐出境，一萬七千九百人被關入監獄，五千一百五十七人被處決。阿爾巴尼亞的共產時代跟現今的北韓很相似，他們被凍結在時空中，直到一九九二年眼罩被揭開，他們才終於看到全世界在做什麼。

東歐的狂野西部

極權主義的噩夢結束後，阿爾巴尼亞走向另一個極端：狂野西部（Wild West）。一九九〇年代的走私企業如雨過春筍般爆發，農田變成大麻園地，賓士贓車在全國橫行。在沒有國內旅遊限制的情況下，全國農地都被棄置，首都地拉那的人口暴漲了三倍。

由於沒有金融控制，層壓式推銷就迅速竄起。阿爾巴尼亞人辭去了工作，因為光靠銀行利率就能賺更多錢，他們欣喜若狂地看著存款逐月上升百分之五十。而如同預期，這個龐氏騙局很快就崩潰了，大約七成的阿爾巴尼亞人瞬間破產，街頭陷入混亂與暴動，前共產黨員學到了資本主義的第一個殘酷教訓：如果這聽起來好得難以置信，它大概就不是真的。

阿爾巴尼亞人洗劫了少數尚存的產業，當他們摧毀所有機器和工廠之後，貧困就變本加厲。另一方面，科索沃戰爭在一九九八年爆發，將近五十萬名阿裔難民也從科索沃湧入阿爾巴尼亞。全歐最貧窮的國家連自己的三百萬名公民都照顧不暇，對於五十萬名難民更是分身乏術。阿爾巴尼亞在過去這個世紀真是命運多舛，不過話說回來，之前的六個世紀也沒有多好。

截至目前，二十一世紀算是有點重見光明。阿爾巴尼亞已不再是全歐洲最貧窮的國家，跟全世界相較，它的人均生產總值已屬於中等，世界銀行的經商難易度指數也從二〇〇八年的一百三十八名進步到二〇二一年的八十二名。不過這還是不夠容易，目前全國依然只有三分之一的人能在家裡使用網路，這是全歐洲最低的比率。欣蒂在跟我相識兩年後更新了近況：她曾經幫阿爾巴尼亞的一些政黨和四家期刊做過平面設計，但經常受挫，因為「共產時代的工作習慣還沒死去」。她說：「我找了一位立陶宛女士來幫忙，但跟阿爾巴尼亞人共事實在很困難，每次搞到最後都是她和我在做多數事情。所以過了一年之後，我就必須離開了。」

換宗教比想像中容易

雅各和我抵達享有「千窗之城」美譽的培拉特。當你遊河經過，就會看到整片山丘林列著紅瓦白牆的土耳其房屋，此即該綽號的由來。有些阿爾巴尼亞人還住在山頂上的十四世紀堡壘裡。雅各指出伊利里亞人、羅馬人、拜占庭人、塞爾維亞人、保加利亞人、土耳其人、義大利人和阿爾巴尼亞人都曾經掌控過這座城。當你考量過這段漫長歷史，斯坎德培在人民心中的地位似乎就不再那麼矛盾了。

乍看之下，強迫人換宗教似乎是不可能的。我如果叫雅各別再信天主教，他肯定會婉拒，即使我拿一大塊巧克力引誘他，但我如果學土耳其人威脅他：「你若不改信伊斯蘭教，我就提高你的稅收。」經過兩代之後，我就能累積夠多的皈依者。他們起先或許不是發自內心，但經過幾個世代的教育灌輸，其中自然會有高比例成為真正的信徒。因此在斯坎德培全盛期的兩百年後，多數阿爾巴尼亞人已不再是口是心非、只想取悅當權者的假伊斯蘭教徒，他們已成為真誠的穆斯林。

然後霍查就來了，他將伊斯蘭教一掃而空，用無神論取代它。這些虔誠教徒起初也會抗拒，但過了兩代之後，多數阿爾巴尼亞人已不再那麼重視宗教。二〇一八年聯合國開發計畫署的訪查顯示阿爾巴尼亞人有百分之六十三不會從事宗教活動。所以巴爾幹人宣稱「阿爾巴尼亞人都是伊斯蘭教徒」這點是完全錯誤的，事實是多數人都不太認真看待伊斯蘭教或任何宗教。我們先前也觀察到巴爾幹人普遍有類似態度，而阿爾巴尼亞人則是對信仰格外缺乏關注。

沿著地拉那的 Dëshmorët e Kombit 林蔭大道行走，就會看到德蕾莎修女（Mater Teresia）的雕像。她是阿爾巴尼亞族裔，但她是天主教徒，不是穆斯林。這一切都有助於解釋斯坎德培的矛盾。阿爾巴尼亞的民族跟宗教沒有密切關係，他們的主要鏈結是語言。正如霍查所說：「阿爾巴尼亞的唯一信仰就是阿爾巴尼亞主義。」斯坎德培和德蕾莎修女是民族英雄，因為他們有共同的語言和理想。在這麼多侵占者來來去去的情況下，阿爾巴尼亞人必須保持彈性，才能保住他們的文化核心，亦即語言。對多數民族而言，換宗教似乎比換語言容易。波士尼亞人曾經放棄基督教，改信伊斯蘭教；許多歐洲民族也曾在基督教會的施壓下放棄自己的異教信仰；反之，現在有些前蘇聯共和國比以前更崇尚無神論。阿爾巴尼亞教導我們的就是，宗教和語言都會不斷演化，但語言比較固執。

美食也可以使人民團結，雅各和我臨別前共用了一頓簡餐。根據二〇一〇年的巴爾幹監測訪查，有百分之八十八的阿爾巴尼亞人說他們在過去一天吃得很健康，此比例遠高於前南斯拉夫各國。我點了tarator（涼拌優格黃瓜湯）和阿爾巴尼亞的國菜Fërgesë Tiranë（焗烤番茄乳酪），雅各則買了一個byrek（等同於巴爾幹語的burek薄餅）。他提出精闢的見解：「這個薄餅就是巴爾幹地區的速食漢堡。」

愛奧尼亞海的沿岸風光

當我在下午抵達夫羅勒，最後一班往南的巴士已經離去，所以我晚上必須待在此地。夫羅勒相當於阿爾巴尼亞的費城，他們一九一二年在此宣布獨立，一座共產黨的獨石碑紀念了這個事件。城中有一條寬長的棕櫚大道，若不是被周遭方正建築破壞幻想，這種感覺還真的有點像度假村。它有一些不錯的沙灘，但我知道繼續往南走還會遇到更好的，於是我就去一間咖啡館閒坐片刻，觀察一些穿著體面的年輕人往返而去之後，我帶著手電筒爬上山丘，在星空下露宿。

我在隔日早晨搭上一台小巴，沿著一千公尺高的羅蓋拉（Llogaraja）山隘迂迴而行。司機在山頂暫停十五分鐘，讓大家下車享用咖啡或點心，這也反映了巴爾幹地區一貫的悠閒氣氛。當我們行駛到山隘邊緣，景觀霎時豁然開朗：令人驚豔的愛奧尼亞海（Ionian Sea）在我們面前無盡延伸，西邊是奧特朗托海峽（Otranto），義大利與阿爾巴尼亞在此僅相隔七十二公里，它也是愛奧尼亞海與亞得里亞海的分界。我們下行至澤爾米烏（Dhërmi）之後，我請司機在海灘（plazhi）放我下車。

我在海灘看見一個我很想探索的東西：冰屋地堡。阿爾巴尼亞全國共有七十五萬座碉堡散布在國界各處，然而除非你知道自己想找什麼，你可能不會看到它們。外牆是由厚實的強化水泥建造，內部可以容納一至二名士兵，有個狹縫可以架設機槍。圓頂給它們一種復古式的太空時代造型。這些水泥冰屋背後的故事如今回想起來還滿幽默的。

據說霍查已經厭倦老是依賴其他強國提供國防設施，他創造了終極的自我防禦：膠囊式碉堡，愈多愈好。當霍查的總工程師宣布他已經建造了一個可以抵擋坦克直接轟擊的地堡，霍查高興地說：「哇！太棒了！你確定它夠堅強？」

「確定！」總工程師自信十足地說。

「好極了，你現在就進去，我會派一台坦克去測試。」

總工程師猛吞口水，但任何人都必須服從最高同志。當坦克移到位時，他就爬入地堡，一邊唸著禱告詞，一邊看著砲彈直飛向他。砲彈爆炸了，觀眾緊張地看著，塵埃落定之後，總工程師奇蹟式地爬了出來，他的頭還在天旋地轉，耳朵還在嗡嗡作響，但他還活著。霍查說：「很好，再做七十五萬個像那樣的地堡，把它們設置在全國各處。」

總工程師不斷點頭（或是他的頭還在餘波盪漾）。雖然我改了一些對白，但故事是真的。於是從一九五〇到一九八五年，這些五噸重的地堡在全國各處林立。或許我們應該表揚一下霍查：自從第一座地堡問世後，從未有人攻打阿爾巴尼亞。它們是如此難移動，多數至今仍留在原地，只是多少都有某些程度的衰變。創意豐富的當地人也為它們畫上繽紛色彩。現在這些地堡是青少年失去童貞的最佳地點。

我對地堡有興趣並非因為我想在此破處（雖然那也不錯），而是因為它是個完美的營地。那些位於沙灘上的碉堡地面很柔軟，從縫隙也能看到美景，更重要的是它可以保護我免受風雨和坦克攻擊。

在濱海高級飯店露營

對背包客而言，貧窮國家的最大好處之一就是能經常找到半成品房屋。這是因為現金流量有限，迫使人們必須花超過五年蓋一棟房子，或是突來的經濟崩潰阻撓了一些野心雄厚的建案。這些未完成的建築都是極佳的庇護所，訣竅就是趁晚上進去，早上六點前離開，不要留下任何足跡。雖然我對沙灘上的防彈堡壘已經很滿意，但我後來又在海邊找到一間未完成的旅館，從馬賽克地板上的百合圖案可以看出它如果蓋完就會是一間高級飯店。周圍都沒有建築材料，可見此建案已停滯多年。四樓的邊間擁有價值一百萬元的頂級海景。儘管我很想在一個裝甲屋裡露營，但我實在無法放棄在這間高級套房過夜的機會，雖然它沒有水管或門窗。

挑好頂級營地之後，我那天就在海邊唯一營業的餐廳享受美食奇景。三月中旬的低溫阻擋了多數遊客，但你已經能穿著T恤在陽光下散步。澤爾米烏擁有恍若隔世的山海景觀，因為海灘正上方就是積雪覆蓋的群山。我在餐廳結識了艾爾頓・喬西（Elton Çaushi）和他太太維瑪（Virma），他們是旅遊業者，現居於地拉那。我問維瑪過去十年有無觀察到阿爾巴尼亞的任何變遷，她回答：「當我還未成年時，男性的社會地位都比較極權。我當時感覺不像現在這麼獨立或平等，連老婦人都無法擁有自己的汽車，每次外出還不見得能徵求到許可。現在的工作機會遠比以前多。」

這種過度控制的社會風氣仍存有殘留效應，每十個人只有四人告訴蓋洛普說他們在最近一天可以選擇如何利用時間，此比率在全球排名倒數第三低，僅次於海地和亞塞拜然。維瑪補充：「南部女性思想比較開放，北部還是以父權社會為主。」

我問艾爾頓對共產時代是否有任何美好回憶，他說：「共產黨發展了一套很棒的教育制度。霍查剛掌權時，多數人都不識字，他推行了俄羅斯的教育體制，建設大專院校，並發展藝文。到了一九七〇年代，大家都會閱讀和寫字。」

我繼續問：「你會如何形容阿爾巴尼亞人的民族性？」

艾爾頓靠著椅背若有所思地說：「阿爾巴尼亞人比其他巴爾幹人閉鎖，思想比較不開放，自我防衛心態較重。周圍的高山地形造就了我們的這種特質，不過住在國外的阿爾巴尼亞人並非如此，他們不承認自己的首都是地拉那，他們已將身心靈賣給布魯塞爾。」

「現在最明顯的變化是什麼？」我問。

「現在不抽菸才會引起注意。」他點起一支香菸。

他們離開後，我把步伐挪到一對法國情侶。他們也有帶帳篷，計畫在沙灘上露營；我邀情他們去看看我的四樓套房，並提議讓他們入住同層樓的另一間空房。考慮到景觀和價格，他們欣然同意與我當一夜的走廊室友。

友善的警長

翌日早晨，我在完全不知道公車班次的情況下走到路邊，伸出大拇指。不久後，一輛黑色跑車突然停下，一位身材略胖、戴著墨鏡的男性開門邀請我上車。他看起來像個三十五歲的黑道殺手。好極了，我乖乖上了車。

我們途中多數時間都用英語交談，偶爾穿插義語或法語。「阿爾巴尼亞人只會說自己的語言」的刻板印象似乎很難印證。我的駕駛要去薩蘭達（Sarandë），車程大約九十分鐘，他對剛鋪上柏油的海岸公路感到很驕傲，因為以前這裡的道路品質非常惡劣。車流量很少，但我們每當遇到三十幾頭綿羊在路上踱步就必須減速。當我問他在薩蘭達從事什麼職業時，他回答：「我是警長。」

他說近年犯罪率已逐漸降低，暴力犯罪非常罕見。我沒有提起巴爾幹地區的賄賂文化，根據巴爾幹監測訪查，科索沃人只有百分之九說他們在過去一年必須賄賂某人——這在巴爾幹西區是最低的。另一頭的極端是阿爾巴尼亞，超過半數的人說自己當年必須塞紅包給某人，多數行賄對象不是警察，而是醫護人員。好消息是，阿爾巴尼亞的投資報酬率也是全區最高的：有百分之七十四的收賄者會履行約定。這才是優質服務啊。

阿爾巴尼亞的南部海岸是東歐最美麗的旅程之一。我們經過了希馬拉（Himara）與其他幾個和藹可親的海灘。峭壁筆直地墜入碧綠的愛奧尼亞海。沿路開了一個小時之後，我們停下來喝杯咖啡。大家都認識警長，路過的車輛都輕按喇叭跟他打招呼。他在休息時告訴我，他的妻小都住在夫羅勒，由於這樣通勤距離太長，他在薩蘭達有一間公寓，每週在那邊住四晚，其他幾天則待在夫羅勒陪伴家人。何不舉家搬到薩蘭達？他露出一絲淺笑：「這樣比較好，我可以擁有自由。」

我們抵達薩蘭達後，他留下姓名和手機號碼，並告訴我：「如果你在阿爾巴尼亞遇到任何麻煩，就打給我。」

我滿懷感激地向他道謝，想掏些列克（lekë）給他付油錢，但他拒收紅包。

地中海歷史的縮影

雖然薩蘭達有個不錯的木板道，城鎮本身並沒有多漂亮，不過它畢竟也是靠海，可以清楚看到希臘的科孚島（Corfu），而且每年可以享受兩百九十個晴天。薩蘭達已經是阿爾巴尼亞最南端的濱海城市，但從這裡還是值得再往南走二十四公里到希臘邊界。那裡藏著東歐最珍貴的歷史寶藏之一：聯合國世界遺產，布特林特（Butrint）。

從空中俯瞰就能體會布特林特為何如此令人嚮往，它看起來就像大自然在一塊土地周圍挖了一條護城河。由於它被蛇行的河流蜿蜒纏繞，它基本上可算是個島嶼，跟大陸之間僅以一條窄橋相連。這種地勢很容易防守，而且直通愛奧尼亞海。如果你在尋找夢幻中的居住地（或是建造堡壘的最佳位置），此地就是了。

布特林特是地中海歷史的縮影。當你走過它時，你就已經走過多層歷史。最早的訪客是西元前六世紀的希臘人，古羅馬詩人維吉爾（Virgil）曾經描寫戰敗的特洛伊人逃亡至此，創立了布特林特。全城最古老的建築是醫神阿斯克勒庇俄斯（Asclepius）的聖所，你可以瀏覽西元前三世紀、可容納兩千五百名觀眾的希臘劇場。市中心在西元五世紀經歷巨大變革，羅馬帝國分裂後，拜占庭的統治者將布特林特變成一個教會中心，並在六世紀建立大聖殿。諾曼人在一〇八一年征服了布特林特，威尼斯人在一三八六年將它買下來，然後就在此統治了四百年，留下他們的美好藝術。到了十九世紀末期，土耳其帝國為堡壘添加了一些防禦工事。布特林特隨後又回到希臘手中，最後終於由阿爾巴尼亞接管。它的特別就在於這麼小的地方竟然能堆疊這麼多層歷史，這是我在東歐拜訪過最有趣的人跡罕至之地。

離開布特林特的巴士沒有直達薩蘭達，巴士在一個名叫卡薩米爾（Kasmil）的小鎮放我下車，我還需要在這裡轉車。既然如此，我就順便逛了一下這個濱海村莊。當我在一處荒蕪的岩石海灣散步時，一位六十六歲、身材瘦削的老人突然對我大聲呼喊。我對他尖叫：「Më falni, nuk kuptoj（我不會說阿爾巴尼亞語）。」

這並沒有使他退縮，他笑著說了一句我聽不懂的話。我指著自己說：「我，來自舊金山，加州，美國。」他開懷大笑，又說了一句我聽不懂的話。我開始緩慢地走開，但他並沒有揮手道別，反而跟著走在我旁邊。我們繼續猿猴等級的對話，直到我們發覺彼此都會說一點超基本的俄語，他應該是在一九五〇年代阿爾巴尼亞跟蘇聯交情還很好的時候學的。雖然我們兩人的俄語技巧都很差，但這段對話至少已升階到泰山等級。

我們一起沿著岸邊散步，偶爾交換幾個單字，但多數時間都在享受寧靜的大自然。他請我叫他梅洛（Melo），不過他的真名是尼弗魯·列姆（Nevrus Lame）；還好他沒去過英語學校。[6]他指著一間小屋說：「酒吧！」裡面是一間小儲藏室，存放夏日備品和各種酒類。他雖然了解我不喝酒，但還是為我倒了一點自製蒸餾酒（跟他那杯比起來只是一小滴）。我們舉杯致意，欣賞海灘的夕陽，然後又繼續走路。他邀請我回家喝杯「卡非」，並向我介紹他那六十歲的太太。她可能內心正在想：「我老公怎麼總是帶一些奇怪的美國人進家門？」

梅洛邀請我與他家人共用晚餐，我跟他們分享自己隨身攜帶的麵包，我們一起吃義大利麵和蔬菜沙拉。他們提到自己的兒子目前住在芝加哥。吃完甜點後，他們讓我在沙發上過夜。隔天梅洛陪我走到巴士站，我們溫情地相互道別。看來阿爾巴尼亞人絕非巴爾幹人刻劃的妖魔鬼怪。

人口成長迷思

巴爾幹人宣稱阿爾巴尼亞人平均會生八到二十個小孩，這在六十年前或許是真的，因為婦女如果生出超過平均值的小孩，就能領取獎金，獲得「英雄媽媽」（Nene Heroine）的殊榮。許多歐洲國家在那個時候也有類似的政策，生育率也很高。但儘管如此，塞爾維亞人伊凡仍告訴我：「我由衷相信，阿爾巴尼亞的人口激增現象必須停止，巴爾幹地區才有機會達到全面和平。如果它不停止，阿爾巴尼亞的問題就會持續散播到歐洲其他地區。他們的總人口從一九〇〇年的一百五十萬增加到二〇〇〇年的五百萬，就我個人來看那是很大的成長。」

但其實這並不大，約莫是三點三倍的成長率，因為美國人口在同段時期從七千六百萬增加到兩億八千萬，相當於三點七倍。巴爾幹人之所以會誤認為阿爾巴尼亞人的繁殖速率跟兔子一樣快，主要是因為他們在巴爾幹地區是成長最快的，但這代表的意義不大，跟全球相比他們還是遠低於平均。例如根據中情局二〇二一年的統計，阿爾巴尼亞每位婦女平均育有一點五三個小孩，這顯然跟「八到二十」有一段差距。事實上，它遠低於能使人口維持穩定的世代更替水平（二點一個小孩），僅排名全球第二百零四名（塞爾維亞的生育率是一點四七，

6 譯者注：Lame在英語中的意思是「差勁」。

排名二百一十九名）。雖然阿爾巴尼亞的人口成長率在過去五年還是略大於零（百分之零點一三），但它在二〇〇五至二〇一五年之間也曾經呈現負成長。

大量的移民出走也加速了阿爾巴尼亞的人口衰減，每當國家遇到困境，就會有一波人逃離苦海，不幸的是他們經常遇到低潮。這些國外移民送回來的錢可以高達國內生產總值的百分之九。移民現象和低生育率使阿爾巴尼亞註定將走向人口凋零之路。弗拉迪總結了塞爾維亞人（以及其他巴爾幹人）會如此與現實脫節的原因：「很少有塞爾維亞人去過阿爾巴尼亞，多數人都以為他們是某種吉普賽人。」

自相矛盾

刻板印象通常都有一些事實成分，不過我們在這趟東歐旅程可以發現一些例外。阿爾巴尼亞是「名不副實」的最極端例子，各位可以回想他們在別人眼中的刻板形象跟我所看到的差異多大，巴爾幹人曾如此形容他們：

一、**偷竊**：不曾有人試圖搶我錢或敲我竹槓。我曾經將背包留在旅館、小巴後座和賭場裡，也沒有任何物品遺失。二〇一〇年的一項蓋洛普民調顯示阿爾巴尼亞人有百分之十一曾經在該年遭竊，其他比率相同的國家包括古巴、丹麥、愛爾蘭、馬其頓、馬利、菲律賓、英國和越南。加拿大和美國的竊盜率都比它高。

二、**發臭：**他們並不會比其他歐洲人更臭。

三、**骯髒：**窮人確實很髒，但通常任何地方都是如此；我在晚上也看過很多衣著時尚的阿爾巴尼亞人在街頭遊走。

四、**每家生育八到二十個小孩：**我遇過的最大家庭是六個小孩，幾乎所有跟我談過話的人家裡都只有兩個小孩，而且他們說自己認識的多數人情況都類似。統計數據可以印證這點。

五、**大家都長得一樣，而且會近親通婚，所以長得很醜：**他們的長相變異很大，而且到處都能看到俊男美女。很少會有女人把自己包成肉粽。

六、**都是穆斯林：**阿爾巴尼亞是全世界唯一正式支持無神論的國家。政府禁止了所有公開宗教儀式，將許多教堂改裝成戲院或電影院。如今阿爾巴尼亞是全世界最不虔誠的伊斯蘭教國家。

七、**所有男人都戴白帽：**每一百人中只有一人會戴，而且都是老年人。

八、**只會說阿爾巴尼亞語：**很多人會說義大利語，有些人也會說英語。其實阿爾巴尼亞的多語達人還超過多數東歐國家。

九、**只會遵循中古野蠻世紀的卡努戒律：**當我問阿爾巴尼亞人這件事時，他們都輕蔑地說只有北部鄉村地區的人才會認真看待卡努，多數人根本記不得它的內容。

十、**為了瑣事行凶或傷人：**我故意撞人，在公眾場所放屁，卻沒有人對我開槍。

簡言之，我已經努力尋找這些刻板形象，卻反而發覺我們都能從阿爾巴尼亞學到幾件事。

阿爾巴尼亞能教我們什麼

- **友善、樂於助人。**我們應該送大多數東歐人去阿爾巴尼亞學習如何笑。
- **肢體接觸。**雖然美國人不像日本人那麼重視個人空間，但我們也可以彼此多觸碰一些。肢體接觸是一種基本的交流方式。阿爾巴尼亞人從未因為輕觸別人或靠近彼此而感到害羞，當男人互相觸碰時也不會引發恐同反應。
- **心情好的時候再按喇叭。**美國人每當被惹惱就立刻按喇叭，阿爾巴尼亞人則是只有愉快時才會按。他們按喇叭是為了向人打招呼，如果他們即將與別人正面衝撞，或是前面有個白癡在擋路，他們只會安靜地繞道閃避。

我來阿爾巴尼亞之前對它一無所知，離開時只是更糊塗。那些凶惡的阿爾巴尼亞人到底在哪裡？也許他們都躲在科索沃？咱們去瞧瞧吧。

第十七章

科索沃——主權地位未定的政治實體

科索沃小資料

位置：巴爾幹半島國家，夾在塞爾維亞、北馬其頓、阿爾巴尼亞、蒙特內哥羅中間。

面積：約1.1萬平方公里（台灣的0.3倍）

人口：約190萬（台灣的0.08倍）

首都：普利斯提納

主要族群：阿爾巴尼亞人

人均國內生產毛額：5,355美元（2022年資料）

- Republika e Kosovës -

科索沃只比渺小的德拉瓦州略大一些，但它比整個美國還複雜。簡單說，科索沃是兩個部族的故事，亦即塞爾維亞人和阿爾巴尼亞人。雙方都堅信科索沃理應屬於自己，而對方已經長期迫害他們；雙方都試圖以各種史實與迷思支持自己的狂熱（通常也毫無理性）信念；雙方都像二十小時沒吃沒睡的嬰兒一樣平靜理智。

試圖分辨誰對誰錯就像面對一具死屍，同時有兩個人拿著沾血的刀子站在旁邊，相互指控對方是凶手。兩名嫌犯都極具說服力，他們會丟給你一大堆數據，指稱對方是在說謊。你該相信誰？他們乍看之下都很誠實，但你憑直覺就意識到他們並沒有給你完整的故事。哪邊是事實的終點，哪邊是謊言的開端？你可能要累積鐵證如山才能徹底擊碎科索沃的諸多迷思，解開這個令人困惑的歷史懸案。

在開始之前，讓我們先明確定義這些族群。在二〇二一年，科索沃的居民有大約百分之九十五是阿爾巴尼亞裔，其餘多數是塞爾維亞裔。一位阿裔科索沃人和一位阿爾巴尼亞人之間沒有任何語言或文化差異，一位塞裔科索沃人和一位塞爾維亞人（尤其是南部的塞爾維亞人）之間也沒有任何實質差異。因此與其使用像「阿裔科索沃人」和「塞裔科索沃人」這種贅詞，我們姑且就直稱他們為阿爾巴尼亞人和塞爾維亞人。反正他們通常也是那樣稱呼自己。

進入一個不穩定的國度

二○○四年，我搭乘巴士來到科索沃的邊界，當時我只知道一件關於它的事：這裡五年前發生過一場戰爭。我不知道的是戰爭還沒完全結束。一個月前這裡才經歷過廣泛的動亂，共有十九人死亡，八百棟房屋被毀，三十五間東正教堂被褻瀆。我也不知道當地人對美國人有何看法，多數歐洲人都討厭小布希（當時的美國總統），例如當我在克羅埃西亞告訴一位母親說我是來自舊金山時，她的反應就是：「喔，美國。我討厭美國人，我也討厭你的總統。」真是愉快的對話。我不知道科索沃人會不會更討厭我們，這種感覺就像個毫無頭緒的德國遊客在拜訪一九四六年的莫斯科。

戒備森嚴的邊界到處都是聯合國的保安部隊，儘管如此，哨兵只看了一眼我的美國護照就放我入關。也許他們喜歡我們？多數路標、廣告招牌和餐廳菜單都是用英文寫的，顯然是為了迎合大批的救難人員和北約士兵。我覺得自己很像一個在戰區邊緣遊蕩的觀光客，隨時都會看到聯合國的軍車、越野警車或武裝部隊在路上巡邏。在如此嚴密的保安措施下，你很難決定自己應當感到安全或不安全。

當我抵達科索沃的首都普利斯提納（Pristina），我無法相信眼前的景象：一幅六層樓高的柯林頓照片正對著我揮手微笑，標題寫著：歡迎蒞臨柯林頓大道！我眨了幾下眼睛，照片還是在那邊。我檢查了自己的藥物，沒錯，首都最主要的道路是以柯林頓命名，附近是嶄新的勝利飯店，屋頂上方站著一座七公尺高的自由女神像。難道科索沃人真的對我們有好感，或這只是美國強加於一個伊斯蘭教地區的政治符號？上回美國侵占一個穆斯林國家、推翻一個他們不喜歡的政權時，當地人的反應只能以冷淡形容。

我繼續探索市區，跟隨著響亮的音樂和食物的香氣來到一處戶外聚會。與會者多數都穿得很體面，我這穿著一身骯髒牛仔褲、破舊T恤又背著大背包的鄉巴佬勢必會引人側目，但我還是深吸了一口氣，假裝這是自己家，大膽地邁進人群。

人們好奇地看著我走進去，我把背包扔在角落，隨便找一對男女搭訕：「你好啊！我是從美國來的，大家今天在慶祝什麼？」

他們對我的膽識感到有點驚訝，但那位男士告訴我說這是阿爾巴尼亞廣播電台的員工聚會。我說：「真酷，所以你們是新聞業者！我不知道科索沃的任何事情，所以你們在這裡有哪些盟友？誰跟你們最友好？」

那位女士立刻脫口而出：「美國！」

我驚訝地問：「為什麼？」

「因為他們幫過我們。」

「我們為什麼會幫你們？」我是真心不知道答案。

「因為我覺得美國了解身為人類的價值何在，我們愛美國，對它心存感激。」

這真是令人玩味，我問：「你是穆斯林，對不對？」

她點了頭，於是我就說：「為何科索沃的穆斯林這麼愛美國人，將我們視為救星，然而伊拉克卻有那麼多穆斯林討厭我們？」

她露出猙獰的表情，「什麼？穆斯林不會討厭美國啊！別把我們跟那些恐怖分子畫上等號！我們不是恐怖分子！那些伊拉克的恐怖分子不是穆斯林！」

我深怕她會把自己炸掉，趕緊安撫她的情緒。她向我介紹電視台的攝影監督法特米爾．巴吉瑞米（Fatmir Bajrami），他是一位五十五歲的阿爾巴尼亞人，太太是法國人。我趁著等待的空檔狂飲柳橙汽水，狼吞虎嚥漢堡和香腸。法特米爾有著古銅色的皮膚、斑白的灰髮和深邃銳利的目光，他曾經環遊世界，拍攝過尼克森、雷根、布希和柯林頓。雖然他的英語能力不錯，但他更會說法語，於是我們就用法語交談。我說：「阿爾巴尼亞人跟周圍鄰國的關係都有點緊張，為什麼？他們為何不喜歡融入自己居住的國家？」

「你必須了解歷史。」他回答。

好極了，我們又要談這個。不過他至少沒有複誦伊利里亞人的輝煌年代，他畫了一張巴爾幹地區的地圖，說明阿爾巴尼亞人是如何流入馬其頓和蒙特內哥羅，而那些邊境城鎮的主要族群都是阿爾巴尼亞人。法特米爾解釋：「阿爾巴尼亞人曾經在這些區域居住過，他們想要統一，因為他們覺得大家都是同一個國家。然而在一九一二年的第一次巴爾幹戰爭之後，部分區域被戰勝國瓜分。」

「所以阿爾巴尼亞人不想融入新社會，因為他們覺得自己的領土被侵占了？」

「完全正確。」

先來後到

東歐人極端執著於先來後到的順位。其實大多數人類也會在乎這點，這是個非常普及的信念，我們甚至將它應用於日常生活。試想今天你如果走入一間咖啡廳或電影院，命令某人讓座給你，或是要求一位露營者撤除自己的營帳、讓位給你，我們的文化不會接受這種行為，因為自古以來就有一條未成文規定，賦予先來者地主權優勢。人類從動物身上學到這種習性，獅子會在一個區域撒尿，告訴其他獅子：「這是我的地盤，我是先來的，所以別惹我。」人類也會在自家四周撒尿，告訴鄰居：「老兄聽好，凡是跟我一樣臭的東西就是屬於我的。」

問題是人類不像多數動物，他們還喜歡將這些特權移轉給子嗣，因此我們得以繼承前輩的權利、土地與財產，而多數動物的後代則得從頭開始。東歐人（以及許多其他民族）就是喜歡死命追求這種薪火相傳的邏輯，他們不僅會跟自己的祖父輩牽線，還會尋找一些沒見過的遠古祖宗，即使他們之間的基因或文化淵源很薄弱或根本不存在。如果這些線條可以無限延伸，你就能走進一間咖啡廳，告訴某人：「離我的座位遠一點，我的玄祖父曾經在此坐過。」

艾爾頓．喬西曾告訴我：「阿爾巴尼亞人就像巴爾幹地區的多數民族，會為誰先來的問題鑽牛角尖。希臘人、馬其頓人、阿爾巴尼亞人、塞爾維亞人、克羅埃西亞人都會關心這種議題。阿爾巴尼亞人要求希臘人償還他們奪走的領土，但希臘人卻說我們占據了他們曾經擁有的土地！」

科索沃人甚至會提起你壓根未想過的遠古歷史。例如當我問法特米爾對塞爾維亞人有何看法時，他非但沒有談到現代的塞爾維亞人，反而開始扯歷史：「這個嘛，他們都是奴隸的後代，他們從俄羅斯跑過來，到現在還在學習適應這塊土地。」

說得一副好像塞爾維亞人是最近才移民過來的，然而他們已經在巴爾幹地區待了一千五百年，你究竟要待多久才能被視為本地人而非境外移民？況且那有任何意義嗎？不幸的是，這在巴爾幹地區意義很重大，尤其是科索沃。科索沃人可以為幾千年前的事情爭論到面紅耳赤，彷彿那些事情昨天才剛發生過，很少有東歐人像他們對古早歷史這麼執迷。因此為了徹底了解科索沃，我們必須深入研究它的歷史，尤其是人口歷史，並非因為這真的有任何實質意義，而是因為它對科索沃人而言很重要。

塞爾維亞人的來源比阿爾巴尼亞人清楚。二〇〇六年，《人類遺傳學期刊》（*Journal of Human Genetics*）分析了二十個斯拉夫族群的DNA，將他們最早的定居地標記於烏克蘭的聶伯河（Dnieper）盆地中央[1]，斯拉夫人在大約西元六五〇年出現於巴爾幹地區。如同我們在前一章節所見，阿爾巴尼亞的來源不明確，不過他們有可能在塞爾維亞人來臨之前就已在此地漫遊奔走。歐洲人這麼喜歡強調族群變異真是很諷刺，在所有大陸板塊中，沒有任何一個比歐洲更具有基因同質性。[2]

科索沃是塞爾維亞的嗎？

塞爾維亞民族主義者的真言是「科索沃就是塞爾維亞的！」如果佛羅里達州的拉丁美裔居民宣布獨立，我們可能也會聽到美國人大喊「佛羅里達就是美國的！」科索沃真的是塞爾維亞的嗎？至少在過去三十年以來，任何理智的塞爾維亞人都會承認科索沃的人口有八成以上是阿爾巴尼亞人，所以塞爾維亞雖聲稱自己擁有科索沃的領土權，但這完全是根據過往的政治和人口歷史，並非近年的人口統計數據。但有人還是會理直氣壯地宣稱科索沃一直都是

1 Krzysztof Rębała et al., "Y-STR variation among Slavs: evidence for the Slavic homeland in the middle Dnieper basin," *Journal of Human Genetics*, Volume 52, Number 5 (Springer Japan: ISSN 1434-5161 (Print) 1435-232X (Online)) May, 2007.

2 Oscar Lao et al, "Correlation between Genetic and Geographic Structure in Europe," *Current Biology*, Volume 18, Issue 16, 1241-1248, August 26, 2008. http://cell.com/current-biology/retrieve/pii/S0960982208009561

由塞爾維亞主宰（直到最近），那就讓我們將時鐘倒轉，看看此一主張究竟有多真確。

塞爾維亞人常說科索沃是他們的「文明搖籃」，這其實只是個迷思。他們最早期的王國是起源於科索沃的北方和西北方（現今的塞爾維亞南部和蒙特內哥羅），年代可追溯至十一世紀。等到塞爾維亞將權力中心移至科索沃時，他們已經離開搖籃超過三百年了。這個已成年的塞爾維亞在科索沃建立中古王朝，度過了光榮的兩百五十年，在此建設修道院和教堂，留下他們的足跡。因此，雖然科索沃並不是塞爾維亞的文明搖籃，但學者普列卓．席米奇（Predrag Simić）也將它稱為「塞爾維亞之民族認同得以昇華之地，就像耶路撒冷之於猶太民族。」[3]

無論塞爾維亞人感受如何，冷酷的事實就是他們主宰科索沃的時間並沒有多長，只占他們在巴爾幹地區前八百年的三分之一而已。況且保加利亞在那之前也統治過科索沃大約兩百五十年[4]，但他們並沒有假借這些歷史淵源宣示自己擁有科索沃的領土權。所以塞爾維亞人為何要堅持「科索沃就是塞爾維亞的」？我們必須走過接下來的六個世紀才會知道答案。

解開科索沃的族群分布史

塞爾維亞人非常重視一場發生在六百多年前的戰役。一三八九年的科索沃之役牽扯到成千上萬的塞爾維亞人與土耳其人。對塞爾維亞而言，這場戰爭象徵了三件事。首先，它代表為信仰而死的榮譽：「我寧可為基督教殉道，也不願成為土耳其的穆斯林。」這種愛國的主題至今也經常出現在民族主義者的花言巧語之中。第二，它也警惕塞爾維亞人不團結時會發生什麼事：他們會輸。第三，它象徵一個輝煌年代的終結。令人驚訝的是後面兩點並不符合史實。

第一道迷思是土耳其人獲得了一面倒的勝利，但這其實是拉鋸戰。雙方的將領都陣亡，死傷也都很慘重，差別是塞爾維亞的戰力已完全耗盡，土耳其則沉潛多年才重振旗鼓，在一四五九年征服塞爾維亞，直到一九一二年才釋出科索沃。

第二道迷思是這場戰役是王朝衰敗的開始。如果你必須挑一個塞爾維亞帝國終結的時間，你大概會選擇一三五五年，因為杜尚沙皇（Stefan Dušan）在該年去世，導致帝國的分崩離析；你可能也會選一四五九年，因為塞爾維亞是在那年正式對土耳其投降。你不會選一三八九年，畢竟科索沃之役是以平手收場。科索沃之役是被民俗傳說渲染才過度膨脹的。[5]

---

3 Predrag Simic, *The Kosovo and Metohija Problem and Regional Security in the Balkans* (Institute of International Politics and Economics, Belgrade, 1995) p. 1.

4 Noel Malcolm, *Kosovo: A Short History* (HarperPerennial edition, New York, 1999) p. 41.

5 Krzysztof Piątkowski, "On the Kosovo Myth," *Cultural Identity and Ethnicity in Central Europe* (Jasiellonian University, Cracow) Editor Czelau Robotyck, pp. 85-95.

所以讓我們看看科索沃從九一二至一九一二年這一千年的記分板。保加利亞和塞爾維亞分別控制它大約兩百五十年，土耳其帝國則掌控它長達五百年。所以哪句話比較正確：「科索沃是塞爾維亞的」或「科索沃是土耳其的」？當然他們可以說土耳其是外來政權，但你究竟要占領一塊土地多久才能被視為「本土」政權？美國侵占多數原住民領土的時間也只有大約兩百年，那些土地不算是我們的嗎？我們到底應該說「達爾馬提亞是克羅埃西亞的」還是「達爾馬提亞是義大利的」？「佛伊弗迪納是塞爾維亞的」和「佛伊弗迪納是匈牙利的」要不要也來湊個熱鬧？

阿爾巴尼亞人也有他們的歷史迷思。有些人相信科索沃自古以來就是個自治政體。其實不盡然，科索沃是土耳其帝國中的一個省，但它並沒有自治權。它在一八六八年成為一個政治區（vilayet），但不是自治區。有些人還相信阿爾巴尼亞人「一直都是」科索沃的多數族群，然而《科索沃簡史》的英國作者諾爾・麥坎（Noel Malcolm）卻說「這基本上不可信」。假如這是真的，多數科索沃城鎮的名字就應該會是阿爾巴尼亞文，但它們多數都是斯拉夫文。[6]抱歉，阿爾巴尼亞的夢想家們，塞爾維亞人在中古世紀一直都是科索沃的多數族群。

土耳其人進場之後的故事就沒那麼明朗了，在他們統治的五百年中，許多原本定居於科索沃的塞爾維亞人不願意（或是無法）在土耳其帝國下生活，於是他們就往北遷移。至於這些遷徙發生的時間和規模則沒有定論，但可以確定的是多數人都是在土耳其時代落腳於貝爾格勒、佛伊弗迪納和匈牙利這些地帶。當土耳其人在一九一二年逃竄時，塞爾維亞的文化核心早已不在科索沃，而是貝爾格勒。

我曾經拿這個問題試探多位訪談對象：「科索沃在一百五十年前有多少比例是塞爾維亞人？」多數塞爾維亞人猜測的數字都落在六成至九成之間，無論他們是否支持沙文主義。這也是個迷思，三位地理學家（他們分別是英國人、法國人和英裔德國人）曾在一八七七至一八八〇年之間各自畫了一張科索沃的族群分布圖，他們一致同意科索沃是以阿爾巴尼亞人占絕大多數，塞爾維亞人則只集中在北端，跟當今現況完全相同。一九〇六年，英國記者布萊斯福德（H. N. Brailsford）估計科索沃有三分之一是塞爾維亞人，三分之二是阿爾巴尼亞人。德國語言學家古斯塔夫・韋根（Gustav Weigand）發現塞爾維亞人在科索沃各城鎮所占的比例大多介於一成至四成之間，其餘則幾乎都是阿爾巴尼亞人。事實上，塞爾維亞本國在一九一二年做的人口普查也估計科索沃只有百分二十五是塞裔東正教徒。

塞爾維亞人很難接受這些事實，因為他們從小被灌輸的觀念就是科索沃一直都是由塞爾維亞主宰，阿爾巴尼亞人是昨天才出現。這些政治宣傳甚至謊稱科索沃是以塞爾維亞人占多數，直到一九四五年，阿爾巴尼亞人趁著二戰剛結束的混亂潛入科索沃，像吃了威而鋼的兔

6 Noel Malcolm, *Kosovo: A Short History*. HarperPerennial edition, New York, 1999, p. 57.

子瘋狂繁殖，才演變成今日的局面。

就像今日，一九一三年的塞爾維亞人也無法接受事實，跟科索沃分離了五百年之後，他們一廂情願地幻想它的人口組成都沒變化，但他們自己的普查都否認了這點。因此他們在一九一三年攻打普利斯提納，並竄改數據宣稱那裡沒有阿爾巴尼亞人，然而一九一五年就有一位俄羅斯記者提到該城市有一半是阿爾巴尼亞人。一年後，保加利亞的人口普查也發現普利斯提納有一萬一千四百八十六名阿爾巴尼亞居民（超過全市的三分之二）。

既然無法否認事實，塞爾維亞就試圖將科索沃殖民化。一九一四年，政府為了鼓勵移民，答應給予每個搬到科索沃的家庭至少十一公頃土地和許多附加優惠。一次大戰之後，更多人加入了殖民運動，因為政府釋出更多獎勵，例如免費的土地、免費的單向交通運輸（包括你的家畜與建材）、農耕補助金，以及零利率貸款。[7]大約有七萬人移民到科索沃，占當時總人口大約百分之十。一位政府官員慶賀殖民計畫成功，因為塞爾維亞人的比例在十年內從一九一九年的百分之二十四提升至百分之三十八。[8]即使我們相信這些官方數據，它還是遠低於許多塞爾維亞人相信的六成至九成。

其他國家和南斯拉夫的全國普查紀錄都很一致，科索沃在一九二〇和一九三〇年代都是以阿爾巴尼亞人占多數。一九二一年，南斯拉夫的首次人口普查顯示科索沃有三分之二是阿爾巴尼亞人。[9]數年後，一項義大利的調查估計南斯拉夫境內有七十萬名阿爾巴尼亞人，一位羅馬尼亞地理學家也在一九三一年說他們的人數有八十萬。[10]假設這些阿爾巴尼亞人至少有一半在科索沃（不然還會在哪？），由此可以推論一九二〇年代的科索沃確實是以阿爾巴尼亞人居多。南斯拉夫在一九三一年的普查也顯示科索沃有六成是阿爾巴尼亞人，另外有三分之一是斯拉夫民族。總之，所有的調查（包括南斯拉夫自己）都能證明二十世紀前半的科索沃只有不到三分之一是塞爾維亞人，其餘大多都是阿爾巴尼亞人。這跟當今許多塞爾維亞人的想法大相逕庭。

在塞爾維亞人的幻想中，他們從中古世紀到一九四〇年代都是科索沃的多數族群。這個民間傳說宣稱克羅埃西亞人、德國人和阿爾巴尼亞人聯手掃除塞爾維亞人，導致他們的人口比例銳減；它也宣稱狄托基於某些隱晦的原因，刻意不鼓勵塞爾維亞人重返科索沃，又鼓勵阿爾巴尼亞人離開他們的極權政府，填塞科索沃的人口空缺。成千上萬的塞爾維亞人確實曾在一九四〇年代為了逃避戰爭而離開科索沃，但如果這真的造成人口組成轉變，南斯拉夫在一九四八和一九五三年的普查並沒有反映這點，它們都顯示科索沃有大約百分之二十七是塞

7 M. Larnaude, "Un village de colonization en Serbie du sud." Annales de geographie, vol 39 (1930), pp.120-4.
8 Djordje Krstić, *Kolonizacija u Južnoj Srbiji* (Sarajevo, 1928), p. 81.
9 M. Vučković and G. Nikolić, *Stanovništvo Kosova u razdoblju od 1918 do 1991* (Munich, 1996), p.79.
10 A. Baldacci, Studi Speciali Albanesi, vol.1 (Rome, 1932-7), p.273.

爾維亞人或蒙特內哥羅人，另外有百分之六十八是阿爾巴尼亞人，跟過去五十年的數據相似。

人口組成在一九七〇年代終於開始一面倒地偏向阿爾巴尼亞人，根據南斯拉夫在一九八一年的普查，他們在十年內從百分之六十七成長到百分之七十七（塞爾維亞人則縮減至百分之十三點案）。[11]到了一九九一年，阿爾巴尼亞人和塞爾維亞人的比例分別為百分之八十二和百分之十一[12]，如今科索沃大約有百分之九十五是阿爾巴尼亞人。

讓我們總結過去一千年的人口變遷。在中古世紀，科索沃是以塞爾維亞人為主。到了土耳其時代的某個時候，他們就變成少數；我們不清楚確切時間，依照我的猜測，它最有可能發生在十九世紀，因為眾多普查數據就是從那個時候開始互相矛盾。可以確定的是到了一九〇〇年，塞爾維亞人絕對是科索沃的少數族群，只占總人口百分之二十五至百分之三十三。他們後來一直維持那個比例，直到一九七〇年代又持續縮水至大約一成。[13]接下來的明顯疑問是：為什麼？

阿爾巴尼亞人為何這麼多

就一方面而言，科索沃人口變化的原因很單純：很多塞爾維亞人離開了科索沃，而且阿爾巴尼亞人的生育率比剩下的塞爾維亞人高。另一方面，這兩項事實背後都有個不是那麼單純的故事。

比方說，當時阿爾巴尼亞的生育率雖然相對較高（現在也是），但並沒有許多巴爾幹人宣稱的那麼高。在一九五三年，科索沃每一千人會產下三十八點五名活嬰，馬其頓和波士尼亞的數字是三十五，蒙特內哥羅是二十八，在其餘共和國則是二十三。到了一九八八年，幾乎所有地區的出生率都已經降低將近一半，除了科索沃以外，它只減少了百分之二十五。為什麼？

首先，嬰兒的死亡率在科索沃是最高的。當其他共和國都把嬰兒死亡率降低了大約九成，科索沃卻只降低了大約六成，部分原因是科索沃的醫師人口比率在全南斯拉夫排名最低。在一九五三年，連馬其頓的醫師比率都比科索沃高兩倍，其他共和國更是比它高四到五倍。到了一九八八年，幾乎所有共和國（包括馬其頓）的醫民比值都至少是科索沃的兩倍。[14]

在南斯拉夫的計畫型經濟體系下，科索沃人自然會責怪貝爾格勒沒有分配更多醫療人員到他們的區域。再加上科索沃的經濟是全國最落後的，鄉村比例又最高，就像多數未開發的

11 John R. Lampe, *Yugoslavia as History: Twice there was a country.* Cambridge University Press, 1997, p. 332.
12 M. Vučković, G. Nikolić, *Stanovništvo Kosova u razdoblju od 1918 do 1991* (Munich, 1996), p. 108.
13 *Jugoslavija, 1918-1988, Statistički godišnjak.* Belgrade, Savezni zavod za statistiku, 1989, pp. 160-66.
14 Dijana Pleština, *Regional Development in Communist Yugoslavia: Success, Failure, and Consequences* (Boulder, CO, Westview Press, 1992) p. 1980-81.

鄉村地區，人們的生育率自然會高於平均。今日科索沃仍然是以鄉村為主，跟鄰國相比也是發展緩慢，這可以部分解釋生育率為何依舊偏高。

當巴爾幹人談到阿爾巴尼亞人的生殖能力時，他們會變得極端不理性，幾乎可說是好笑。亞歷山大．斯維托札列維奇（Aleksandar Svetozarević）是一位來自尼什的塞爾維亞年輕人，對國家有強烈的榮譽感。他曾在臉書張貼自己在足球場、莫斯科紅場和札格雷布的主廣場揮舞國旗的英姿。他的父親是一位軍官。當他短期借住我在斯洛維尼亞的家時，我請他從一到十分為狄托和米洛塞維奇打分數，他的回答跟多數塞爾維亞人相反：他給了狄托三分，卻給米洛塞維奇九分，儘管「米洛塞維奇是個美國間諜」。當我問他是否知道科索沃人的生育率（每個婦女生育的平均子女數），他不假思索就胸有成竹地給了這個數字：十一點五。

這確實落在多數巴爾幹人反覆聲稱的「八到二十」之間。我起先還以為他們在開玩笑，後來才發覺他們是認真的。如先前所見，這個數目對阿爾巴尼亞而言是完全錯誤的，但它是否能套用於科索沃？當我要求亞歷山大提出具體證據時，他花了二十分鐘搜尋塞爾維亞的國內網站，雖然什麼都沒找到，但他依然堅持那是正確的。我給他看了聯合國和中情局的資料，它說明全世界只有尼日的生育率在七以上；他還是緊咬著十一點五這個數字，即使全球平均數不到二點五，他也無法被說服。當我反問他在科索沃遇過最大的阿爾巴尼亞家庭有多少人時，他回答：「我曾經遇過一家人有八個小孩！」

「所以你的意思是，每個家庭平均有十一點五個小孩，然而你遇過最大的家庭卻還不到那個數目。」

他聳聳肩。當我拿出美國的統計資料，證明科索沃的生育率僅在中等範圍，他說：「你不能相信美國人的數據，因為他們對那個地區有私人興趣。」當我指出聯合國的估計也相似時，他說：「可是他們怎能確定？阿爾巴尼亞杯葛了一九九一年以後的所有人口普查，所以沒有真正的官方數據，沒有人能確定這種事。」

我說：「然而你似乎不會質疑那個你在某處看過、卻再也找不到的十一點五個。想想看，歐洲人的生育率不可能那麼高，就算是非洲人也沒那麼離譜。」

他說：「阿爾巴尼亞人不是歐洲人，他們是穆斯林。」

當然是啊。總之，我後來終於知道他是在哪看到十一點五了。那是每一千人當中的新生人口數，這個數據通常被稱為出生率，人們很容易把它跟生育率混淆，這是可以理解的。諷刺的是實際數字遠高於十一點五。當時科索沃的出生率（千分之十九）大約比一九五三年（千分之三十八）少一半。當我提出這點、跟他辯論了一個小時之後，亞歷山大終於讓步說「或許」一般的阿爾巴尼亞人不會生十一點五個小孩，但他還是向我保證「他們肯定很會生寶寶。」

亞歷山大後來承認：「科索沃境內的塞爾維亞人也比本國或佛伊弗迪納的居民會生小

孩。」這點可以套用在過去一整個世紀。事實上，一九五〇年代科索沃的塞族人口成長率（百分之二點七）比阿爾巴尼亞人（百分之二點一）還高，部分原因是他們的嬰兒死亡率較低。在一九八一年，那裡的塞爾維亞人平均會生三點四個子女，阿爾巴尼亞人則平均生四點七個。鄉鎮地區的阿爾巴尼亞人（平均六點七個小孩）跟市區的阿爾巴尼亞人（二點七個）也有很大差距。最後，塞爾維亞人的墮胎率也比較高。一九八九年有百分之六十八的塞爾維亞孕婦接受墮胎。至於波士尼亞和科索沃這些以穆斯林為主的國家的墮胎率則不到百分之五。[15]

總之，科索沃的阿爾巴尼亞族群之所以會在一九七〇年之後暴漲，生育能力確實是其中一項因素，但由於巴爾幹人天性喜愛誇飾，這個議題也被過度膨脹。近年科索沃的生育率已持續下降，它在二〇二一年的生育率是二，雖然略高於其他歐洲國家，但也沒達到世代更替水平（二點一），所以族群之間生育率的差異並不能解釋一切。

塞爾維亞人為何離開科索沃

在《塞蒙兩族遷離科索沃與梅托希亞》這本書（*The Migration of Serbs and Montenegrins from Kosovo and Metohija*）的前言中，塞爾維亞的作者估計從一九六一至一九八七年共有大約十萬名塞族人離開科索沃。這是個合理的數目，他們的出走有兩點原因：第一，無法忍受騷擾。阿爾巴尼亞人通常會否認這點，而且可能會提出一項一九八〇年代的民調來反駁它。根據那次訪查結果，不到千分之一的塞爾維亞人把自己離開的原因牽拖在阿爾巴尼亞人身上[16]，這些結果很可笑，顯然有失偏頗。

話說回來，這種議題實在很難找到客觀公允的民調數據。塞爾維亞的理科學院曾在一九八〇年代訪問國內五百戶家庭，試圖了解他們為何會離開科索沃：大約百分之四十一說阿爾巴尼亞人的「間接施壓」是個因素，另有百分之二十一說自己曾被直接施壓（例如言語攻擊、財產損害和個人傷害）。[17]真實情況大概落在上述的兩個極端例子之間。有一項指標可以說明族群衝突確實存在：有三分之二的塞爾維亞移民是來自族群混雜的地區，那些區域自然會比單一族群地區容易發生紛爭。然而多數的騷擾行為都不是重罪，南斯拉夫政府的官方

---

15 Lidija Andolšek, Paul Sachdev, "Yugoslavia," *International Handbook on Abortion* (Greenwood Press, New York, 1988), pp. 495-504. Rada Drezgic, "The politics of abortion and contraception," *Sociologija*, 46(2), 2004, pp. 97-104. "Health Statistical Yearbook of Republic of Serbia 2008," Institute of Public Health of Serbia, 2009.

16 H. Islami, "Demografski problemi Kosova I njihovo tumačenje," in S. Gaber and T. Kuzmanić, eds., *Zbornik Kosovo — Srbija — Jugoslavia* (Ljubljana, 1989), pp. 39-66.

17 R. Petrović and M. Blagojević, *The Migration of Serbs and Montenegrins from Kosovo and Metohija: Results of the Survey Conducted in 1985-1986* (Belgrade, 1992), pp. 110 and 179.

數據顯示科索沃的強姦和謀殺犯罪率都低於全國平均值。[18]

塞爾維亞人大批遷徙的另一個原因是科索沃被困在石器時代。過去一個世紀以來，科索沃一直都是南斯拉夫的遲緩兒，其他共和國都得捐獻資源，幫助科索沃跟上進度，科索沃每位國民平均獲得的外援比波士尼亞、蒙特內哥羅和馬其頓都多四倍。[19]即使有多方支援，科索沃依然與眾人有光年差距。比方說，斯洛維尼亞的人口向來都跟科索沃差不多，但它在一九八八年的產業輸出量卻比科索沃高十八倍。[20]科索沃在一九〇〇年的失業率比克羅埃西亞高四倍，也比斯洛維尼亞高六倍。[21]斯洛維尼亞在一九五二年的人均生產總值比科索沃高三倍，在二〇二一年則比它高將近六倍。一九五三年，斯洛維尼亞只有百分之二點四的人不識字，科索沃的比率則是驚人的百分之六十二點五[22]，直到現在都還有百分之八的人不識字。或許到了二〇二三年，科索沃的識字率會終於跟上一九五三年的斯洛維尼亞。

當電視在一九七〇年代普及，科索沃人終於發覺自己究竟有多落後。凡是有能力往北遷移的人都離開了，對一個塞爾維亞人而言，在文化上過渡到貝爾格勒、札格雷布或諾維薩德並不像阿爾巴尼亞人那麼困難，所以塞爾維亞人離開科索沃的機率自然較高。如果將此遷離現象完全歸咎於阿爾巴尼亞人的騷擾，就等於忽視了波士尼亞在同段時期也曾經有人口外流的事實，那些外移的波士尼亞人也是去了南斯拉夫經濟最繁榮的區域。科索沃的人口流失比率最高，因為它的經濟最弱。事實上，從一九七一到一九八一年也有四萬五千名阿爾巴尼亞人離開科索沃，大家都離開了科索沃，因為經濟實在太爛。

有些塞爾維亞人仍堅持阿爾巴尼亞人在狄托時代曾經對他們進行「種族屠殺」。所以到底何者比較合理：(1)狄托透過無所不在的眼線揭穿並碾碎了任何形式的民族主義和抗議行動，卻偏沒注意到阿爾巴尼亞人在某個角落欺負塞爾維亞人，而塞爾維亞人也沒向他抱怨此事，或是有人向他反映過，他卻置之不理，即使塞爾維亞是個遠比阿爾巴尼亞重要的政治基本盤？或是說：(2)塞爾維亞人是主動離開的，因為科索沃的經濟太糟糕。換個角度來看，如果科索沃的經濟跟佛伊弗迪納一樣好，那些人還會離開嗎？假若科索沃的環境優於南斯拉夫其他區域，塞爾維亞人（搞不好斯洛維尼亞人也會）反而會搬家去科索沃。

---

18 John R. Lampe, *Yugoslavia as History: Twice there was a country.* Cambridge University Press, 1997, p. 332.

19 Neven Borak, *Ekonomski vidiki delovanja in razpada Jugoslavije* “How the Yugoslav Economy Worked and How It Collapsed”, (Znanstveno in publicistično središče, Ljubljana, 2002), Table 71, p. 258.

20 Neven Borak, *Ekonomski vidiki delovanja in razpada Jugoslavije* “How the Yugoslav Economy Worked and How It Collapsed”, (Znanstveno in publicistično središče, Ljubljana, 2002), Table 67, p. 256.

21 Neven Borak, *Ekonomski vidiki delovanja in razpada Jugoslavije* “How the Yugoslav Economy Worked and How It Collapsed”, (Znanstveno in publicistično središče, Ljubljana, 2002), p. 212.

22 Dijana Pleština, *Regional Development in Communist Yugoslavia: Success, Failure, and Consequences.* Boulder, CO, Westview Press, 1992, p. 1980-81.

拜訪阿爾巴尼亞家庭

我感謝法特米爾讓我未受邀請就闖入派對，接著就搭車去科索沃最漂亮的歷史古城普里茲倫（Prizren）。我上車時告訴司機說我身上沒有歐元，只有美金，他拍拍我的背說：「沒關係，朋友，朋友！」

「朋友？」我在東歐從未遇過這麼友善的公車司機，這台巴士的品質也是我在東歐見過最優的，納稅人的錢完全沒被浪費。車上有一台電視，正在播放一位幾乎全裸的舞女表演，她沒有唱歌，只是不斷旋轉。你不會預期在一個「伊斯蘭教」的國家看到這種景象。

我問坐在前方的男士會不會說英語，並詢問他能否讓我訪談，他欣然同意。他的名字是施培汀・霍里納（Shpejtim Horina），身著一件領扣寬鬆的潔白長袖襯衫和時髦的牛仔褲。當售票員走過來時，我準備用簡單英語解釋自己為何沒帶歐元，但施培汀直接對他說「Dy」，阿爾巴尼亞語的意思就是「兩個」。

「等一下……」我趕緊阻止他，「拿去，我有五美元，別替我付錢。」施培汀根本不知道我沒有歐元，他替我付了三歐元的車票（那在科索沃不算便宜），而且堅持拒收我的錢。我問他：「你為什麼要那樣？」

施培汀說：「因為我永遠不會忘記你們美國人為我們做的事，我很感激，你們救了我們。」

戰爭爆發後，施培汀逃到瑞士，目前仍在那邊工作。他的慷慨、友善和幽默感深深打動了我，所以我不怕問他任何困難的問題。「語言可以使國民團結，當墨西哥人移民到美國時，他們就必須學英語，政府不可能為他們設立任何西語學校。所以阿爾巴尼亞人為何堅持要在其他國家，例如蒙特內哥羅設立他們自己的學校？」

「為何不可？」他平靜地回答，「當我在某個國家是屬於少數族群，例如瑞士，我就會學他們的語言。我很會講德語，沒有人會想在那邊設立阿爾巴尼亞學校，所有住在那裡的阿爾巴尼亞人也會學當地語言。但如果我們在一個地區的人口占超過半數，我們為何不能擁有自己的學校，尤其是在一些比例超過百分之八十五的地方？」

我們一路心平氣和地交談，在抵達普里茲倫之前，他邀請我跟他的家人共聚。「我可以帶你回家，你如果喜歡就多待幾天，不喜歡就走，沒關係！」

我無法抗拒跟任何當地人共處的機會。到了普里茲倫之後，施培汀向我介紹他的父母和弟妹。他的母親端上新鮮番茄、匈牙利牛肉湯和多汁的肉餃。當我們正在享用可口的晚餐時，房子突然停電，他們在幾秒內就拿出蠟燭和電燈籠。我問：「這種事多常發生？」

「每天兩次吧。」他們若無其事地回答。科索沃的城市噪音特別嚴重，因為店家都會在人行道上設置小型的燃氣發電機，它們齊聲嗡嗡作響的音量確實很可觀。雖然最近整體情況已經改善，但科索沃長期都處於電力短缺的狀態。

我跟施培汀和他的家人聊了好幾個小時，他們讓我對巴爾幹地區重燃信心。施培汀面對困難話題總是能保持理性與冷靜，這點令我耳目一新，而且他從未以偏概全譴責所有斯拉夫人，總是強調多數問題都是少數人造成的。同樣道理，他也承認阿爾巴尼亞人並非完美。如果巴爾幹地區有更多人能像施培汀這樣不念舊惡，他們就會有希望。我們入睡之前聊到了他出生的那個年代，一九四七年。

塞爾維亞跟奧克拉荷馬有何相似之處

一九四七年，塞爾維亞儼然變成奧克拉荷馬。多數南斯拉夫人都對中央化的經濟很不滿意，認為地方分權可以解決問題。為了避免引發革命，狄托同意增加大家的自治權，在五個共和國中，塞爾維亞是唯一被分割出兩個自治省的國家：北方的佛伊弗迪納和南方的科索沃。阿爾巴尼亞人乞求狄托給予他們與塞爾維亞同等的共和國地位，但狄托選擇了妥協方案：自治。結果塞爾維亞就變成奧克拉荷馬。

奧克拉荷馬和美國西部的幾個州類似，州內都有大量的原住民保護區。雖然美國有五十個州，但其中有大約三百一十個印第安自治區。這些自治區跟塞爾維亞的兩個自治省很相似，各個印第安部落都有自己的政府、法律和獨立的法庭系統，它們負責處理所有族內糾紛，但當一位非原住民介入時，案件就通常會轉到聯邦法庭。它們是美國聯邦政府的直接下屬，換言之，奧克拉荷馬的州政府無法命令一個原住民部落做任何事，只有聯邦政府有那種權力，而且權力極低。美國憲法特別保障印第安部落的權益，說它們既不屬於州也不是聯邦政府的一部分；聯邦政府不能向原住民地區徵稅，他們都是自己收稅。部落保護區的居民有權利將非原住民驅逐出境，各州政府經常試圖控制這些部族，但美國最高法院一向都宣示部族必須直接跟聯邦政府合作，州政府對他們沒有掌控權。

現在試想美國分裂成許多小國。佛州變成一個西語國家，德州變成孤星之國；阿拉斯加和夏威夷宣布獨立後加入聯合國，加州也跟進；新英格蘭六州聯合組成一個國家。當美國解體時，奧克拉荷馬州的切諾基部族（Cherokee）應該怎麼做？加入新的奧克拉荷馬？他們或許也會說：「抱歉，我們一直都是個自治區，所以我們要分開宣布獨立。我們現在是切諾基國了。」若是這樣，奧克拉荷馬可能就會抗議：「切諾基區域屬於奧克拉荷馬，它在過去一百年都是奧克拉荷馬的一部分，我們拒絕承認你們的獨立，如果你們試圖脫離，我們就會向你們宣戰。」

當南斯拉夫在一九四七年修憲時，它就註定會面臨相似的居面。因為那只是個妥協，無論阿爾巴尼亞人或塞爾維亞人都對結果不滿意。塞爾維亞抱怨自己被「宰割」成三塊地區，阿爾巴尼亞人也不喜歡自己無法享有共和國地位，他們注意到科索沃境內的阿族人數比蒙特內哥羅境內的蒙族人數還多三倍，然而蒙特內哥羅是個共和國，科索沃卻不是。事實上，蒙族人只占蒙特內哥羅總人口的四成，阿族人則在過去一百年都占科索沃人口的三分之二。「所以我們為什麼不能升格成為南斯拉夫的共和國？」阿爾巴尼亞人哭訴。

反過來看，所謂的自治區和共和國之間的唯一實質差異只是名字。如同一九八六年的備忘錄所述：「就各方面而言，自治省都應當跟共和國平起平坐。」狄托去世後，科索沃的總統也跟其他七人輪流擔任南斯拉夫總統。米洛塞維奇曾經抱怨科索沃的反塞政策，並指出科索沃擁有的實權：「阿爾巴尼亞人可以這麼做，因為科索沃這個省其實是個共和國，當地議會有權力執行一項真正的納粹政策。」

既然兩者差異這麼小，阿爾巴尼亞人何必為了一個名分大做文章？其實他們主要是想得到尊重和一個國號象徵的意義，科索沃就像斯洛維尼亞、馬其頓和蒙特內哥羅這些小國，他們也有強烈的文化認同，所以理應擁有相同的地位。一個較不明顯的理由，但它在南斯拉夫分裂時就變成關鍵，就是共和國終究還是有權利脫離南斯拉夫，而自治省卻無此權利。我們不清楚這個因素在一九四七年對阿爾巴尼亞人來說有多重要，但它可以解釋科索沃的獨立之路為何會比其他六國艱難。他們在一九八一年就走上了那條路。

一九八六年的備忘錄說：「一九八一年春天，這些人公然向塞爾維亞人民全面宣戰。」那完全是誇飾語法，實際狀況是數千名阿爾巴尼亞示威者要求將科索沃升級為共和國，總統宣布全國進入緊急狀態，當塵埃落定後，只有大約十人死亡。如果那叫「公開全面宣戰」，我不確定他們會如何形容第二次世界大戰。

歷史的循環

邱吉爾說過一段許多前南斯拉夫人都會同意的話：「我喜歡過去勝過現在，喜歡現在勝過未來。」前南斯拉夫人不但對歷史念念不忘，他們也極度喜愛把自己跟它牽拖在一起，如此就能把現今的隨機事件架設在一個偉大史詩裡，給予它們更深層的歷史意義。不幸的是，他們若繼續在歷史胡同裡打轉，就註定會重演歷史。

舉一九八五年的一個案件為例，五十六歲的塞爾維亞人卓爾哲・馬提諾維奇（Đorđe Martinović）到一間科索沃醫院求助，肛門裡塞了一個破碎的啤酒瓶。經過一位國軍上校的審問之後，他承認自己當時把瓶子固定在一根棍子上，一邊自慰一邊抽插自己肛門，結果重心不穩一屁股坐了下去。然而此說法跟醫療團隊的評估並不相符，過了很久之後，馬提諾維奇終於改口宣稱那位國軍上校（一位塞爾維亞人）強迫他那樣說，否則就不讓他兒子工作。令人不解的是為何一位塞爾維亞的軍官會這樣威脅自己國人，尤其當馬提諾維奇的新版說辭是兩個阿爾巴尼亞人在田裡攻擊了他，拿啤酒瓶對他性侵。如果這是真的，那位上校為何不會想要處罰阿爾巴尼亞人？比較合理的解釋是馬提諾維奇怕丟臉，所以編了這個故事。有趣的是，馬提諾維奇從未主動追查此案件或控告那些攻擊者（他在二〇〇〇年去世），聯邦政府和塞爾維亞政府當局也沒有繼續追究。儘管沒有任何證據或嫌犯，塞爾維亞卻陷入瘋狂。例如備忘錄就把它跟歷史綁在一起：「馬提諾維奇的案件令人憶起土耳其黑暗時代的刺刑。」

即使那兩名阿爾巴尼亞人真的犯下如此變態的罪行，真有必要為此掀起整個國家的民族情緒嗎？在美國，黑人和白人之間都會發生恐怖暴行，但很少人會因此就蓋棺論定我們已經回到奴隸時代。社會學家梅士特洛維奇（Stjepan Gabriel Meštrović）提出他的觀察：「馬提諾維奇事件為塞爾維亞人提供了完美機會，他們藉此將民眾意識中的阿爾巴尼亞人變成了『土耳其人』。」[23]

巴爾幹人總是試圖把自己插入一個虛幻的宇宙戲劇。一九九五年，塞爾維亞的藝文理科學院說給予科索沃自治權就像「重返鄂圖曼帝國時代」[24]。塞族共和國將軍拉特科・穆拉迪奇（Ratko Mladić）在執行斯雷布雷尼察大屠殺之後，曾慶賀自己解放該城市脫離「土耳其人」的統治，而非「波族人」或「穆斯林」。克羅埃西亞總統圖季曼也玩過類似的遊戲，他說波士尼亞的領導者是「土耳其的基本教義派」，會以「五十萬名土耳其人淹沒波士尼亞」。塞爾維亞人安德烈曾在信中說：「塞爾維亞的唯一錯誤就是試圖遺忘穆斯林和納粹對他們犯過的罪行。」

一九八九年，科索沃之役的六百年後，一位塞爾維亞學者提到米洛塞維奇「企圖將歷史與記憶的連貫性混為一談」，誤導民眾以為「那些在一三八九年為科索沃奮戰的塞爾維亞人跟今日為民族生存奮鬥的塞爾維亞人完全相同」。[25]米洛塞維奇在週年慶的演說中也將歷史浪漫化：「放眼歷史，塞爾維亞人從未侵略或剝削其他民族。」顯然塞爾維亞史上最偉大的杜尚沙皇能夠征服巴爾幹地區不是靠侵略或剝削，而是靠送花。

我們有時會美化歷史，懷念一個自己不甚了解的時代，例如安德烈在信中提到：「以前塞爾維亞人寧可被埋入墳墓也不願當人奴才，不幸的是，現代塞爾維亞人已經改變，因為道德原則持續遭到挑戰。塞爾維亞人的心靈已被世界各地的唯物主義玷汙，我們原本是一個飽受戰火摧殘的窮困民族，僅剩的就是榮譽和自由，如今卻隨波逐流，變成只會追求自我安逸的拜金者。過去的榮譽和殉道思維已大多被手機和品牌的迷戀取代。」

勘查禁區

在施培汀的家住了一夜後，我誠摯答謝他們全家的款待，接著就獨自去探索普里茲倫。

---

23 Stjepan Gabriel Meštrović, *Genocide After Emotion: The Postemotional Balkan War* (Routledge, 1996) p. 95.

24 Kosta Mihailovic and Vasilije Krestic, "Answers to Criticisms," *Memorandum* (Belgrade: Serbian Academy of Sciences and Arts, 1995) p. 11.

25 Edit Petrović, Joel Martin Halpern, David A. Kideckel, "Ethnonationalism and the Dissolution of Yugoslavia," *Neighbors at War: anthropological perspectives on Yugoslav ethnicity, culture, and history* (Penn State Press, 2000) p. 170.

如同科索沃各地，這裡有很多新屋和半成屋，所以我很驚訝地發現普里茲倫的最佳位置卻是一片廢墟。市中心可以俯瞰河流和美麗的白石拱橋，照理說他們應該會想重建這個街區，然而到處都是戰火瘡疤和崩塌的屋頂。社區的邊緣有個大招牌寫著：「警告，KFOR特區，准許使用武器。」KFOR就是北約駐科索沃部隊（Kosovo FORce），這表示你可能稍不小心就會被當場槍斃；好極了，我走進這個荒廢的社區。

當我緩慢地在毀壞的房屋之間走動，我終於領悟阿爾巴尼亞人為何沒有重建此地，它一定是個塞爾維亞社區！當然！我走過曾經古雅的狹窄街道，拍攝被戰火摧毀的廚房、破碎的窗戶、雜草叢生的花園和殘破的客廳。我謹慎地踏過街上的碎玻璃、鐵片和木屑，心想塞爾維亞人或阿爾巴尼亞人有無埋放地雷，阻止我做這些事。我想到那些曾經在此居住的無辜平民，這是多麼不公平，他們只因為是塞爾維亞人就得失去家園。突然間，一個穿著迷彩裝、手持突擊步槍的男人出現在五公尺外。那把槍看起來比他還大，我對他微笑，但當下就感到很脆弱。

「哈囉，」他說，「Sprechen sie Deutsch?（你會說德語嗎？）」

我回答：「Entschuldigung, ich spreche kein Deutsch.（抱歉，我不會說德語）」我猜這句話的實際意思是「偉大的納粹，我投降！」

這位男士的北約駐科索沃部隊制服上有個德國旗幟，他很瘦，戴著滑稽的太陽眼鏡；說穿就是個宅男，只是正好拿著一支大槍。他不會說英語，但他指著我的相機搖頭。太好了，我可以用自己最喜歡的德文字：「Das ist verboten?（這是禁止的？）」

「Ja.（是的）」他點頭。

我給他看了所有我在街區拍的照片，每隔一張就問是不是禁止的，他也跟著點頭回答稱是，於是我把它們全部刪除了，他看起來還算滿意，但沒有笑。他護送我到山坡上的聖救恩東正教堂，軍方用沙袋和鐵絲網在周圍堆疊架設了一道防線，十四世紀的教堂有著破碎的彩繪玻璃、焦黑的外牆和塌陷的屋頂。數名手持突擊步槍的德國士兵在四周站崗，我詢問是否有人會說英語，一位頂著啤酒肚的士兵走了過來。既然他是德國人，我就直接說重點：「你覺得科索沃發生這麼多問題，誰的責任較大，塞爾維亞人或阿爾巴尼亞人？」

他後退一步，望著地平線說：「我會怪阿爾巴尼亞人。」

「為什麼？」

「你看這個塞爾維亞社區，」他指向山坡下的頹圮屋舍，「它上個月才剛被毀。據說有幾名塞爾維亞孩童追打三名阿爾巴尼亞孩童，導致他們落河溺斃，阿爾巴尼亞人為了報復就燒了全國數百棟塞爾維亞民宅。你看這間教堂，它就是被阿爾巴尼亞人放火燒的，還有一些教堂和修道院全毀。我們沒有足夠人力阻止他們。想聽個瘋狂的故事嗎？一群暴徒後來闖入一位塞爾維亞醫生的家裡，強迫他親眼目睹他們殘殺他的太太和三名子女。如今那位醫生已經瘋了，他整天都在胡言亂語，完全失去理智。這個社會真是病了。」

我問：「你被派到這裡多久了？」

「六個月，我還會再待六個月。」

「北約和駐科索沃部隊還會在這裡待多久？」

「二十年，」他用厚重的德國腔調說，「我是認真的，我覺得他們希望我們留下來，因為我們會幫他們蓋道路和房子，而且一切都免費。我們能提供免費的保安服務。」

這個預測沒錯，二〇二一年北約駐科索沃部隊還在那裡，而且應該還會待到二〇二四年。

他點了一支香菸，「我們為塞爾維亞人蓋五棟房子，一群阿爾巴尼亞人就來把它們燒掉。我們為阿爾巴尼亞人蓋五棟房子，一群塞爾維亞人也來把它們燒掉。」他嘆氣，「這些人真是不可理喻。」

「這個塞爾維亞社區的居民會不會又想回來住？」

「會的，他們一定會回來。我無法理解，鄰居已經燒掉他們的房子，但他們還是堅持：『這是我的房子，我要住在這裡。』如果我去美國，當地人對我說『滾蛋，德國人』，我就會去別的地方。但這些塞爾維亞人卻堅持住在這裡，即使四周都是討厭他們的人。我就是無法了解這些人。」他搖頭感嘆。

他的比喻並不完全恰當，因為普里茲倫的多數塞爾維亞人並非最近才搬來，他們都是在此地出生的。有些人是一九二〇年代殖民者的後代，但有些家族已經在科索沃定居數百年，所以一個比較適當的比喻是，如果今天有一位住在立陶宛、波蘭或捷克的德國人的房子被燒了，這三個國家在過去數世紀都有部分領土曾經屬於德國，這位德國人會作何感想？二次大戰過後，數百萬名德國居民就是在這種情況下被驅逐出境。

我問：「這個山丘值得走到頂嗎？」

「還行啊，你會看到一座古老堡壘和不錯的景觀，不過如果你在晚上來，就會看到大約五十個阿爾巴尼亞年輕人結隊上山去……」他往前抖了一下屁股。

「啊，是的，不太像穆斯林吧？」

他呵呵笑了一下，繼續抽菸。我替這些可憐的德國人感到惋惜，他們是如此守紀律，如此充滿文化素養，卻得忍受這令人費解的亂象。我跟他握手道謝後就上山去嘗試運氣。

科索沃的宗教

當我爬上山丘，俯瞰燒毀的教堂，當下的結論就是科索沃人是宗教狂。就某方面而言，我是正確的。根據二〇一九年的蓋洛普訪查，科索沃人有百分之八十三說「信仰是他們日常生活很重要的一部分。」這個比率在歐洲是最高的。

從另一方面來看，我也錯了。在同一次訪查中，不到三分之一的科索沃人在受訪前一週拜訪過宗教場所，這聽起來不怎麼宗教狂熱，德國人上教堂的頻率可能還更高。如同我們在波士尼亞的章節所見，當前南斯拉夫人身處威脅時，他們就會熱中參與宗教儀式，所以科索沃的塞族人自然會遠比一般塞爾維亞人虔誠。信仰在巴爾幹地區是一種社會膠著劑，它可以使社群維持團結，並不是一套嚴苛的社會規範。

當我跟愈多科索沃人交談，就愈能確定他們不是基本教義派。比方說，伊斯蘭黨獲得的票數其實不到全國百分之二，而且很少有阿爾巴尼亞人會一天禱告五次，多數人都會喝酒，女人穿著性感緊身衣的機率也遠大於用厚布遮掩自己。這早已是阿爾巴尼亞人的常態。

拜倫在將近兩百年前曾如此描述阿爾巴尼亞人：「希臘人並不把他們視為基督徒，土耳其人也不會視他們為穆斯林。事實上他們有點像是兩者的混合，有時甚至兩者皆非。」

南斯拉夫的內戰並不是宗教戰爭，科索沃戰爭也不是，雖然宗教場所通常都是被攻擊的目標。阿爾巴尼亞人破壞東正教堂並不是因為他們討厭基督教，而是因為討厭塞爾維亞人；他們沒有焚燒天主教堂，因為科索沃的天主教徒多數都是阿爾巴尼亞人。所以這不是基督教對伊斯蘭教的戰爭，一切問題還是出在人身上。

假如塞爾維亞人是天主教徒，今天被毀的就會是天主教的修道院和教堂。如果阿爾巴尼亞人真的那麼仇視東正教的信仰，今天阿爾巴尼亞境內就不會有兩成人口是東正教徒，而且還能正常生活。所以科索沃的阿爾巴尼亞人並非針對東正教而攻擊那些聖地，他們主要是為了攻擊塞爾維亞人的痛處。相同的，塞爾維亞人在自己國內也摧毀了許多清真寺，但這不代表他們特別反伊斯蘭或無法容忍宗教，他們只是在對科索沃發生的事情進行報復。這一切都是毫無意義的暴力循環。

盧米葉的故事

我跟施培汀結識七年之後，他向老同學盧米葉・吉賽利（Lumnije Xhezairi）提到了我。她主動跟我聯繫，並分享自己的經驗。她在一九四七年出生於普里茲倫，在那邊度過了人生的前二十七年，英語能力很好。「我是個穆斯林，但就像多數阿爾巴尼亞人，我們平常並不會從事宗教活動。我對伊斯蘭教毫無概念，也不知道自己為何要當伊斯蘭教徒。我的祖母很保守，她都會訓斥我：『不要看書，書是給男人讀的，不是女人讀的，快把它放下。』就像他們那一代多數人，她不識字。」

我問：「在科索沃長大的感覺如何？」

她說：「我們從小學一年級開始就要學塞爾維亞語。沒有人喜歡它，那是敵人的語言。但我最要好的朋友都是塞爾維亞人，我相信塞爾維亞有很多好人。」

「有任何深刻的童年回憶嗎？」

「令我最困擾的就是我們沒有真正的自由，也不是個獨立的國家。我的老師只有兩位是塞爾維亞人，其他都是阿爾巴尼亞人，然而每當我提出獨立的相關問題，他們就會阻止我，還會打電話給我父母，說我這樣會危及老師，可能會害他們坐牢。有一次我們在布置教室，我在狄托的肖像頂端放了一顆星星，塞裔校長就對我大叫：『把它拿下來！狄托上面不能有別的東西！』」

「你的父母過得如何？」

「捉襟見肘。我是五個子女中的老么，我的母親從未避孕，那個世代沒有人真正受過教育，他們為了照顧家庭都必須辭掉工作。我們倒是過得很愉快，全家都會一起去看電影、聽音樂會。我還記得人間最美味之物就是斯洛維尼亞的牛奶。」

「你的手足近況如何？」

「我的長兄目前在當牙醫，另一位哥哥在科索沃的米特羅維察（Mitrovica）研讀電子科技，還有一位是英語教授，專做行銷和短片。我的姐姐在奧地利當護士，我則是在沙烏地阿拉伯當護士。」

「你有跟阿爾巴尼亞人結婚嗎？」

「沒有，科索沃的婚姻都是靠相親安排的。有人會敲門找我爸說：『我認識某人在戰爭中喪妻，他需要一個老婆。』謝了，我才不要當某人的奴隸。我受邀去沙烏地阿拉伯擔任護士，因為他們人力不足，而且當地婦女不工作。我最後在美軍基地認識了一位美國人，跟他結婚。」

科索沃戰爭

讓我們從雙方觀點分析科索沃在南斯拉夫末期的狀況。首先，假設你是阿爾巴尼亞人，你的朋友都把惡劣的環境怪罪在塞爾維亞人頭上，因為科索沃在一九四七年之前都是由塞爾維亞控制的，所以你的一切人生挫折都顯然是他們的錯，跟你自己無關。然而你的問題在一九四七年之後仍持續存在，儘管你們已經獲得自治權；這是因為南斯拉夫的整體經濟都在衰退，但此刻你卻怪罪一九四七年的新憲法修得不夠徹底，科索沃必須升格為共和國，因為那樣就能解決所有問題。你參加各種和平示威，但政府的回應不是武力鎮壓就是置之不理；既然試盡各種方法都無效，或許暴力就是唯一的解決之道。

現在再假想你是塞爾維亞人，你聽過一些塞爾維亞人在科索沃被搶劫或強姦的故事。其實就任何人口二十萬的族群而言，每天難免都會有人犯罪，尤其是當經濟慘澹的時候。如果總人口有八成以上是阿爾巴尼亞人，他們犯罪的比率自然會比其他人高，無論犯罪對象是自己的族人或塞爾維亞人。儘管如此，當一位歇斯底里的電視記者對你尖叫「塞爾維亞人遭到阿爾巴尼亞人洗劫」，你的大腦自然也無法理性思考。

一九八七年，塞爾維亞的媒體大肆報導「遍布於科索沃的強姦行為」，包括對塞爾維亞修女的性侵。作家維斯納・凱西奇（Vesna Kesić）如此分析：「焦點立刻被放在種族層面，事實被忽略，數據也被誇大化。雖然官方很快就證實那純粹是獨立事件，但媒體的不實指控已經引起恐慌，間接奠定了未來的恐懼文化。」[26]這種負面情緒再次給了你一個轉向支持米洛塞維奇的理由，因為他承諾保障科索沃境內塞爾維亞人的權利。

一九〇〇年，米洛塞維奇撤銷了科索沃的自治權，這對阿爾巴尼亞人的獨立訴求是一大重挫。他封鎖所有阿爾巴尼亞媒體，開除幾乎所有大學生的學籍，並將阿爾巴尼亞的警力全面換成塞爾維亞人。當科索沃的國會自行宣布他們是個獨立共和國，米洛塞維奇就廢除了國會。阿爾巴尼亞人逐漸對民主與和平失去信心，終局之戰已經開始，但他們的領袖易卜拉欣・魯戈瓦（Ibrahim Rugova）依然勸導人民切勿以暴制暴。這段期間，戰火從斯洛維尼亞延燒到克羅埃西亞和波士尼亞，高潮迭起，來了又去，然後大家的目光終於轉向科索沃。

就在這個時候，少數阿爾巴尼亞人違逆了魯戈瓦的勸告，採取暴力行動。新成立的科索沃解放軍在米特羅維察射殺了兩名塞爾維亞警察，在波杜耶沃（Podujevo）引爆炸彈，並攻擊普利斯提納大學的塞裔校長。假如這種事是發生在你的國家，你的政府就會稱這些人為恐怖分子，但如果你覺得自己長期被政府壓迫，你就會稱那些恐怖分子為「自由戰士」或「愛國者」。

游擊戰隨即開打，雙方難民都湧入了鄰國。北約不希望再看到一場波士尼亞戰爭（大約十五萬人死亡），於是他們就把情況誇大，讓自己順理成章地進行七十八天的猛烈轟炸，逼迫米洛塞維奇在一九九九年六月讓北約與聯合國接管科索沃。根據無黨派的人道法律中心的統計數據，總共有九千兩百六十名阿族人和兩千四百八十八名塞族人死於科索沃戰爭。自此之後，南斯拉夫終於正式步入歷史。

與阿爾巴尼亞人的交談

我試圖在日落前離開科索沃，但巴士遲未出現。我在等車時跟一位阿爾巴尼亞人交談，他是在馬其頓出生並長大。他說：「馬其頓人都不肯學阿爾巴尼亞語，實在很糟糕。」

「他們為何需要？」我反問，「你們畢竟都是住在馬其頓，不是阿爾巴尼亞。」

「可是我們在那個地區占的比例很高。」

「好吧，假設現在有一群肯亞人搬到你的國家，他們在某個地區也占不小比例。如果他們對你說：『嘿老兄，你應該學些肯亞語。』你會怎麼回答？」

---

26 Vesna Kesić, "Muslim Women, Croatian Women, Serbian Women, Albanian Women. . ." *Balkan as Metaphor: Between Globalization and Fragmentation* (The MIT Press, Cambridge, Massachusetts, 2005), p. 315.

「可是那不一樣，」他說，「那不是他們的祖國，阿爾巴尼亞人在這個區域成為馬其頓之前就早已住在這裡了。」

「你知道加州在美國人出現之前是屬於誰嗎？墨西哥人。但今日沒有任何墨西哥人在來到加州的時候會叫美國人去學西班牙語，墨西哥人知道他們既然身在美國就得負責學英語，我們並不用負責學西班牙語。」

他無言以對，只好轉移話題說他要去看看車停在哪裡。我想他應該不太喜歡我，因為我沒有再看到他。既然我已經錯過巴士，這是個加入我的美國同胞、在科索沃紮營的完美機會。我在一間半成屋的三樓過夜，同時也成為它的第一位房客。雖然我有可能夢見一位科索沃狂熱分子前來對我進行種族清洗，但我還是如嬰兒般沉睡到天亮。

如果科索沃發生在美國

第二天，我在離開科索沃的途中陷入沉思，試著想像科索沃戰爭有無可能發生在美國。安德烈曾經在信中向我提過類似的問題：「如果墨西哥人在德州宣布獨立，美國會如何反應？放手不管嗎？哪一種國家會那麼做？美國絕對不會容許那種事情發生，他們肯定會像塞爾維亞那樣激烈回應。塞爾維亞的唯一問題就是它不像美國那麼強。」

他說的對。美國史上死傷最慘重的大戰就是南北戰爭，起因就是一些州想要脫離聯邦。

一八六九年，美國最高法院在德州訴懷特案中判定單方退盟是違憲行為，但如果雙方都同意，他們就可以切斷關係。自此之後，政府的立場並無任何變化，一項近期民調也顯示只有百分之二十二的美國人相信，「任何州或特區有權以和平方式退出聯邦，成為一個獨立共和國。」

我很想跟一位住在美國的墨西哥人談談，問他能否與阿爾巴尼亞人產生共鳴，但科索沃離美國有點遠，所以我可能要等回家才能有此機會。說來真巧，這時正好有一位古銅皮膚、頭髮烏黑油亮、年紀約五十歲的矮壯男士在我旁邊坐下，我問他是否會說英語，他帶著西班牙口音回應了我。他來自德州南部，出生於墨西哥，育有六名子女，目前在科索沃為美軍工作。我們用西班牙語交談。他認為墨裔美國人的情況跟科索沃不同，因為「科索沃的仇恨太嚴重，太深。」

我問他：「你的墨西哥朋友中有任何人希望美國政府設立西語學校嗎？」

「沒有人這樣想過，我們只想來美國工作。」

「美國的墨西哥人口正在爆炸，如果他們能達到臨界質量，產生足夠群聚效應，你認為他們有無可能要求脫離美國，就像馬其頓、塞爾維亞和蒙特內哥羅境內的部分阿爾巴尼亞人？」

「不可能，墨西哥人對那種事沒興趣，」他繼續說，「我無法了解這些阿爾巴尼亞人，他們不願向別人學習，也不想融入社會。我只能期待趕快回家。」

科索沃有無可能發生在美國？皮尤研究中心預估二〇五〇年美國將有百分之二十九的人口是西班牙裔，百分之四十七是白種人。白人在一些城市和學校也即將變成少數族群。法特米爾曾提醒我並非只有科索沃面臨此難題，英國對北愛爾蘭也感到很頭痛，西班牙的巴斯克和加泰隆尼亞都有分離主義者，墨西哥的恰帕斯州有革命分子，俄羅斯有車臣反抗軍，伊朗和土耳其有他們的庫德族，中國也有西藏。凡是此類高密度的少數族群都很棘手，只要去問加拿大人對魁北克的看法，或是比利時的佛萊明區和法語區之間的族群對立，你就會理解。連瑞士都是個完美的政治角力。最困難的挑戰就在於如何使少數族群不感到自己像次等公民，然而多數族群能釋出的彈性也有限度。塞爾維亞和其他國家都應該去參觀芬蘭的奧蘭群島，看看什麼才是真正的自治（請見本書上冊第一章）。

如果單看巴爾幹地區的族群分布圖，你可能會認為塞爾維亞人和阿爾巴尼亞人能提供世界一個族群相容的完美模型，因為他們的勢力範圍都曾擴展到其他國家，兩者的政治國界跟族群邊界都無法完全吻合；換言之，他們都曾經「吃過虧」。數千名塞爾維亞人至今仍住在克羅埃西亞和波士尼亞境內，數千名阿爾巴尼亞人也定居在馬其頓、蒙特內哥羅、希臘和塞爾維亞，因此照理說他們應會以同理心對待自己國內的少數族群，然而雙方在這點卻都表現得很差。值得慶幸的是現在這點已經在改變，如同科索沃學者奈瑟．拉奇（Naser Lajqi）所言：「我們若告訴塞爾維亞人說他們都是罪犯，或是他們指責我們阿爾巴尼亞人都是罪犯，那將會在兩個民族之間形成仇恨孳生的溫床。」[27]近年來，塞爾維亞和科索沃都已大幅改善國內少數族群的權利。

塞爾維亞人為何感到挫折

當我跟弗拉迪交談時，他曾提到一九九〇年代對塞爾維亞而言特別難熬的一個原因就是「塞爾維亞人習慣扮演正確的歷史角色，我們總是為正義而戰，無論勝敗都能贏得對方尊重。到了一九九〇年代，我們不但鎩羽而歸，還被貼上邪惡的標籤，這對我們的自尊是極大的打擊。」

他列舉了他們在戰場和道義上的一連串勝利。當土耳其人在一八七八年被趕出歐洲時，塞爾維亞是站在勝利的一方。他們在一九一二年再度贏回「公道」，將土耳其人完全逐出巴爾幹地區。一九一三年，塞爾維亞在第二次巴爾幹戰爭中擊敗保加利亞。一九一四年，一位塞族人為了推翻另一個「邪惡強權」（這回是奧匈帝國）的統治，掀起一次大戰。塞爾維亞在二次大戰終於擊敗那些卑鄙的法西斯主義者。經過連續的光榮勝利（贏家也總是覺得自己

27 Naser Lajqi, Syri I Visionit Association, Kosovo, National consultation with students, April 15, 2009.

是對的），當他們不但在八年內輸掉四場戰爭，還被貼上邪惡的標籤，這完全擊潰了塞爾維亞人的榮譽。

塞爾維亞人對於譴責者的雙重標準也感到憤慨。比方說，為何北約唯獨選擇轟炸塞爾維亞，卻不去管世界其他地方的家務事？話說回來，我們固然可以輕易批評一個選擇性的介入策略，但要找個滿意的替代方案也很困難。不管是一網打盡所有壞人，或是大發慈悲網開一面，兩者在實際上都是不可行的。

伊凡提到另一個偽善的例子：「荷蘭政府是塞爾維亞最嚴厲的批評者之一，以他們在南非留下的紀錄而言，這真是非常可笑，更別提他們以後會如何打壓那些在荷蘭崛起的阿拉伯人。我也不需再討論法國人對阿拉伯移民的偏見。感覺全世界似乎都在趁火打劫，盡可能抹黑塞爾維亞人，希望藉此模糊焦點而從中獲利，讓其他國家忘記他們自己的罪孽。」

失去科索沃對塞爾維亞而言是最沉重的一巴掌。有些政治立場溫和的塞爾維亞人可能會承認他們不該搶奪克羅埃西亞或波士尼亞的領土，但即使是這些人也會說科索沃不是土地掠奪，它本來就應當屬於他們。儘管土耳其人掌控它的時間更久，阿爾巴尼亞人在數量上占盡絕對優勢，他們依然相信科索沃自古以來都屬於塞爾維亞。依照塞爾維亞過去的連勝紀錄，他們勢必會想辦法為自己平反，至於這次要如何討回公道則不甚明確。

跟巴爾幹混血兒喝咖啡

我曾與米勒·祖基奇共飲咖啡。他當時二十八歲，正在斯洛維尼亞撰寫一篇關於民族優越感和民族主義的博士論文。他戲稱自己為「所有巴爾幹元素的混合體，我的祖父是波士尼亞人，祖母是克羅埃西亞人，但我的父親是在斯洛維尼亞出生。我的母親是塞爾維亞人，我有個馬其頓女友，我出生在斯洛維尼亞，有很多阿爾巴尼亞朋友。」

當你遇到這種「混血兒」，就必須多找他們聊聊，他們通常都比一般人客觀。他分享了自己在大學寫的一篇科索沃論文的結論：「科索沃是塞爾維亞史上最重要的迷思，塞爾維亞人的觀點是：『我們給了阿爾巴尼亞人一切，他們卻要反叛。』他們就像個失望的長輩。」

「可是南斯拉夫在一九四七年之後不是給了阿爾巴尼亞人很多自由？」

「是啊，他們有阿爾巴尼亞的學校和大學，阿爾巴尼亞的標誌，還有自己的警力，自己的國會，一間國家銀行，甚至還能升起阿爾巴尼亞的國旗。其他共和國也給予科索沃大量資助。」

「那他們到底還需要什麼？」

「不幸的是，米洛塞維奇上任後，許多政策就走了回頭路。科索沃人很難找到好工作，或像斯洛維尼亞人和克羅埃西亞人擁有那麼好的生活品質，當你無法得到民生基本需求，就會開始尋找歸咎的對象。如果雙方政府都愛搞政治宣傳，上頭又有個病態的民族主義者，你就會遇到麻煩。」

我說：「依我看來，如果塞爾維亞人希望科索沃繼續留在他們的懷抱裡，就應該盡全力使科索沃的經濟起飛，但他們卻從未做到這點。如果塞爾維亞真的『給了科索沃一切』，那些錢去哪裡了？它還是一樣窮困潦倒啊。」

「首先，」米勒回答，「貪汙的官僚把其他共和國的捐款都吃光了。而且他們給得不夠多，塞爾維亞的思維就是『既然科索沃再過幾年就會有九成人口是阿爾巴尼亞人，何必積極發展？』」

「你說科索沃對塞爾維亞人而言是個重大迷思，舉個例子吧。」

「五百年前的塞爾維亞人並不是今日的塞爾維亞人，那個時代的文化跟現代完全不同。歷史不應被視為一個連續的向量，國家的概念是在十九世紀才萌芽的。」

最後，我問米勒：「所以這篇論文的結論是什麼？」

他說：「一位二十歲的阿爾巴尼亞人跟一位二十歲的塞爾維亞人的共同點遠多於一位五十歲的阿爾巴尼亞人。兩個年輕人都需要喝酒、跳舞和社交媒體。以前他們的共同語言是塞爾維亞語，現在是英語。簡單說，科索沃的真正文化隔閡是在世代之間，不是族裔之間。」

塞爾維亞為何被惡整？

塞爾維亞的沙文主義者也有雙重標準。如果今天受歧視的少數族群是他們自己的族裔，他們就會幫那些人爭取權利，讓他們脫離原本居住的異國地區，回歸祖國（例如克羅埃西亞和波士尼亞）；但如果少數族群是別人，他們反而不讓那些人脫離塞爾維亞去獨立建國（例如科索沃）。他們想要兩全其美，卻自相矛盾。話說回來，國際法庭卻不讓塞爾維亞擁有任何一項選擇，這豈不也是偽善？

這個邏輯（無論你喜不喜歡）是根據原本就已存在的政治單位。如前所述，克羅埃西亞和波士尼亞的塞族地區從來都不是自治區，它們只是個普通的內地，就像加州北部，沒有特殊政治地位。另一方面，科索沃是個自治特區，但不夠特殊；假如它是南斯拉夫下面的一個共和國，那它在二〇〇八年的獨立宣言就可以輕易合法化。問題是它處於一個灰色地帶，就像美國境內的印第安部落，如果哪天美國不幸巴爾幹化，他們就會陷入相同的窘境。

國際社會的法律標準其實相當一致，並不像塞爾維亞人說得那麼表裡不一。如同科索沃，普雷舍沃（Preševo）和布亞諾瓦茨（Bujanovac）也希望脫離塞爾維亞，它們是兩個含有大量阿裔居民的省，但它們從未擁有自治權。正如國際法庭不允許克羅埃西亞和波士尼亞境內的塞族人宣布獨立，那些阿族人也吃了閉門羹：「抱歉，可是你們住的地區原本就沒有自治權，所以你們必須留在塞爾維亞，即使多數人都不想留在那裡。」

當國際法庭在處理科索沃北部時，它也沿用了相同的邏輯。科索沃北部是塞爾維亞人的大本營，他們已經在那邊稱霸了至少一百年，這個區域位於伊巴爾（Ibar）河谷，包括科索沃人口分歧最鮮明的城市米特羅維察，伊巴爾河將城市劃分為北部的塞爾維亞區和南部的阿爾巴尼亞區。即使族群界線如此清楚，國際社會卻不允許塞族人脫離科索沃，因為他們原本就沒有合法的自治權。所以國際法庭的決議乍看之下雖然很虛偽，但其背後的邏輯是一致的，至於你是否同意他們的邏輯，那則是另一回事。

塞爾維亞，跟匈牙利聊一下

那些覺得自己被惡整的塞爾維亞人應該去找匈牙利人聊一下。當年匈牙利人聲稱佛伊弗迪納在歷史上是屬於他們的領土時，塞爾維亞人對此也很感冒，但這樣說並沒有錯，而且匈牙利人也曾經在佛伊弗迪納占有多數優勢，正如塞爾維亞人在科索沃也曾經當過老大。匈牙利人建造了佛伊弗迪納的許多古老建築，就像塞爾維亞人在科索沃也留下很多古蹟。但儘管如此，匈牙利在佛伊弗迪納的勢力在過去兩百年已逐漸式微，正如塞爾維亞在科索沃的勢力已大不如前。如同塞爾維亞人，匈牙利人離開原本的土地，往北尋求更佳的經濟環境，同時也是為了逃避種族紛爭。匈牙利人在史上曾有三次被迫遷離佛伊弗迪納：第一次是因為土耳其人的侵略，後兩次則是被斯拉夫民族驅逐出境（分別在兩次世界大戰之後）。隨著每次強制驅逐，匈牙利居民的數量就大幅減少，直到今日只剩相對少數。簡言之，匈牙利人在佛伊弗迪納的遭遇跟塞爾維亞人在科索沃的歷史很相似。

別告訴塞爾維亞人這是我說的，但就某個扭曲的觀點而言，土耳其的入侵對塞爾維亞其實利大於弊。如果你必須在佛伊弗迪納和科索沃之間二選一，任何房地產經紀人都會告訴你，佛伊弗迪納的土地價值遠高於後者，它比較接近歐洲的經濟中心，多瑙河會經過它，土壤也非常肥沃。科索沃遠不如它有吸引力。土耳其人出現之前，匈牙利人原本穩坐在佛伊弗迪納，他們的入侵迫使大家往北移動數百公里，所以塵埃落定之後，塞爾維亞失去了科索沃，卻獲得了佛伊弗迪納。匈牙利人邀請塞爾維亞人移居到佛伊弗迪納，協助他們抵禦土耳其帝國的進攻。到了二十世紀，這些塞爾維亞移民的後代已將佛伊弗迪納視為自己的家園，所以他們在兩次世界大戰期間反而跟匈牙利對打，只為了保留這塊土地。

波蘭也有個類似的故事。一九三九年，蘇聯吞併了波蘭東部。二次大戰之後，盟軍為了補償波蘭的損失，就分割給它一塊相對較小的德國領土（亦即今日的西波蘭），結果波蘭人從東波蘭遷徙到德國的土地（西波蘭）。如今西波蘭境內只剩少數德國居民，就像佛伊弗迪納的匈牙利人相對也占少數。有些激進派的波蘭人說：「我們要奪回東波蘭！」但它已經散布在立陶宛、白俄羅斯和烏克蘭，那裡已經幾乎沒有波蘭人居住，正如塞爾維亞人在科索沃也占極少數。如果你告訴這些波蘭人：「好啊，你們可以把東波蘭拿回去，只要你們願意把西波蘭還給德國。」或是告訴塞爾維亞人：「好啊，你們可以把科索沃拿回去，只要你們全部遷出佛伊弗迪納，把它還給匈牙利。」他們一定會說：「謝了，我們保持現狀就好。」因為波蘭人和塞爾維亞人都因禍得福，西波蘭有豐富的礦產和工業契機，已被遺忘的東波蘭則只有貧瘠的沼澤，這跟佛伊弗迪納和科索沃的故事很相似。真正值得同情的是德國人和匈牙利人，他們淨虧損的土地價值才是真的多。當然很少有塞爾維亞人考慮過這些，他們若能換個角度深思，這或許也有助於療癒科索沃的創傷，不過他們較有可能做的是寄恐嚇信給我。

雖然我提出的想法具有爭議，甚至大逆不道，狄托在一九四七年後其實應該多做四項困難的改革（他的接班人都沒有足夠勇氣、智慧或權力能做這些）：(1)撤銷佛伊弗迪納的自治地位；(2)將科索沃北部納入塞爾維亞共和國；(3)將剩下的科索沃提升為共和國；(4)確實保障全國所有少數族群的權益。這四個動作或許就能防止科索沃戰爭發生，或是至少讓他們斷得乾淨一些。

重返科索沃

五年之後，我回到科索沃的首都普利斯提納。全世界最醜的建築——科索沃國立大學圖書館依然屹立不搖。我首次看到它時，還以為周圍的鐵柵欄是為了保護它免受戰火波及，現在才發覺那只是某種醜惡的建築構思。

美國、歐盟和阿爾巴尼亞的國旗伴隨著新的科索沃國旗在圖書館的入口飄舞。沒有塞爾維亞的國旗，附近的東正教堂依然殘破不堪。柯林頓的新雕像在柯林頓大道與斯坎德培的雕像並肩而立，許多店家都以他命名，還有一間麵包店和迪斯可舞廳以希拉蕊命名。市中心到處皆可見到「感謝美國」和「我愛美國」的塗鴉。民調顯示有超過百分之八十五的科索沃人肯定美國的領導。

我在佩奇（Peja）附近拜訪了科索沃境內保存最完善的兩座東正教修道院。義大利的北約駐科索沃部隊在前方守護著，他們檢查過我的護照和隨身物品後，我繼續走了五分鐘才抵達入口。第一座修道院的美麗庭園中間有一條涓細的溪流，上方則有積雪蓋頂的高山。事實上，科索沃的最高峰賈拉維察山（Djeravica，海拔二六五六公尺）就在附近。修道院的管理員是個脾氣暴躁的塞爾維亞人，但她還是讓我進去參觀。大廳牆壁和天花板的每一寸都布滿了鮮豔的中古畫作。我接著又去距離佩奇市中心兩公里的牧首修道院（Patrijaršija Monastery），它也是位於恬靜的郊野，建築風格讓人想起塞爾維亞的全盛時期。科索沃的多數修道院都不像這兩間保護得這麼好，實在很難想像那數十間教堂和修道院被阿爾巴尼亞的暴民摧毀的同時，有多少無價之寶付之一炬。

那天下午，我在人口七萬的佩奇市區觀看阿爾巴尼亞居民。街上充滿著剛放學的青少年。就像巴爾幹南區的多數人種，阿爾巴尼亞人的髮色通常都是深色，只有大約一成是金髮，而且他們跟其他阿爾巴尼亞人一樣喜歡肢體接觸，年輕人（包括男孩）偶爾都會挽著胳臂一起走路，還會互捏臉頰。我在賈科維察（Gjakova）看過一位餐廳侍者隨手按摩兩位顧客的背，又撫摸他們的頭，那些壯漢也完全不以為意。後來有一位老人走進餐廳，侍者不但與他握手，還輕輕地跟他互碰額頭！這些人並不是同性戀，阿爾巴尼亞人普遍都很重視肌膚之親，當我坐公車的時候，鄰座的男人都會刻意靠在我身上，即使他們可以避開；他們也不介意湊到你的耳邊說話，讓你聞到他們的口氣。話說回來，別被他們的肢體語言誤導：在科索沃宣示自己是同性戀就像在德州的一間酒吧尖叫「男兒們好啊～～」一樣聰明。

科索沃是歐洲的密西西比

巴爾幹地區有個廣泛流傳的迷思，那就是美國想要從塞爾維亞手中奪走科索沃，以取得它的豐饒資產。相反的是，過去一百五十年來科索沃對於每個接管過它的倒楣鬼都是個經濟噩夢。科索沃在二〇二一年的人均生產總值大約四千五百元，比瓜地馬拉還低。儘管如此，滿腦子陰謀論的巴爾幹人還是會說：「是啊，問題是科索沃的天然資源很豐沃，例如石油、天然氣和礦產，美國和歐盟都亟欲開採！所以北約才要介入！」

繼續作夢吧，至少在過去六十年來，科索沃的石油和天然氣產量都是零。他們雖然有煤礦，但提煉出來的能量根本無法維持自己燈火通明。其餘的微量金屬礦產（褐煤是他們唯一充足的資源）對他們而言都很難提取，因為他們的機器自從狄托時代就未再升級。

各種瘋狂理論仍持續在巴爾幹地區流傳，蒙特內哥羅的伊利亞曾經偷偷告訴我美國為何這麼想控制科索沃：「他們想吸取全部的鈾礦。」啥？哪來的鈾礦？如果科索沃境內含有任何鈾，那都是來自北約轟炸留下的毒性廢物。

任何幻想人類應回到自助農耕時代的人都應該去一趟科索沃，因為許多科索沃人就是如此生活。他們的耕作方法很沒效率，產量也很低。由於大家都各自經營，所以個人農地很小，沒理由使用牽引機；他們用的肥料也沒什麼科學根據，因此都會過度施肥。即使科索沃全國有百分之十三的人民以務農為生（目前在歐洲居冠），他們種植出來的食物卻不足以餵飽自己，還是需要進口食品維生。

科索沃的經濟無法生產任何東西，他們的輸入量比輸出量多五倍。事實上，它那悲慘的國內生產總值中有百分之十四還不是來自國內，是來自在國外工作的科索沃人，而他們之所以會去國外工作，就是因為科索沃的失業人口占全國四分之一。

很多人都想把科索沃的經濟困境歸咎於戰爭，但如我們所見，科索沃至少自從一九五〇年代就落後大家有光年之遠，它最後一次享受繁榮經濟可能是在一三四〇年代的杜尚沙皇時期。因此科索沃就像美國最貧窮的州：密西西比。它拿的總是比給的多，對國家是個經濟負擔，我們沒有它反而會過得更富裕。跟眾多巴爾幹迷思相反的是，科索沃並不是個經濟寶石——它只是個燒錢的好地方。

有時候你會不禁懷疑，塞爾維亞人堅持不放過科索沃是出自某種玉石俱焚的心態（我們在第十三章提過inat這個字）。如果米洛塞維奇有任何務實的經濟概念，他在科索沃要求獨立時就會說：「說得真巧，我一直都想找藉口擺脫你們，因為你們只會拖垮我們的經濟。每當我給你們兩塊錢，就要等兩年才能拿回一塊錢。坦白說，帶著你們是滿好玩的，但我們完全不會想念你們。滾蛋吧！」

邦德斯蒂爾軍營的迷思

當你駁斥「美國想搾取科索沃財產」的理論後，巴爾幹人就會拿出「美國想建立海外最大軍事基地」的理論。每當我詢問他們科索沃戰爭發生的原因，就會聽到這種陰謀論。此模式基本上跟我和亞歷山大的對話很相似，他說：「美國介入科索沃，因為它極具戰略優勢。他們想要建立海外最大的美軍基地，這是真的！我看過Google地圖的衛星照片，它叫邦德斯蒂爾軍營（Camp Bondsteel）。」

我打了個哈欠，挑戰他提出證明。他開始搜尋英文和巴爾幹網站，我則趁機小睡二十分鐘，最後他在克羅埃西亞的維基百科找到一篇文章，裡面有段話宣稱邦德斯蒂爾是「全國最大的美軍基地之一」。我指出那句話沒有列出參考文獻，他又查了一些資料，但終於放棄。

事實真相是什麼？首先，這個軍營確實存在，它是以榮譽勳章得主詹姆斯·邦德斯蒂爾（James Bondsteel）命名，我還遇過一些專門賣雞給軍營的塞爾維亞人。它是巴爾幹地區最大的美軍基地，沒錯，不是全世界，甚至不是歐洲，只是一個名叫巴爾幹的小角落。

讓我們通盤觀察整件事。邦德斯蒂爾軍營只能容納七千人，德國的凱撒斯勞滕（Kaiserslautern）有個軍事社區，包括拉姆斯坦（Ramstein）空軍基地，總共可以容納五萬三千名美軍和平民。拉姆斯坦還有好幾間小學和中學。它有美國餐廳，感覺很像德國境內的一個美國城鎮；這是美國海外規模最大的軍事社區，但不是世界唯一。

美國並不急需在巴爾幹地區設立基地，因為它在每個巴爾幹國家都已經派駐超過一千名軍力，除了蒙特內哥羅之外。例如保加利亞就授權讓美國使用它的兩座空軍基地，並將新塞洛（Novo Selo）的訓練區開放給美軍進行偵防訓練。如果巴爾幹地區發生任何戰亂，美國可以立即從義大利的阿維亞諾（Aviano）或保加利亞的貝茲默爾（Bezmer）空軍基地派遣戰機，在煮熟一顆蛋的時間之內到達東南歐的任何地方。

有趣的是，美國幾乎沒用到邦德斯蒂爾的七千人容量，科索沃全國在二〇二一年只有數百名美軍駐守。布蘭斯拉夫·塞詹諾維奇（Branislav Srđanović）是第二十三位向我提出這個陰謀論的巴爾幹人，當我拿實際數據反駁他時，他就突然變成我所遇過最誠實、最有自知之明的巴爾幹人。「噢，真抱歉，我們這些巴爾幹人只是喜歡自我膨脹，我想多數人都高估了自己國家的重要性。」

但這並不表示在科索沃擁有軍事基地不是美國介入的原因之一，當五角大廈在展示他們的機密投影片，介紹「海扁科索沃的好處」時，「建立基地」應該也是他們秀出的許多要點之一，但它不是唯一的理由，可能連主因都不是。這就像有人指控你參加朋友的烤肉聚餐只是為了白吃白喝，你或許無論如何還是會去，但免費食物畢竟也是一個誘因。不幸的是，那些巴爾幹陰謀論者還有幾個更險惡（也是更虛假）的理論，有待我們去揭穿。

陰謀論者還會繼續發揮創意，他們說：「好吧，或許美國去科索沃不是為了強姦那微薄的資源，或許邦德斯蒂爾軍營不是全球最大的美軍基地，但讓我告訴你邦德斯蒂爾的真正角色——它是為了守衛新的AMBO輸油管線，因為這條油管會穿過科索沃！一切都跟石油有關啊，老兄！」

請面對現實：AMBO油管沒有經過科索沃，這也是為何它的簡稱裡沒有K。它的全名是阿爾巴尼亞—馬其頓—保加利亞石油（Albanian Macedonian Bulgarian Oil）。「好吧，」陰謀論者說，「也許我搞錯了一些事，但它肯定跟科索沃的某條天然氣管有關！一切都是關於天然氣！」

俄羅斯和西歐之間有三條主要天然氣管道：亞馬爾（Yamal）、兄弟（Brotherhood）和聯盟（Soyuz），最近十年還新建了北溪（Nord Stream）和土耳其溪（Turk Stream），它們都不會經過科索沃。就算美國需要保護這些天然氣管道，他們早已有數千名軍力駐守在保加利亞、羅馬尼亞、土耳其和希臘，不需浪費人力在科索沃。

巴爾幹地區向來都充滿迷思與傳說，但它們在任何地方都不像科索沃那麼豐富又有創意。如果巴爾幹人真的想編造一個夠勁爆的科索沃陰謀論，他們就應該說：「美國介入科索沃的真正原因是柯林頓需要轉移媒體對陸文斯基醜聞的焦點。」

科索沃若能正式獨立，最大好處就是可以排除他們經濟遲緩的最大藉口。過去他們有南斯拉夫和塞爾維亞作為後盾，所以總是能把問題推卸給上頭的「壓迫者」。如今他們已經坐在駕駛座，就像任何被搞砸的國家，他們還是有一拖拉庫的藉口可以推拖自己為何仍然如此無能，但絕不會承認是自己的錯，他們只會指責一些看不見的幻影障礙。

各位不妨再讀一次東德的章節，看看一個國家是如何在不到四十年內從更低迷的谷底躍居世界經濟強國，或是研究一下新加坡，它在一九六〇年也是一團亂，如今卻是個近乎完美的社會。在此釋義匈牙利政治家塞切尼伯爵（István Széchenyi）的名言：「當一個國家被搞砸了幾年，就怪它的領導者；當它被搞砸了幾十年，就要怪它的人民。」科索沃過去有塞爾維亞這個老大哥作為擋箭牌，自從它在二〇〇八年宣布獨立，時鐘已開始倒數，現在就讓大家看它能多快進入狀況。

如前所述，科索沃的天然資源很少。儘管陰謀論者編織各種理論，科索沃的位置並沒有戰略價值，它其實滿糟的。另一方面，它的人民很熱誠、很友善。它需要做的是效仿其他位於內陸的經濟小巨人，例如安道爾、列支敦士登、盧森堡和瑞士，它們都比鄰國富裕，而就像科索沃，它們都沒有豐富的天然資源。這些小國成功的祕訣是什麼？靠的就是自由貿易和誘人的銀行法規。科索沃必須盡量壓低稅收，吸引大量企業投資，為納稅人創造工作機會。若能轉型成功，科索沃將會繼中古世紀之後首度復甦，成為巴爾幹地區的文化金融中心。

夢想阿爾巴尼亞的統一大業

科索沃之於阿爾巴尼亞就像蒙特內哥羅之於塞爾維亞。有些人會說：「科索沃並不是一個民族，他們是阿爾巴尼亞人，不是科索沃人。」這就像在說「蒙特內哥羅不是一個民族，他們是塞爾維亞人，不是蒙特內哥羅人。」就某方面而言，這兩句話都沒錯，科索沃人和阿爾巴尼亞人的差異確實很小，就像蒙特內哥羅人和塞爾維亞人也幾乎沒有差別，所以蒙特內哥羅和塞爾維亞經常被統一在同面國旗之下。這也是為何有些阿爾巴尼亞人希望將科索沃和阿爾巴尼亞統一在同面國旗之下，此構想就被稱為「大阿爾巴尼亞」。

普列卓．貝格維奇是在蒙特內哥羅出生且長大，但他自認為是塞爾維亞人。「我們是同一個民族，」他告訴我，「科索沃是個令人傷感的話題，阿爾巴尼亞人來此居住，現在又奪走了我們的土地。不幸的是，這一切都是他們的大一統計畫。」

你可以在克魯亞的斯坎德培博物館看到許多古老的族群分布圖，它們的共同主題就是阿爾巴尼亞人在現今這些地區已經居住了好幾百年，這些展示品傳達的訊息就是：如今阿爾巴尼亞族裔在科索沃、蒙特內哥羅南端、馬其頓西部和希臘部分區域都占有多數優勢，因為他們自古至今都定居在那些地方。它意味著一個偉大的夢想，將所有族人統一在同個國號之下。我們在其他國家已聽過類似的故事。當初我剛來到科索沃時，曾經如此問法特米爾：「你認為蒙特內哥羅和馬其頓境內那些含有大量阿裔族群的地區，是否會獨立或變成阿爾巴尼亞的一部分？」

他當時的回答是：「不會……目前還不會，以後也許會吧。」

法特米爾並不孤獨，二〇一〇年的一項巴爾幹偵測訪查也顯示各地區對「大阿爾巴尼亞」有明顯支持（科索沃有百分之八十一，阿爾巴尼亞有百分之六十三，馬其頓有百分之五十一），但實際認為它會在近期內成局的人就少很多（科索沃有百分四十九，阿爾巴尼亞有百分之二十六，馬其頓有百分之四十二）。既然阿爾巴尼亞和科索沃都支持此理念，這或許不是遙不可及的夢想。脫離馬其頓則比較棘手，你可以打賭大阿爾巴尼亞的議題將會是下一次巴爾幹戰爭的關鍵因素。

東正教牧師尼曼亞住在科索沃邊界附近，他告訴我：「巴爾幹人跟過去的關係比未來密切。」話雖如此，我們還是盡量往前看吧。塞爾維亞與科索沃在二〇二〇年簽署了經濟正常化的協議，這個正向的里程碑顯示他們已邁向癒合之路。如今，多數聯合國會員國都承認科索沃獨立，歐盟各國更有百分之八十一表態支持。

巴士沿著科索沃的山路蛇行攀爬，黎明的日光在阿爾卑斯山脈後方浮現，我回頭向科索沃告別，同時也相信它的未來會比過去更光明，然而這並不能保證什麼。目前國際社會還在對科索沃提供資助，這些財源停止供給時會發生什麼事？很難想像這些樂天知命的科索沃人會瞬間開始勤奮工作，成為下一個盧森堡。

除此之外，塞爾維亞的幽靈也依然存在。克羅埃西亞的塞族人斯拉維沙告訴我：「塞爾維亞的孩童至今仍唱著相同曲調，他們依然相信科索沃是塞爾維亞的歷史中心。」

科索沃能教我們什麼

心懷感恩。美國傷害過許多國家，但它也幫助過許多國家。我從未見過任何國家比科索沃有更深的感恩之心。審視自己的人生，你應該感謝哪些事？哪些人？記得向他們表示自己心中的感激，並珍惜自己所擁有的一切，即使那看似不多。

✣

樂觀人生。科索沃的阿爾巴尼亞人可說是樂觀到瘋狂，只有挪威和瑞典比他們在二〇一〇年的蓋洛普樂觀指標拿到更高分。最可貴的是科索沃人如此窮困潦倒，經濟環境又如此惡劣，但他們卻由衷相信人生很美好，而且每天都在進步。請戴上玫瑰色的太陽眼鏡，一切都是在你的頭腦裡。

前南斯拉夫和阿爾巴尼亞的拼圖只剩一塊待解：北馬其頓。我們就出發吧。

（中冊結束）

八旗國際21

野生的東歐

偏見、歧視與謬誤，毒舌背包客帶你認識書上沒有寫的歐洲（中）

The Hidden Europe: What Eastern Europeans Can Teach Us

作　　者　法蘭西斯・塔朋（Francis Tapon）
翻　　譯　賴堯暉
編　　輯　邱建智
校　　對　魏秋綢
排　　版　張彩梅

企劃總監　蔡慧華
社　　長　郭重興
發行人兼出版總監　曾大福
出版發行　八旗文化／遠足文化事業股份有限公司
地　　址　新北市新店區民權路108-3號8樓
電　　話　02-22181417
傳　　真　02-86671065
客服專線　0800-221029
信　　箱　gusa0601@gmail.com
Facebook　facebook.com/gusapublishing
Blog　gusapublishing.blogspot.com
法律顧問　華洋法律事務所／蘇文生律師

封面設計　兒日
插圖繪製　鍾語桐
印　　刷　前進彩藝有限公司
定　　價　480元
初版一刷　2022年（民111）9月
ISBN　978-626-7129-63-0（紙本）　978-626-7129-67-8（PDF）　978-626-7129-68-5（EPUB）

國家圖書館出版品預行編目（CIP）資料

野生的東歐：偏見、歧視與謬誤，毒舌背包客帶你認識書上沒有寫的歐洲（中）／法蘭西斯・塔朋（Francis Tapon）著；賴堯暉譯. -- 初版. -- 新北市：八旗文化出版：遠足文化事業股份有限公司發行, 民111.09
面；　公分. --（八旗國際；21）
譯自：The hidden Europe : what Eastern Europeans can teach us
ISBN 978-626-7129-63-0（平裝）

1. CST：旅遊文學　2. CST：人文地理　3. CST：東歐

744.09　　111011357

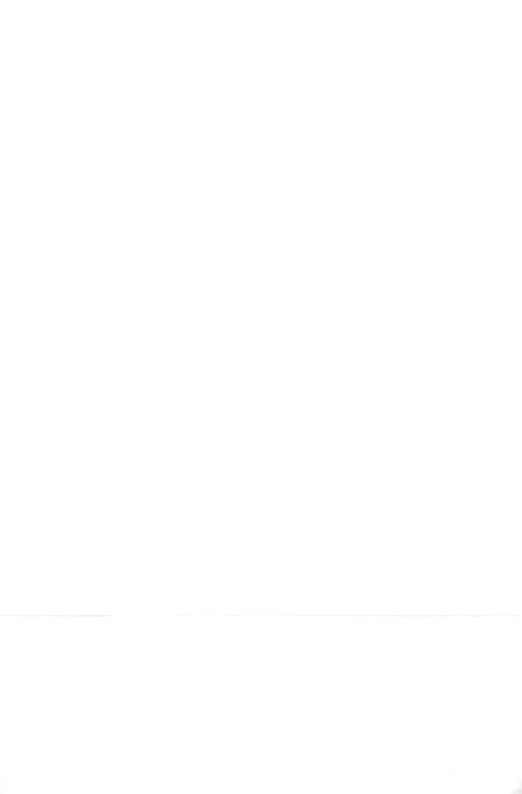